D1717514

СЕРИЯ «СЛЕД В ИСТОРИИ»

Элизабет Хереш

ГЕНЕРАЛ ЛЕБЕДЬ

РОСТОВ-НА-ДОНУ
«ФЕНИКС»
1998

ББК 63.3(03)
Х 39

Перевод с немецкого
Ясинской Л.И.

Хереш Элизабет

Х 39   Генерал Лебедь. Серия «След в истории».
Ростов-на-Дону: «Феникс», 1998. — 320 с.

А.И. Лебедь — один из популярных политиков в сегодняшней России. Это подтверждается одиннадцатью миллионами голосов, полученных им на президентских выборах летом 1996 года.

В книге подробно рассказывается о его жизни, становлении личности, военной службе и политической карьере.

Не со всеми выводами и оценками автора можно согласиться, однако в целом книга представит большой интерес для широкого круга читателей.

ISBN 5-222-00412-0   ББК 63.3(03)

ОГЛАВЛЕНИЕ

Предисловие 4
Пролог 7
Глава I   Саша 10
Глава II   Тяжесть погон 21
Глава III   Офицер Александр Иванович 26
Глава IV   Назначение: Афганистан 32
Глава V   Последняя шлифовка:
             военная академия 49
Глава VI   Командир в Костроме 53
Глава VII   Псков, или В потоке перестройки .. 59
Глава VIII   Командир дивизии в Туле 66
Глава IX   Специальная миссия в Баку 74
Глава X   Тбилиси, или «Привет» из Москвы ... 85
Глава XI   И это называется путч! 91
Глава XII   Война или мир? 113
Глава XIII   Мавр сделал свое дело 133
Глава XIV   Высотный полет в политику 157
Глава XV   Чеченский узел 194
Глава XVI   Мавр может уйти... 257
Эпилог 305

Предисловие

ОГЛАВЛЕНИЕ

Июнь 1995 г.: в Молдавии люди блокируют взлетную полосу в знак протеста против смещения Лебедя.

Июнь 1996 г.: Александр Лебедь в первом туре президентских выборов занимает третье место.

Август 1996 г.: Лебедь заканчивает войну в Чечне, продолжавшуюся восемнадцать месяцев.

Октябрь 1996 г.: отставка Лебедя вызывает волнение на биржах мира.

Июль 1997 г.: 16 процентов русских видят в Лебеде своего будущего президента.

Кто же он — Александр Лебедь?

До сих пор отношение к этому русскому генералу на Западе было отрицательным: военный в стиле Рэмбо, поклонник Пиночета, бонапартист, националист, возможно, даже путчист.

Лишь немногие знают другого Лебедя: более осмотрительного, чем другие военные, в Афганистане; улаживающего мирным путем столкновения в Баку; ловко маневрирующего между приказом и убеждением во время событий 1991-го; решительно положившего конец агрессии в Приднестровье в 1992-м; бескомпромиссного и неподкупного в отношении эскалации конфликта между парламентом и президентом в 1993 году; упорно преодолевающего все препятствия для установления мира в Чечне.

Националист? Наверное — но не ультранационалист типа Жириновского, и уж вовсе не советский утопист. Диктатор? Нет — и в то же время сильная рука, гарантирующая торжество права и порядка.

Лебедь с почтением относится к де Голлю, с которым однажды сравнил его Отто фон Габсбург, уважает Маргарет Тэтчер. Он занимается боксом, увлекается шахматами; груб, но начитан.

Александр Лебедь — политик, имеющий большие шансы стать президентом России. Однажды после мирного разрешения им конфликта в Чечне Лебедь оказался так близко к вершине власти, во время болезни Ельцина, что президентское окружение, испугавшись, поспешило убрать генерала из Кремля.

Люди ценят в нем личную порядочность и силу. На Лебедя возлагают надежды все те, кто не участвовал в перестройке или оказался жертвой свободы, вызванной этой перестройкой, и те, кто хочет обеспечить себе существование честным трудом и кто испытывает тоску по порядку.

В книге предпринята попытка проследить становление личности Лебедя и представить вероятное будущее с Лебедем, исходя из его поведения в прошлом, когда он еще не был широко известен.

При описании детства и юности героя книги использованы его собственные воспоминания и автобиографические записки. О последующих годах и участии Лебедя в большой политике (события 1991 года, улаживание мирным путем приднестровского конфликта в 1992 году, борьба с Грачевым) до кульминации его карьеры в Кремле и отставки рассказывают разные люди, свидетельствуют документы и публикации в прессе.

При этом читатель ближе знакомится не только с Лебедем, но и с президентом России и с теми, кому принадлежит власть в стране.

Сам Лебедь меньше, чем кто-либо, сомневается в том, что он будущий президент России. Его Русская республиканская народная партия, существующая всего пять месяцев, имеет уже собственное здание в Москве и 78 филиалов по всей стране. О новом фаворите Ельцина — Борисе Немцове — Лебедь говорит: «Может, он будет моим премьер-министром».

Со времени посещения Лебедем штаб-квартиры НАТО в Брюсселе в 1996 году, Федеративной Республики Германии и Франции в 1997 году мнение западной общественности о генерале изменилось от недоверия к уважению или даже симпатии. Это можно увидеть из публикаций таких ведущих журналов, как «Шпигель» и «Цайт». Итак, не противник НАТО, пока блок не приближается к границам России. Не экспансионист, а патриот с традиционным русским самосознанием, рассматривающий Россию как ось между Европой и Азией.

В общем и целом Лебедь не является борцом с мнимыми внешними врагами, он борется за реальный порядок внутри России, так как только в сильной России он видит гаранта стабильности в Европе и во всем мире.

Поэтому он успокаивает тех, кто опасается его возможного взлета, напоминая старое выражение: «Войну ведут только слабые политики — сильные не позволяют даже приблизиться к ней».

Пролог

Восемьдесят лет назад, в ноябре 1917 года, в Новочеркасске, столице донского казачества, генерал Алексеев произнес речь. Она должна была укрепить мужество тех, кто считал себя призванным защитить страну от «внутреннего врага». Смысл речи не потерял актуальности до сих пор: «Товарищи! Мы собрались здесь в самый тяжелый час. Никогда еще за всю свою историю Россия не испытывала столько страданий, унижения, морального падения, как сейчас. Еще никогда государство, обладая моральной и физической силой, не отдавало так необдуманно, как мы, свое культурное наследие, созданное нашими предками, дедами и отцами. Молодая, еще слабая, раздробленная Русь переживала тяжелые времена татарского нашествия… Исчезли цветущие города, в которых бурлила жизнь, ростки зарождающейся культуры; на их месте шумели девственные леса… Казалось, Русское государство умерло, однако народ был жив, были живы его вера в Бога, его душа, его любовь к родной земле; и тогда забилось русское сердце, которое не отказалось от мысли свергнуть татарское иго и вернуть стране свободу. Пережила Русь и страшные годы смут. Все умерло: исчезли силы сопротивляться у народа, который не нашел поддержки в своем правящем слое. Однако даже в те тяжелые дни народ не пал духом; сильно было стремление к самостоятельности; была готовность пожертвовать самым лучшим, самым дорогим — своей жизнью! Все, что осталось от нашего народа, это прах. Умерла Россия, умерло желание жить самостоятельной независимой жизнью, посвятить эту свою жизнь идеалам и пожертвовать жизнью за идеалы. Высочайшая цель теперь — личное благополучие, спасение собственной жизни, пусть даже на позорных условиях.

Разрушена идея единого Русского государства. Наша могучая Россия превратилась в ряд республик, каждая из которых стремится к самостоятельной жизни — не понимая, что ни одна из них не способна существовать самостоятельно, а способна лишь на то, чтобы подвергать себя опасности, быть обобранной и проглоченной своим соседом. В армии, в которой объединился цвет нашего народа, умерли душа, самолюбие, понятие Отечества. Однако посреди бушующего моря образовался остров, на котором нашли спасение все мужество, вся честь, которые только можно найти в душе человека. На этом маленьком острове жива еще любовь к Отечеству, осознание Отечества, живо ощущение, что жизнь без чести — позор.

Мы стремимся к высокому идеалу — спасению родины от того глубокого разрушения, которому она уже подвержена, и это стремление — источник, из которого мы черпаем наше мужество. Давайте отложим в сторону несвоевременный вопрос, с каким политическим мировоззрением мы чувствуем себя связанными. Сегодня трудно заранее определить, какой стиль мы выберем для здания, для балок которого возникла угроза стать добычей огня. Спасем сначала балки — и позволим появляющемуся в здании учредительному собранию самому решать, какой архитектор должен оформлять здание.

Спасти — заставить возродиться когда-то такую великую, а теперь умирающую родину — это наша цель. Верьте в это! Тогда великая задача будет в сильных руках».

Глава I

Саша

Нет неразрешимых задач.
Александр Лебедь в период учебы

Шестнадцатое июня 1995 года. Летняя дымка над городом Тирасполем в Приднестровье. Военный самолет приближается к аэропорту. Сделав круг, самолет идет на посадку. Но вдруг моторы снова взревели. Машина проносится над взлетной полосой. Пилот круто направляет ее вверх: на взлетной полосе полно людей!

Пятьсот женщин из Тирасполя блокируют летное поле. Они стоят на взлетной полосе, некоторые лежат на земле. Так они препятствуют посадке самолета с генерал-майором Валерием Евневичем, который должен сменить командующего 14-й российской армией.

Три дня продолжалось это беспримерное противостояние. Евневич и сопровождавший его заместитель министра обороны России генерал Кобец вынуждены были приземлиться на украинском военном аэродроме.

Это была демонстрация не против нового — а в защиту прежнего командующего, за которого тираспольцы пошли бы в огонь. А он между тем демонстративно пишет в своем штабе на стене прошение об отставке.

Александр Иванович Лебедь родился 20 апреля 1950 года в г. Новочеркасске Ростовской области, центре донского казачества.

Земля Донской области так же плодородна, как и земля на Кубани и Днепре. На сотни километров простираются поля. Казаки никогда не были крепостными, они всегда были свободными, самостоятельными, гордыми и своенравными. От раннего периода существования царской империи до 1917 года они служили защитниками границ империи.

Один китайский философ сказал: «Границы Российской империи — это окантовка казацкого седла». Казаки воевали с турками и татарами. Именно они в XVI веке завоевали Сибирь и присоединили ее к Русской империи. Их предводителем в этой экспедиции, длившейся десятилетия, был Ермак Тимофеевич, казачий атаман. В Новочеркасске стоит памятник ему. Столетие спустя казак Семен Дежнев отправился под парусами к арктическим морям и первым объехал Сибирь водным путем. Казак Емельян Пугачев как борец за свободу был и знаменит, и пользовался дурной славой. Он выступал против зависимости своего сословия от дворян и требовал законодательства, которое устраивало бы казаков. При этом он не оставлял никакого сомнения насчет того, что казаки готовы служить царю — но ни в коем случае не каким-нибудь господам.

Лояльность и надежность казаков так высоко ценились императрицей Екатериной Великой, что она набирала из них свою лейб-гвардию, и со времен ее правления казаки традиционно служили не только в лейб-гвардии, но и в других элитных частях русской армии. Так что не случайно в Новочеркасске в ноябре 1917 года сразу после захвата власти большевиками собралась сформированная в основном из казаков армия добровольцев, «белых», которыми командовал генерал Алексеев, бывший начальник штаба ставки последнего царя.

Традиции, строго соблюдавшиеся столетиями, оказали влияние на стиль жизни и характер населения этих областей. Казаки были одновременно крестьянами и воинами, подчинявшимися строгому кодексу чести. Непоколебимая лояльность к царю была на первом месте. Их воинственный характер проявлялся и в повседневной жизни, в пении и состязаниях конников. У казаков большей частью были многодетные семьи — четверо-семеро сыновей в семье было обычным явлением. В четырехлетнем возрасте мальчиков сажали на лошадь. С шестнадцати лет начиналась действительная военная служба.

При всем патриотизме казаки никогда не подчинялись полностью государственной власти. Они защищали свою привилегию на освобождение от налогов, но лошадей, обмундирование и оружие должны были справлять сами. На их лояльность можно было положиться. Они вели оседлый образ жизни, придерживались старых, укоренившихся традиций, были глубоко религиозны.

Александр Лебедь родился на казачьей земле, и типичные черты казацкого характера можно найти и в нем. Уже в юности проявились не только его хорошие качества — такие как мужество, чувство собственного достоинства, честность, непоколебимое стремление служить родине, но и отрицательные — нежелание подчиняться, склонность решать проблемы с помощью кулака.

Тягу к военной службе Лебедь не впитал с молоком матери. Напротив, среди его предков едва ли можно найти профессиональных военных.

Более того, опыт его отца и деда, полученный во время войны, мало способствовал тому, чтобы вызвать в Лебеде восторг от службы в советской системе, так как семейная история грубо показала ему, как беспощадно бесчеловечность коммунизма поражала тех, кто преданно исполнял свой долг.

Дед Лебедя был тяжело ранен на войне и умер позже от последствий ранения, поэтому бабушке Лебедя отказали в пенсии, которую получали вдовы погибших в бою. Отец Лебедя, Иван Андреевич, квалифицированный плотник, в предвоенные годы был осужден за то, что дважды на пять минут опоздал на работу. Это стоило ему пяти лет в исправительном лагере.

Иван Лебедь участвовал в войне с Финляндией, был ранен в бедро. А через некоторое время Иван Андреевич снова попал на фронт — началась война с Германией.

Эти в общей сложности десять лет жизни сделали отца молчаливым. «Он говорил мало — и только существенное, — вспоминает Александр Лебедь. — Но свое добродушие он сохранил и, где только мог помочь, он помогал».

«Саша был очень молчаливым ребенком и говорил мало», — вспоминает мать Лебедя. Но он и сейчас говорит мало. Вместе с этой женщиной, Екатериной Григорьевной, почтовой служащей, отец Лебедя старается дать счастливое детство своим сыновьям: Александру и Алексею. Он сооружает для них во дворе спортивные снаряды, и прежде всего именно Александр усердно тренируется на них.

13

Среди соседских детей и школьников Александр считается самым сильным. Учителя находят мало приятного в юном забияке, хотя признают его сообразительность и реакцию.

Год 1962-й, Сталин умер девять лет назад. Это время называют «оттепелью». Руководителем СССР является Никита Хрущев. Он приходит в день американского национального праздника в посольство США в Москве и приветливо беседует с джазменом Бени Гудманом. Но в том же году происходит и «кубинский кризис». Да и внутриполитическая ситуация далеко не безоблачная.

В 1962 году в Новочеркасске начинаются волнения. Двенадцатилетний Александр Лебедь бежит в центр города. Там скопилось много людей. Чтобы лучше видеть происходящее, он влезает на дерево. Широкая колонна демонстрантов движется по главной улице. Это рабочие. Они протестуют против нехватки продуктов, вызванной, между прочим, изменением сельскохозяйственной политики. Вдруг раздается выстрел. А затем как будто прорвалась плотина: солдаты беспорядочно стреляют в толпу. Появляются танки. Крики, призывы о помощи, колонна демонстрантов распадается, толпа начинает рассеиваться, все в панике бегут. Александр растерянно наблюдает за происходящим. Наконец один солдат подходит и грубо приказывает ему идти домой. Там мальчик рассказывает все, что видел. Он спрашивает у родителей, что это значит. Они молчат. Что они должны были ему сказать?

То, что Хрущев велел расстрелять мирную демонстрацию, не доходит до международной прессы. За границей едва ли кто-нибудь знает об этом. Но для Александра Лебедя это было ключевым событием.

Чего может стоить государственная власть, которая использует своих солдат для того, чтобы стрелять в собственных граждан? Так в Александре Лебеде развивалась готовность протестовать. Прежде всего он восстает против того, что армию, которой он так восхищался, в которой видел защитницу государства и народа, использовали в преступных целях.

Сила означала в этот момент для молодого Лебедя прежде всего физическую силу. В четырнадцать лет он занимается боксом. Тренеры хвалят его способности, быстроту и ловкость, видят в нем даже «большую надежду» советского спорта. Но тут произошло следующее: Александр сломал себе ключицу. Это несчастье произошло в конце недели. В больнице оказывают только первую помощь. Молодая женщина-врач не распознает перелом, рекомендует Александру носить руку на перевязи и отсылает его домой со стереотипной фразой: «До свадьбы заживет!».

Едва ключица зажила, Александр пытается снова заняться боксом. Он тренируется теперь в другой секции. В это время он ввязывается в какую-то потасовку и получает такой сильный удар в лицо, что со сломанным носом оказывается в нокауте. Нос остается искривленным, но это мало беспокоит Александра: «Боль можно было выдержать — в конце концов я не маленькая девочка. И уже тогда я был убежден, что мужчина должен выглядеть только немного симпатичнее обезьяны и его достоинства не зависят от безукоризненного лица».

Уже в 1967 году, до окончания школы Александр знает, кем он хочет стать: офицером военно-воздушных сил. «Ввысь, поближе к небу», — говорит он отцу. Тот серьезно смотрит на него и молчит. Конечно, он не в восторге от выбора старшего сына, но и отговаривать его не хочет. Александр серьезно готовится к вступительным экзаменам в Качинское училище летчиков.

Первые комиссии он прошел, почти все медицинские проверки — тоже. Но врач-отоларинголог, которая его обследует, оказывается непреклонной. Миндалины, гайморовы пазухи, искривленная перегородка носа — все это ей не нравится. «Для учебы в летном училище не годен», — лаконично пишет она в медицинской карте.

Александр подавлен. Но только на короткое время. «Не к той попал. Я настою на своем», — говорит он и немедленно отправляется на обследование в больницу. Две недели идут операции. Едва выздоровев, он снова появляется перед приемной комиссией. Однако ему говорят: «Ешь побольше каши и приходи на следующий год!». По совету матери, которая хотела бы видеть своего старшего сына инженером, он поступает в политехнический институт. Однако он недолго задерживается в мире математики, монтажных схем и физических формул. Он стремится к более высокому...

Комитет комсомола дает Александру направление на один из заводов Новочеркасска. Там он шлифует магниты. Первый рабочий день надолго останется в памяти.

Когда в конце смены он с гордостью рассматривает свою работу — гору отшлифованных магнитов — и уже собирается уходить, позади себя он слышит молодой, энергичный женский голос. Он принадлежит очень хорошенькой, симпатичной девушке с каштановыми волосами. «Я секретарь комитета комсомола, — холодно заявляет она. — Здесь, между прочим, принято, чтобы каждый в конце смены убирал за собой». Новичку не остается ничего другого, как подчиниться. Впоследствии он, правда, берет инициативу в свои руки: следующие четыре года — он уже давно не работает на заводе — и ухаживает за Инной (так зовут девушку), пока она не становится его женой.

Летом 1968 года Александр Лебедь снова появляется перед комиссией. На этот раз он терпит неудачу по другой причине: его рост в сидячем положении не соответствует требуемой норме. Он выше на два сантиметра.

Ему советуют сделать попытку в летном училище в Армавире. Переход от одной комиссии к другой. Снова то, чего он боялся: обследование отоларинголога. На этот раз находят другие дефекты. Опять продолжительные обследования и операции. Александр позволяет сломать сросшуюся ключицу, чтобы она зажила как следует. Никакая цена не кажется ему слишком высокой для достижения желанной цели. Его упорство не знает границ.

Между тем срок приема прошел. Что делать? О возвращении на завод не может быть и речи — сделать это не позволяет гордость. Значит, нужно искать другое место: на этот раз молодой Лебедь работает упаковщиком в продовольственном магазине, пока не начнется следующее лето — время приема в летное училище.

В 1969 году двадцатилетний Александр Лебедь предстает перед военной комиссией.

Он спокоен перед обследованием хирурга. Тот ловко ощупывает ключицу Александра и сухо констатирует: «Конец!». Теперь Александр не может больше сдержаться. Он кричит, буйствует. Главный врач медицинской комиссии беспомощно разводит руками и говорит: «Поезжай в Армавир —

пусть они там посмотрят, что могут сделать для тебя».

В Армавире он действительно находит понимание у старшего лейтенанта, возглавлявшего медицинскую часть. Хирург, которого привлекли для обследования, выстукивает кандидата и констатирует, что хотя ключица и не совсем хорошо зажила, это не является препятствием. Если результаты других медицинских обследований будут удовлетворительными, ничто не помешает приему в летное училище.

Лебедь начинает с отоларинголога — что еще может быть здесь не в порядке? Однако врач сразу обнаруживает следы нескольких операций. А согласно предписанию две или более операций означают...

Лебедь бросается к главному врачу. Но тот пожимает плечами: «Тут ничего не поделаешь. Предписание министра обороны...».

Лебедь сражен наповал. В дороге он еще и теряет деньги. Кое-как добирается до Ростова. В военкомате ему посочувствовали: «Мы найдем что-нибудь другое, такое же хорошее...». Александр перелистывает справочник военных учебных заведений. Танки? Не подходит. Флот? Никакого желания нырять. Он хочет летать. Значит, Рязань, военное училище воздушно-десантных войск. Прыжки с парашютом? Лебедь хочет попробовать.

Отец советует ему попробовать только один раз в небольшом летном клубе недалеко от Новочеркасска, понравятся ли ему прыжки с парашютом. Инструктор пытается отделаться от него: «Ты хочешь прыгать? Многие хотят этого!». Только четыре бутылки водки убедили его в том, что о парне стоит позаботиться.

Лебедь усердно тренируется в упаковке парашюта. Он единственный, который получает не современный круглый парашют типа Д-18, а квадратный ПД-47 образца 1947 года. Затем последовали «упражнения на сухую»: прыжок и развертывание, все снова и снова. Перед первым прыжком — опять медицинские тесты, но хоть признаются экзамены, которые были сданы. «Значит, только один тест», — вздыхает Лебедь. Молодая женщина-врач настолько углубилась в книгу, что слышит посетителя только тогда, когда он откашливается. Не желая, чтобы ей долго мешали читать, она показывает на самые большие буквы таблицы для проверки зрения. Для Лебедя — не проблема. «Тогда иди прыгай!» Он получил разрешение.

Накануне первого прыжка Александр слишком взволнован, чтобы уснуть. Прыжки состоятся ранним утром — в половине третьего. Майская ночь приятна, но утренний туман еще лежит над степью, дует легкий ветерок. В то время, как Ан, уже готовый к старту, стоит на летном поле, инструкторы спорят, подходит ли погода для прыжков. При порывистом ветре им нельзя прыгать — во всяком случае новичкам.

Первый прыжок Александра Лебедя окончился неудачно. Около ста метров над землей его подхватывает порыв ветра, и он приземляется на жесткой проселочной дороге. Три позвонка и левая рука повреждены. Снова больница.

После выздоровления Лебедь отправляется в Рязань. Впервые — через три года упорной борьбы — он видит в личном листке желанные слова: «Здоров, годен». На вступительном письменном экзамене даются главным образом математические задачи. Лебедь справляется с ними с трудом. Теперь ничто больше не стоит на пути к офицерскому образованию в Рязанском военном воздушно-десантном училище. О значении этой кузницы кадров для советских вооруженных сил можно догадаться уже из названия: «Рязанское высшее военное командное дважды Краснознаменное воздушно-десантное училище имени Ленинского Комсомола». Первая цель в жизни Лебедя достигнута.

Молодой курсант счастлив. Первое, что он делает, сообщает родителям в письме, полном энтузиазма, о поступлении в училище. В течение одного дня Лебедь получает обмундирование и впервые в жизни ощущает погоны на плечах. Сомнений больше нет: теперь он солдат.

Глава II

Тяжесть погон

Казарма, в которой Александр Лебедь проведет последующие годы, находится в лесу в окрестностях Рязани, вблизи реки Оки, к юго-востоку от Москвы. Образовательная программа сразу вводит в бой, и она требует от молодых людей все: «Первые полтора-два месяца самые трудные, — констатирует Лебедь, оглядываясь назад. — В это время решается, станешь солдатом или нет».

Многое зависит от инструкторов. От их личности зависит, сумеют ли они увлечь молодых людей, стимулировать их честолюбие собственным примером. В своем первом командире, старшем лейтенанте Николае Васильевиче Плетневе, который погиб несколько лет спустя в чине полковника на китайской границе, молодой Лебедь находит образец офицера. Ему нравятся его выправка, элегантный внешний вид, твердая и уверенная манера держаться. Плетнев нравится солдатам еще и своими спортивными достижениями.

Физические тренировки стоят с самого начала на первом плане. В полном обмундировании и даже в шинели Плетнев легко выполняет упражнение на перекладине, которое многие новички едва осиливают. Большое впечатление производит на Лебедя его обращение с подчиненными. Он не допускает ругани и оскорблений. Без снисходительного высокомерия он сохраняет лишь некоторую дистанцию с курсантами.

Через два месяца уволены первые непригодные к воинской службе. Из ста курсантов семнадцать исключены. В дальнейшем имеют шанс только крепкие. Наступление зимы возвращает курсантов в казарму. Начинаются теоретические занятия. Физика и математика — главные предметы. Прерывается учеба лыжными маршами по заснеженной трассе. При этом, в зависимости от обстоятельств, одному из курсантов доверяется руководство. Он получает карту, компас — и полную ответственность. Помощь со стороны товарищей не допускается. Так должно формироваться чувство ответственности.

В конце первого года обучения приходит высокий гость, который производит глубокое впечатление на Лебедя. Это командующий Воздушно-десантными войсками Советского Союза генерал армии Василий Филиппович Маргелов, который наблюдает за первой ротой, когда она тренируется в спортзале. Одно его прошлое — он основатель этого парашютно-десантного училища, участник финской кампании и второй мировой войны, награжден высокими орденами — внушает всем уважение.

Он выступает энергично, отечески доброжелательно: «Что вы можете, ребята?». Командир роты докладывает. Речь заходит о гимнастическом козле. Александр еще никогда не работал на нем. Но признаться в этом ему не дает самолюбие. Первое сальто удается, но во втором он приземляется неудачно. С сотрясением мозга он отправляется в лазарет. В этот день Лебедь сделал девиз вызвавшего его восхищение генерала своим: «Неразрешимых задач не бывает».

Александр планировал летом после окончания первого курса жениться на Инне. Однако его материальных средств не хватало. Итак, Лебедь откладывает свадьбу до февраля следующего года. Для регистрации брака он получает три дня отпуска. Срок, установленный за месяц до регистрации: воскресенье — на дорогу, понедельник — на регистрацию, вторник — на обратную дорогу. Но загс в понедельник закрыт, и Лебедю пришлось оставаться до утра вторника, чтобы уладить необходимые формальности, затем — самолетом в Москву, а оттуда доехать автобусом до Рязани. 20 февраля 1971 года Александр Лебедь уже женатый человек.

Второй год обучения в Рязани посвящен изучению видов оружия. Лебедю новый предмет доставляет большое удовольствие, и он усердно берется за дело. Одновременно преподают английский язык. Слабое знание английского он пытается компенсировать тем, что меряется силами с преподавателем в шахматах и в боксе. То, что он в конце года по трем теоретическим вопросам курса «Огневая подготовка» отвечает далеко не безукоризненно, он долго не может забыть. Но зато его назначают заместителем командира взвода. На третьем году обучения, в двадцать два года, Александр Лебедь уже привык командовать, по меньшей мере, взводом.

К концу курса одним из инструкторов становится лейтенант Павел Грачев. Он производит на Лебедя хорошее впечатление. Александр считает

Грачева высокопрофессиональным и спортивным офицером, особенно в отношении зимних видов спорта, — хороший пример, который он всегда ищет. Кажется, лейтенант может увлечь солдат. Благодаря Грачеву Лебедь получает возможность перевода на время летних учений в боевой полк — 345-й полк парашютистов-десантников в Казахстане. Он воспринимает это с восторгом.

Непривычные климатические условия приносят новые испытания. Первый прыжок к тому же состоится в августе. После двух с половиной часов полета он и его товарищи наслаждаются свежим воздухом в свободном падении. На этот раз его не мучает страх перед приземлением. Он попросил также дать ему знамя, которое в свернутом виде вставлено в голенище сапога. Когда он приближается к земле, он не верит своим глазам: цель — это громадная каменистая пустыня! Затем следует долгий переход в двадцать километров через пустыню.

И другие войсковые учения в экстремальной обстановке нужно было выдержать. Так, целая рота после тренировок по приземлению в северном районе шлепает по грязи, снегу и воде с промокшими от дождя парашютами.

После обучения под руководством Грачева взвод Лебедя закаленным переходит на четвертый курс. В летней спартакиаде подразделение Лебедя может померяться силами даже с 9-й ротой «спецназа» — элитным подразделением «для выполнения особых задач». В легкой атлетике, марафонском беге и боксе Лебедь показывает себя особенно честолюбивым. Заместитель начальника училища полковник Родионов учит его благородству и спортивному духу.

На заключительном экзамене в конце последнего курса Лебедь должен проектировать Т-образную установку для танков и других транспортных средств. Он выполняет задание с оценкой «отлично». 29 июля 1973 года, в возрасте двадцати трех лет, Александр Лебедь окончил училище.

Грачев предлагает ему остаться командиром взвода следующей первой роты, но он отказывается. Его привлекает только 7-я воздушно-десантная дивизия, размещенная в Каунасе, где его поставили на офицерскую должность.

Но выходит иначе. Командира нового 1-го взвода сняли с должности за недисциплинированность. За два дня до того как Лебедь должен был покинуть училище, он узнает, что назначен на должность командира взвода. Он пытается протестовать, но приказ есть приказ. Лебедю не остается ничего другого, как подчиниться. Рязань до поры до времени крепко держит Александра Лебедя.

Глава III

Офицер Александр Иванович

Тридцатого августа 1973 года Лебедь вступает в офицерскую должность. Его чувство собственного достоинства растет почти в той же мере, что и жалованье. Жалованье повышается в десять раз — до двухсот пяти рублей — в те годы сумма большая. Лебедю нужны деньги. Ведь он должен кормить жену и двух маленьких детей. А скоро у него появится третий ребенок.

В роте Грачева Лебедь командует двумя взводами. Но и лично он тесно связан с Грачевым: с ним и другим командиром взвода его роты он делит комнату в казарме. Самое трудное в этом — ночная игра в карты, в которой Лебедь принимает участие вначале неохотно. Она заканчивается только около шести часов утра — когда Лебедь должен приказывать своим курсантам строиться на зарядку. Задачи Лебедя обширны и четко очерчены: проведение физзарядки, присутствие при утреннем осмотре, планирование занятий с курсантами, контроль за их проведением, подготовка упражнений для полевых занятий, строевая подготовка, дежурство в солдатской столовой, подготовка планов-конспектов собственных занятий, организация спортивных и политических групповых мероприятий, индивидуальная работа с более слабыми курсантами, присутствие на вечерней поверке.

В 1976 году, через три года после начала службы командиром взвода, Лебедя повышают в должности. Теперь он командир роты. За повышением следуют тренировки в прыжках большими группами. Несколько рот должны прыгать одна за другой. Погода хорошая, сила ветра два-три метра в секунду. Лебедь прыгает с первой группой в тридцать восемь человек. В то время, когда следующая группа парашютистов покидает самолет, надвигается опасное облако необычной окраски. Обе следующие цепочки парашютистов по девятнадцать человек находятся уже на высоте менее двухсот метров, как вдруг от загадочного облака с бешеной скоростью приближается гигантский вихрь. Он захватывает сбоку парашюты, с невероятной мощью гонит их как гигантские паруса над землей, швыряет парашютистов на препятствия и волочит по земле. Санитарные машины мчатся по полю. Привозят первую жертву. Двадцатидвухлетний старшина роты мертв. Ударом о бетонную мачту ему раздробило череп и конечности. Доставляют других пострадавших. Сотрясение мозга, ранения спины, переломы, ушибы, рваные раны, оторванные руки или ноги. Итог: три трупа и более двадцати тяжелораненых. Среди родственников курсантов распространяется слух, что половина всех парашютистов пала жертвой бури. После этого от инфаркта умирает пожилая родственница, а у двух будущих мам начинаются преждевременные роды. Для Лебедя это несчастье является решающим событием. Впервые в своей военной карьере он встречается со смертью, слезами, отчаянием и бессилием — и это во время тренировки! Однако военная дисциплина не допускает сантиментов. Только спустя два месяца, в июне 1976 года, Лебедь снова командует тренировочными групповыми прыжками. На этот раз на широкой равнине в окрестностях Пскова. При этом тренировка подразделения десантников комбинируется с тренировкой ведения боя другим военным училищем.

Снова погода зло шутит над курсантами. При полном штиле возникают порывы ветра до десяти метров в секунду. Многих парашютистов тащит сотни метров по полям. Но в этот раз, по крайней мере, нет смертельных случаев. Следующая тренировка боя с танковой атакой проводится по плану, хотя из-за приближающейся песчаной бури нельзя ничего увидеть. Несколько товарищей позже последуют за Лебедем в реальную боевую обстановку — в Афганистан. Девять из них погибли.

После еще одного курса Лебедь устает от преподавания. Его тянет на практическую работу. Год за годом он добивается перевода. Год за годом он напрасно ждет ответа. То он «слишком молод», то «слишком ярый карьерист», в другой раз исчез его рапорт с ходатайством. Между тем начинается 1981 год. Капитан Лебедь в свои 31 год провел две роты через полные четырехгодичные курсы. Но теперь достаточно. Когда он снова обращается к своему начальнику, то получает сразу три предложения. Первое — преподаватель по обучению стрельбе. Лебедь благодарит и отказывается. Полковник оскорблен до глубины души. Второе предложение касается также преподавательской работы — в этот раз по тактике. Лебедь снова отрицательно качает головой. Третье предложение — стать командиром батальона

— дает надежду на получение в перспективе звания полковника. Это уже больше нравится Лебедю. Но тут один генерал армии заявляет протест: «Капитана в тридцать один год назначать на полковничью должность? Вы с ума сошли!».

Наконец Лебедь соглашается замещать на время отпуска заместителя командира полка. Хотя преподавание вызывает у него скуку, так как его интересуют артиллерия, тактика и стратегия, он с большим усердием берется за работу. Но однажды он совершает ошибку. На строевом занятии нужно было выбрать комсомольского делегата. Вместо команды «Вольно!» он заставляет полк стоять смирно. Политработник сообщает об этом начальству, и уже через час после случившегося Лебедь, который дисциплину в армии считает важнее политики, смещен. Это для него означает: до поры до времени — назад в училище.

Несмотря на этот удар, Лебедь ни в коем случае не обижается. Наоборот, он, как и раньше, дает курсантам самое лучшее. За прошедшие месяцы Лебедь часто имел дело с кандидатами в офицеры, плохо обученными другими наставниками или недостаточно подготовленными. На основании этого отрицательного опыта он формулирует пять принципов руководства учебными курсами:

— Систематическое, а не от случая к случаю наставление.

— Контроль за результатами как части образовательной программы, однако не в тех формах, которые компрометируют кандидата в офицеры.

— Внесение элементов состязательности и спортивного духа в образование.

— Постановка даже самых трудных задач таким образом, чтобы подчиненный не воспринимал их как трудные, чтобы эта трудность его не «подавляла» (например, так сформулировать: «Прыжки, 50-километровый марш, затем футбол»).

— При неудачах в тренировочной стрельбе не продолжать, а прервать тренировки, дать расслабиться, сконцентрироваться, обнаружить слабые места, только потом повторять. При неудачах в групповых упражнениях «поразмышлять о том, что в этом всегда виноваты не наши солдаты, а их инструкторы. Повторять в этом же духе!».

При всей симпатии к курсантам Лебедь хотел бы уйти, проверить на практике свои военные способности.

В ноябре 1981 года Лебедь снова появляется перед командованием, чтобы получить ответ на прошение о переводе. Как уже много раз до этого, было сказано: «Решение не принято, принимается», — когда и как, неизвестно. Лебедь настаивает на том, чтобы самому поговорить по телефону с офицером управления кадров. Он поднимает трубку. Диалог он позже записывает в автобиографии:

«Кто говорит?»

«Капитан Лебедь, командир роты воздушно-десантного училища».

«В течение какого времени?»

«Пять лет и два месяца».

«Пойдешь командиром батальона на юг?»

«Да!»

«Ты совсем не хочешь знать, куда?»

«Мне все равно».

«Тогда позвони еще раз через два часа!»

Когда Лебедь звонит снова, приказ о его переводе уже подписан. Высшее начальство на самом деле срочно искало командира батальона. Трех кандидатов уже выдвигали, но они не прошли.

Командир батальона требовался срочно, и Лебедь оказался очень кстати.

Таким образом, первое назначение войсковым командиром привело капитана Лебедя на реальную войну — в Афганистан, командиром первого батальона 345-го особого десантного полка. В войнах такого рода требуются мобильные войска, такие как воздушно-десантные, и Лебедь знает, что он со своими солдатами скоро будет находиться под обстрелом. Однако он утешает себя азбучной истиной: «Кому суждено быть повешенным, тот не утонет».

Глава IV

Назначение: Афганистан

Кому суждено быть повешенным,
тот не утонет.
Девиз Лебедя в Афганистане

9 ноября 1981 года Александр Лебедь улетает в Афганистан. Последний аэропорт — Фергана. Баграм (Беграм) — один из двух опорных пунктов 345-го полка, 1-й батальон которого примет Лебедь. Хотя Ан летит высоко, Лебедь четко видит местность, прорезаемую горами и долинами, — местность, которая покрыта паутинообразными разветвлениями. Летящий с ним майор объясняет, что это оперативные базы моджахедов. С любопытством Лебедь обозревает местность и слушает сопровождающего. У него создается впечатление, что его перевели в другой мир, мир Востока, мир, в котором будни и образ жизни определяет не идеология государства, а мудрость столетнего и тысячелетнего опыта и обычаев.

Его полное ожидания любопытство ни на мгновение не затуманивается размышлениями о смысле этой войны. У Лебедя нет ясного представления о причине начала ее — и о решимости тех, кто защищает свою страну.

Афганистан из-за своего геополитического положения был уже в прежние времена игрушкой в руках колониальных держав. Россия расширила в XVI—XVII вв. свою империю до Дальнего Востока, в XVIII—XIX вв. — на Кавказ и, наконец, в Центральной Азии присоединила ханаты Бухары и Ташкента, Хиву и Туркестан. В 1895 году российская граница после аннексии части области Памира проходила в двенадцати километрах от Британской Индии. Наконец обе колониальные державы, Россия и Великобритания, уступили полоску земли, лежащую между колониальными империями, государству Афганистан, которое было основано в 1747 году Ахмед-шахом Дуррани. В 1907 году Петербургским договором Россия и Великобритания поделили между собой сферы влияния в Персии, причем Россия обязывалась не распространять свою экспансию на Афганистан и Тибет. Афганистан оставался регионом, в котором решались споры как между суннитами и шиитами, так и между европейскими державами.

В советскую эру Афганистан почувствовал последствия экспорта идеологии в качестве предлога для экспансии могучего соседа. Благодаря этому одновременно исламское влияние на тогдашние советские республики в Центральной Азии было подорвано или вытеснено. На партийных съездах времен Хрущева в шестидесятые годы принимались решения не только по планам улучшения сельскохозяйственной продукции и честолюбивые проекты по индустриализации и космическим полетам. Коммунистическую мировую революцию как идеологическую цель тоже упорно формировали, но в первую очередь она служила идеологическому приукрашиванию империалистической политики экспансии.

Эта концепция и в годы после снятия Хрущева определяла советскую внешнюю политику —

при партийном и государственном руководителе Брежневе. Урегулирование границ с Пакистаном, проведенное еще при Сталине, и договор о взаимопонимании, заключенный между Афганистаном и Советским Союзом через два года после его смерти в 1955 году, который включал также военную помощь, оказались охранной грамотой для будущей советской интервенции.

Весной 1978 года в результате революционного переворота была провозглашена Демократическая Республика Афганистан. Правительство Мухаммеда Тараки начало проводить социально-экономические преобразования — демократизацию общественной жизни, аграрную реформу, эмансипацию женщин, что вызвало сопротивление у части населения. Наконец в городе Герате начался массовый мятеж, в котором пехотинцы 17-й дивизии перешли на сторону восставших. Дело дошло до столкновений с вооруженными силами президента.

Он не побоялся разрешить бомбить город. При этом погибли более пяти тысяч человек — среди них и несколько военных советников.

Этот случай дал Москве такой нужный сейчас предлог для принятия решительных мер. Советская армия приготовилась оказать «братскую помощь» притесняемому марионеточному правительству. В то время, как советские генералы летом 1979 года предприняли полеты над страной с целью инспектирования, чтобы разведать инфраструктуру в сфере уличного строительства, строительства мостов и туннелей, которые помогали оформлять их предшественники, половина афганских правительственных войск перешла на сторону восставших.

В сентябре 1979 года президент Тараки был свергнут премьер-министром Хафизуллой Амином.

Амин не смог ни улучшить ситуацию в стране, ни контролировать ее. Москва решила вмешаться. Срок: конец декабря 1979 года. Интервенция явилась ошеломляющей не только для Афганистана, но и для общественности Запада. Брежнев, который как раз подписал в знак проявления своей воли к разрядке напряженности соглашение о контроле над стратегическими вооружениями с американским президентом Картером, выбрал для вторжения вечер перед рождеством, как раз в то время, когда весь западный мир, занятый тем, чтобы украшать елки, меньше всего был готов к подобной акции. Элитное подразделение «спецназа» штурмовало президентский дворец, разоружило армию, заняло ключевые позиции, аэродромы, арсеналы с оружием и узлы коммуникаций и продвинулось в глубь страны.

То, что выглядело как завершение, было только началом. Это было начало долгой войны, которая вела в тупик.

Лебедь узнает об этом в пути к своему новому месту назначения. Он не имеет к Афганистану никакого особого отношения. События, которые происходили в СССР в его детские годы, он едва осознавал. Лебедь видел, что улучшается экономическое положение, растут промышленное производство и военная мощь страны, знал о сенсационных успехах в космосе. И это вызывало гордость, чувство превосходства, патриотизма. Из средств массовой информации он едва ли мог узнать что-нибудь о том, что происходило — во время его учебы в училище и потом, когда он служил за границей. Так, о советском вторжении в Афганистан видели только картины радостно приветствуемых советских солдат, бурные объятия со стороны тех, которым они оказывали «братскую» помощь, или сцены благотворительных акций, в которых солдаты распределяли пакеты с продуктами. И когда показывали торжественное освящение сиротских приютов, то забывали умышленно упомянуть о том, что принятые в приют дети потеряли родителей от оружия советских оккупантов.

Сейчас Лебедь напряженно ожидает прибытия к месту своего назначения. Он скоро узнает, как велика пропасть между теорией и практикой в военном деле. В учебе ли, на маневрах ли — реальная ситуация боя не может быть придумана, она требует нового изучения.

Естественно, Лебедь хочет первым делом отправиться в свой батальон и представиться в качестве нового командира. Но никакого батальона нет. Войсковая часть раздроблена на мелкие подразделения, перед которыми в зависимости от обстоятельств ставятся конкретные задачи — что-нибудь вроде охраны аэропорта в месте их дислокации. Отдельные группы практически не имеют никакой связи друг с другом.

Итак, Лебедь сначала должен бить сбор частей батальона. При виде прибывающих солдат его охватывает тревога и сочувствие. Батальон находится в тяжелом положении. Обученных в лесах и болотах Прибалтики солдат послали на войну, в которой были совершенно другие условия. Соответственно плохим было и настроение. Как можно поддерживать дисциплину и боевую готовность, если явно не удовлетворяются даже элементарные потребности людей?

Лебедь немедленно принимает меры по улучшению бытовых условий и соблюдению требований гигиены. Наряду с этим он реорганизует свой батальон. Он составляет программу тренировок, чтобы укрепить моральный дух солдат и ударную силу подразделения.

Поначалу Лебедю объявляют войну некоторые командиры рот, демонстративно издевающиеся над солдатами. Лебедь ставит их на место — быстро и по-своему. Он приказывает офицерам, пользующимся дурной славой, построиться и предлагает помериться с ним силами в боксе. Одного за другим Лебедь побеждает их всех. После этого устанавливается спокойствие, и новому командиру батальона в дальнейшем обеспечено не только уважение, но и нерушимая лояльность.

Скоро Лебедь получает первые впечатления от страны. Он навещает своего младшего брата, который после двух лет службы в Кабуле возвращается домой. Капитан Алексей Лебедь командовал разведывательной ротой в воздушно-десантной дивизии, был награжден двумя орденами. Несмотря на незначительное расстояние, всего в шестьдесят километров, Лебедю пришлось лететь самолетом — дорога была заминирована. Военный транспортный самолет служит и гражданским людям средством передвижения. Глазам Лебедя предстает необычный вид: тяжело нагруженные крестьянки, дети, старики, козы, куры — все это вталкивается в маленький Ан. После короткого полета самолет приземляется недалеко от крепости Бал-Хизар, где расположен батальон, в котором служит Алексей Лебедь. Здесь проходят проводы отъезжающих офицеров. Они вспоминают в этот вечер о боях и приключениях — и о погибших товарищах. Один капитан настойчиво пытается поделиться с Лебедем, своим соседом по столу, некоторыми воспоминаниями, возникшими при слове «мина». Он военный врач и теперь детально описывает ужасный результат ее взрыва. Лебедю приходится выслушивать, какие части тела пораженных миной товарищей он собрал после того, как мина взорвалась: «Почки, кости...».

«Довольно!» — просит Лебедь, но врач снова хватается за стакан и продолжает перечисление. Выясняется, что он стал алкоголиком, пытаясь вытеснить картины ужасов из своего сознания. Однако чем больше он себя одурманивал, тем чаще снился ему кошмарный сон, пока он не потерял рассудок.

Вернувшись в свой батальон в Баграм, Лебедь узнает, что в декабре должна осуществиться первая операция. Ожидается свежий батальон, которому Лебедь должен передать позиции. Десять дней он муштрует своих солдат. В конце новобранцы чувствуют себя увереннее и более подготовленными к бою. Кроме того, Лебедь научил их обращаться с гранатами. Он смеется, когда его прежний начальник Грачев сообщает командиру полка, что батальон готов к бою — хотя он ни разу не присутствовал на боевой подготовке. Уже во время первого марша Лебедь видит, как гибнут молодые солдаты, подорвавшись на мине. Такие потери накапливаются еще до того, как начинается стрельба. Часто причиной этого является собственная неосторожность при обращении с боеприпасами или гранатометами.

Лебедю также бросилось в глаза, что реальность в районе боя не совпадает с той картиной, которую он представлял себе, как и миллионы его соотечественников. Лебедь узнает от товарищей, что погибли уже тысячи, а количество раненых или изувеченных, не говоря уже о потерях от гепатита, тифа или малярии, во много раз превышает это число.

С горечью отмечает новый командир батальона, что не встретишь здесь ни сына, ни племянника, ни родственника или друга тех, кто принимал решение о войне. Отдавать свои жизни должны только юноши из рабоче-крестьянских семей, у которых есть совесть или нет средств, чтобы избежать выполнения своего долга.

Знание всего этого приводит к крушению надежд у солдат и выливается в апатию, а иногда в преступления. Обычно начинается с того, что солдаты заглушают депрессию водкой и наркотиками, поступающими из пограничного Пакистана. Денежного довольствия не хватает для приобретения наркотиков, и тогда некоторые начинают продавать оружие и снаряжение врагу. Кое-кто не останавливается перед нападениями и убийствами гражданского населения.

Когда Лебедь со своей частью прочесывает территорию, где проводилась операция, в поисках гнезд моджахедов, он все больше осознает, что эта война — «безумие», как он позже называет ее. Недостатки в организации военной кампании очевидны для опытного офицера. Тяжелое военное имущество, предусмотренное для севера Европы, в Афганистане оказывается непригодным. Это же можно сказать об обмундировании и обуви солдат.

Лебедь уважает мораль афганцев, их мужество, их боевой дух и непоколебимую выдержку. Это уважение он испытывает и к моджахедам, и к тем правительственным войскам, которые воюют вместе с Советской Армией.

Афганские солдаты храбры и решительны. Как командиров они уважают только местных строгих офицеров. Командир афганской части, проводящей военные операции в интересах батальона Лебедя в качестве авангарда и обеспечения флангов, подбадривает своих подчиненных страстной и цветистой речью, осыпает их похвалами, говорит об их молодой жизни, храбрости, отцах, матерях, женах, детях и их родине.

Лебедь удивляется безошибочному чутью своего афганского авангарда. Правда, они знают тактику своих соотечественников. Моджахеды не навязывают бой, а избегают неравной борьбы. Они остаются невидимыми и терпеливо ждут, спрятавшись в своих убежищах, пока не представится возможность напасть на врага, как раз когда он на своей территории уязвим или когда чувствует себя в безопасности, находясь ночью в укрепленном лагере. Перед этими методами партизанской войны (гверильи) сильная армия довольно беспомощна.

К тому же разведка афганцев функционирует лучше, чем разведка русских. Следствием недостаточной координации действий является то, что в решающий момент часто отсутствует поддержка с воздуха, которая необходима как для боевых операций, так и для снабжения солдат. Большей частью успехи в самом начале войны, достигнутые в результате массового использования самолетов и вертолетов, не могли иметь продолжения. Кроме того, моджахеды быстро приноровились к тактике русских. Они остаются днем в окопах, откладывая свои операции на ночь. Скоро у моджахедов появляются также мобильные «стингеры», против которых даже авиация бессильна.

Много неприятностей доставляют советским войскам непривычные климатические условия. Во время первой операции Лебедя в советских подразделениях из-за гепатита выбыли из строя три тысячи солдат. И другие болезни вызывают большие потери, так что даже хорошо организованные и отлично проведенные операции в лучшем случае могут принести частичный успех. Таким образом, несмотря на численное превосходство, о большой ударной силе армии не может быть и речи.

Лебедь вводит смешанные батальоны, изменяет порядок следования и заставляет афганский батальон прикрывать колонну с флангов. Но перед условиями этой страны он тоже оказывается бессильным. Как ему повысить подвижность своих войск, если солдаты должны нести тяжелый 12,7-миллиметровый пулемет весом 34 килограмма, боеприпасы, гранатометы, которые весят 30 кг, плюс рюкзак? И как он должен был помешать тому, что шум сапог его солдат уже издали возвещал противнику об их приближении? И как он может рано утром сделать так, чтобы солдаты были в форме, если их спальные мешки пропитались ночью дождевой водой и талым снегом из-за непогоды в горах, и люди, неотдохнувшие, полузамерзшие и с влажной, еще более тяжелой ношей должны снова выступать? И как уничтожать следы похода, когда продовольственные пайки находятся в консервных банках и после использования их приходится выбрасывать, оставляя врагу широкий, сверкающий на солнце жестяной след?

Лебедь понимает состояние солдат и проявляет солидарность. Они, наверное, спрашивают себя, ради чего должны жить в таких условиях? Это не русская земля, защищать которую нужно как во время второй мировой войны, когда на Советский Союз напали.

Тем не менее Лебедь укрепляет дисциплину, старается защитить гражданское население от злоупотреблений со стороны солдат и ограничивается целенаправленным подавлением вооруженного противника. Он постепенно знакомится с менталитетом афганцев, например, когда его батальон в Баграмской долине в январе 1982 года проводит операции вместе с афганским правительственным батальоном и прочесывает зону в поисках опорных пунктов. При всей дисциплинированности афганским солдатам понадобилось утром больше времени для выступления, чем их советским товарищам, так как они везли с собой намного больше багажа, начиная с постели, собственного ковра и чайника. В багаже любого афганца есть настоящий базар в миниатюре. Как только деревня занята афгано-советской воинской частью, сразу вступают в силу привычные традиции, раскладываются ковры и разливается чай. Командира афганского батальона окружают заботой несколько дежурных солдат, которые откуда-то берут подушки, ковры и одеяла и готовят ему прямо-таки роскошную постель.

Во время операции Лебедю приходится заниматься не только военными делами. Батальон Лебедя в одном поселке сгоняет на площадь полторы тысячи гражданских лиц. Обычно, установив, что среди них нет бойцов движения сопротивления и оружия, их интернируют, отбирают боеспособных мужчин и присоединяют к какой-нибудь преданной правительству роте. Лебедь приказывает направить шумную толпу, состоящую из женщин, мужчин и детей разного возраста, в одну из крепостей, которых в этой области очень много, и обеспечить всех питанием.

Кто-то говорит, что в деревне, находящейся в девяти километрах отсюда, есть лагерь военнопленных. Лебедь приказывает отвести туда людей под конвоем. Через некоторое время возвращается связной и сообщает, что на горном серпантине многие убежали. Когда оставшиеся добрались до цели – Чаррикара, оказалось, для размещения пленных

нет никаких условий и даже милицейского карау-
ла. Коменданту крепости пришлось всех отпустить.
Подобные сведения поступают и из других областей. Сами по себе такие случаи кажутся без-
вредными, но сразу после них на отходящие советские роты нападают, так как моджахеды получают
от некоторых отпущенных соотечественников информацию о враге.

Батальон Лебедя разбивает ночной лагерь во
внутреннем дворе здания. При этом происходит
забавный инцидент. Рано утром, когда все спят,
вплотную прижавшись друг к другу, «оживает»
одна из громадных амфор, традиционно использу-
емых здесь как хранилище для зерна: один мод-
жахед прятался в ней и пытался выкарабкаться
из сосуда, но наступил на спящего солдата. Естественно, тот проснулся, а с ним и еще некоторые.
После нескольких предупредительных выстрелов
непрошеный гость сдался.

Из опыта войны в Баграмской долине Лебедь
приходит к заключению, что операция была безуспешной прежде всего потому, что афганцы — при-
рожденные партизаны, знающие гористую местность, потому что их разведка работает лучше и,
наконец, потому, что местонахождение тяжелой, частично устаревшей советской военной техники они
могут определить очень легко.

Лебедь помнит девиз Наполеона: «Хороший генерал знает своих солдат и пользуется у них доверием», но он старается узнать и своего противника. Он наблюдает, анализирует и делает выводы. В зависимости от мотивации он различает
шесть типов бойцов афганского сопротивления:

— патриот, движимый волей к независимости.
Он борется против любой оккупационной власти;

— тот, кто стал неимущим в результате смены режима. Он борется за возвращение потерянного;

— религиозный фанатик, который ведет «священную войну» против неверных, даже если эта война будет продолжаться десятилетия;

— наемник, который позволяет себя завербовать за деньги, но никогда не будет участвовать в опасной операции;

— боец, завербованный примерно на год, который зарабатывает деньги на свадьбу, и, наконец,

— скорбящий, который мстит за родственников, убитых советскими солдатами, и при этом воюет ожесточенно, как волк.

Самые плохие воспоминания у Лебедя остались о Нидшральской экспедиции. Она проходила в ужасных погодных условиях. Батальон должен был идти по грязи после бури и затем карабкаться на гору. Из-за сильной метели ничего не было видно. Срочно требовалась поддержка с воздуха, но она полностью отсутствовала, разведка вообще бездействовала.

Лебедь констатирует, что война — «грязная работа» и ничего общего не имеет с тем, что о ней сообщается в средствах массовой информации, не говоря уже о художественных фильмах или литературных произведениях. Он делает вывод, что в ней мало патетического. Большая часть войны — это тривиальная борьба с неприятными обстоятельствами. И героями являются не только мертвые, но и живые, которые презирают все опасности или возвращаются из боя изувеченными.

В пути батальону встречается какой-то старик. С поднятыми руками он просит командира о защите деревенских жителей, которые бежали в близлежащую крепость, причем речь идет преимущественно о женщинах и детях. Лебедь отсылает его назад и требует гарантии. Но его начальник настаивает на продолжении похода, не ожидая возвращения «курьера». Через короткое время по колонне производится залп из десяти гранатометов, за ним следует сильный огонь из пулеметов. Немедленно открыли ответный огонь. Бой длится только пять минут, потом наступает тишина. Лебедь определяет потери (их относительно мало) и ущерб. Он обнаруживает, что сам едва спасся от огня, бившего с расстояния сто — сто пятьдесят метров. После этого события он еще больше значения придает известным словам: «Кому суждено быть повешенным, тот не утонет». Но и Лебедь не выходит из этого обстрела невредимым. При взрыве мины он ранен в ногу. По возвращении на опорный пункт рану обработали и начали лечить. Однако она не заживала и боль не отпускала. Наконец, его отправляют на лечение домой.

В то время как готовится приказ о возвращении домой, один молодой офицер из батальона Лебедя входит в служебную комнату и шепотом сообщает ему по секрету: «Я не должен был еще вам этого говорить, но вам досрочно присвоено звание майор!». Лебедь обрадован. Как только офицер покинул помещение, он достает из ящика стола лист бумаги со списком товарищей, с которыми он хочет отпраздновать это событие. Он рассчитывал на то, что не уедет из этой страны без повышения.

Прощание Лебедь отмечает в настроении скорее подавленном, чем радостном. Пережитые события, хлопоты, надежды, страхи, облегчение и печаль от потери товарищей слишком много значат для него, чтобы испытывать ничем не отягченную радость.

Сидя в самолете, который уносит его из Афганистана, Лебедь чувствует, что стал совсем другим. Расстояние между отправной точкой и местом назначения невелико: два часа полета, но оно связывает два несовместимых мира — воюющий Афганистан и мирный Советский Союз, войну и мир. Лебедь получил в Афганистане также не только ранение, но и знание человеческой натуры. Впоследствии он напишет: «В состоянии мира каждый может носить маску — все равно, какую. Война срывает ее с него. Тогда все обнажается. Каждый находится в руках судьбы. И обнаруживается, является ли кто-то мужчиной и бойцом — или его признаки принадлежности к мужскому полу являются недоработкой природы. На войне все становится ясно. Однако она оставляет у каждого и свои следы и заставляет видеть мир через другую призму».

Позднее признают, что в операциях под командованием Лебедя потери были минимальными, так как, во-первых, он их отлично подготавливал, а во-вторых, он чувствовал себя ответственным за солдат и защищал их жизнь от рискованных мероприятий.

За короткое время службы в Афганистане Лебедь получил несколько наград, к которым в последующие годы добавятся другие ордена и медали: орден Красного Знамени, орден Красной Звезды, орден «За заслуги перед Отечеством» II и III степени, медаль «За отвагу» и крест «За защиту Приднестровья».

Служба в Афганистане была для офицера не только боевым крещением: она изменила отношение Лебедя к советскому режиму. Позже он напишет: «Эта война была бессмысленной политической авантюрой. Эта попытка экспортировать революционную идеологию, которая оказалась несостоятельной, была началом конца. И затем отсутствие каких-либо мер в отношении возвращающихся домой солдат. "Не мы вас посылали в Афганистан!" — говорилось потом компетентными властями. Служащий существует для государства — а не государство для служащего. Однако у нас менталитет тех, кто наверху, остается одинаковым, под коммунистическим ли знаменем он или под демократическим. Только когда кто-нибудь это осознает, можно попытаться что-то в этом изменить».

По прибытии Лебедя домой его ожидает особый «сюрприз». В его документы о переводе — случайно или со злости — закралась веская ошибка: при печатании вместо «убыл» там стоит «убит». Понятия, которые в русском языке различаются лишь двумя буквами. В то время, когда Лебедь после прощания со своим батальоном еще неделю находился в Фергане, бумаги в его военное училище в Рязани и родной город Новочеркасск пришли раньше, чем он прибыл туда. Жена Инна не поверила извещению и ждала официального подтверждения... Будучи матерью детей десяти, восьми и трех лет, она просто не хотела признать, что ее мужа больше нет в живых. Бывший командир батальона, в котором учился Лебедь в Рязанском военном училище, полковник Владимир Николаевич Степанов сначала получил ложное извещение, но, к счастью, не решился повергнуть в шок и печаль семью Лебедя таким сообщением, так как и Степанов интуитивно был убежден в том, что Лебедь не погиб — он очень хорошо знал его...

А Афганистан? Война продолжалась десять лет — от Брежнева, при Черненко и Андропове до Горбачева. При последнем, с 1985 по 1989 год, она вошла в самую кровавую фазу. Почему? Прежде всего Советы просто недооценили противника и никогда не мобилизовывали достаточно сил и ресурсов, чтобы суметь контролировать страну. Если американцы во Вьетнаме (пятая часть площади Афганистана) имели полмиллиона человек, в Афганистане было 100 000 российских солдат, которые составляли четыре дивизии, пять отдельных бригад и три отдельных полка. Даже территории, очищенные от врага, они не могли удержать или защитить.

По мнению генералов, таких как Борис Громов и Мохаммед Навроз, — оба участники этой войны, — чисто технические причины также имели решающее значение для результата. Советская Армия не была готова к партизанской войне в незнакомой горной стране. К тому же моджахеды получали из США и некоторых исламских государств через свои базы в Пакистане материальную, военную и политическую помощь. Но и после ухода советских войск страна не обрела покоя. По сей день она представляет собой поле битвы между соперничающими исламскими державами.

Последствия для самого Советского Союза были драматичны. Всеобщая деморализация и потеря веры не только в методы, но также в успех режима, под знаменем которого осуществлялся с такими большими потерями экспорт идеологии государства, уничтожили без остатка самоотверженность советского народа. Советский Союз все больше становился колоссом на глиняных ногах, крах которого был больше только вопросом времени.

Глава V

Последняя шлифовка: военная академия

В конце июля 1982 года, оправившись после ранения, Александр Лебедь начинает учебу в Военной академии имени Фрунзе. Он переезжает в Москву со своей семьей — женой Инной и детьми.

Вначале интенсивность обучения и экзаменов была очень высокой. Лебедь, как и другие, принимает участие в преподавании вооружения и военной техники. При этом большая часть времени проходит за зубрежкой цифровых кодов систем вооружения, которые он еще никогда не видел. Занятия автоматическими системами управления он считает намного интереснее.

С особым удовольствием Лебедь окунается в науку о военном искусстве: оперативное искусство, стратегию и тактику. Ему не мешает и то, что приходится работать и в неучебное время, так как списки обязательной литературы охватывают всю историческую военную литературу, вплоть до описаний походов Ганнибала.

Лебедь знакомится и с политическими теориями античных философов; при этом Платон становится одним из предпочитаемых им авторов, а его «Демократию» он интерпретирует по-своему. У него формируется свое индивидуальное понимание демократии: демократия ведет к олигархии, а в будущем к хаосу; ни для какой сферы она не будет иметь таких катастрофических последствий, как для военной: «Демократия — это конец армии, как мы видели в 1917 году. Когда в ней нет дисциплины и приказы не выполняются, одна половина дезертирует, а вторая половина пропадает...».

Лебедь считается одним из самых усердных слушателей, и скоро его назначают руководителем группы.

При изучении оружейных систем Лебедь обнаруживает слабости учебной программы, в которой все сконцентрировано исключительно на теории. Как могут молодые офицеры четко судить о результатах тактических решений, если они даже не знакомы с новыми достижениями военной техники? Так как испытание различных оружейных систем на практике по понятным причинам невозможно, то его, полагает Лебедь, нужно хотя бы заменить компьютерным моделированием.

Упражнений по многим дисциплинам, овладение которыми как раз необходимо на более высоком командном уровне, Лебедь тоже не увидел на занятиях. Зато во время интересных дискуссий по стратегии и тактике он получил неизгладимое впечатление от личностей некоторых преподавателей. Так, среди руководителей курсов ему особенно понравился полковник Александр Васильевич Романов.

Этот руководитель курса, кажется, объединил в себе такие качества, как совершенство знаний систематики и методики, дидактические умения, уверенная манера держаться, дипломатичность в конфликтных ситуациях, чувство собственного достоинства, строгость, последовательность, самообладание. Это производит большое впечатление на Лебедя и, очевидно, на других слушателей курса. Не удивительно, что Лебедь, который со своим непомерным честолюбием всегда искал образец для подражания, намеревается следовать самому главному принципу уважаемого учителя: сохранять и защищать офицерскую честь в любой ситуации.

В другом учителе, который преподает тактику, Лебедю импонируют спокойствие и способность заставить слушателей мыслить творчески. Нужно отметить и то уважение, с которым начальник обсуждает со своими подчиненными их предложения по решению той или иной задачи, терпение, с которым он их выслушивает, и последовательность, с которой он ведет их логическим путем к оптимальному решению. «Именно в этом различие между ремеслом и искусством», — делает вывод Лебедь.

Первый курс Лебедь оканчивает лучше всех. Следующие два года пролетели как одно мгновение. Однажды во время тренировки Лебедь неудачно упал и поранил руку. Два пальца почти полностью оторвались. Военный хирург говорит, что только немедленная операция дает шансы спасти руку. Но под наркозом эти шансы наполовину меньше, так как хирург не может проверить, восстановлены ли соединения нервных окончаний. Лебедь не колеблется: без наркоза. Операция требует от него всего самообладания. Но зато удается невероятное, и рука по-прежнему функционирует.

В мае 1985 года Лебедь оканчивает свое обучение в военной академии. По традиции выпускники отмечают это событие в ресторане в центре Москвы. Оттуда они маршируют строем по Красной площади и хором громко поют песни. Милиционер обращает их внимание на то, что пение на Красной площади запрещено. После короткого спора они меняют направление и в радостном настроении идут по Москве, уверенные в том, что их ждет блестящая карьера.

Нихера себе...!!!

После ресторана ведь пьяны
и сраные, а люди на Крас-
ой площади, а иностранцы.

Ву и Ву.

Глава VI

Командир в Костроме

Курс Лебедя был одним из самых лучших в истории академии, и некоторым из его товарищей действительно удалось сделать карьеру, как, например, И.И. Бабичеву или В.А. Востротину.

Когда Лебедь представлялся командованию Воздушно-десантных войск, он узнал, что его посылают в Псков заместителем командира полка. Однако против этого выступает первый заместитель командующего, предлагая отправить Лебедя начальником штаба полка в Прибалтику. Ему возражает генерал Сухоруков, командующий Воздушно-десантными войсками, который извещает Лебедя, что он откомандировывается в Тулу на должность заместителя командира полка. Еще до отъезда Лебедь узнает, что он будет исполнять эту должность, но не в Туле, а в Рязани. Когда Лебедь прибывает туда, место уже занято — отсутствует только занимающий эту должность. Все же должность остается за Лебедем. Но ненадолго. Уже через два месяца Лебедя назначают командиром 331-го воздушно-десантного полка, который стоит в Костроме. В середине сентября 1985 года он прибывает в расположенный на расстоянии более четырехсот километров к северо-востоку от Москвы старинный город на Волге.

Когда Лебедь прибывает в расположение полка, ледяной ветер дует ему в лицо. Этот ветер свидетельствует о раннем начале зимы. На маленький заасфальтированный двор, который как будто предназначен для занятий строевой подготовкой, вступает его полк. Командир дивизии коротко представляет Лебедя и передает ему поле «сражения» со словами, что у него десять секунд времени, чтобы войти в должность. Затем он поспешно уходит.

О том, что полк находится не в лучшей форме, было известно. Реальное же состояние казарм и всего остального подействовало даже на закаленного Лебедя шокирующе: запущенность, куда ни кинь взор.

Как могут хорошо чувствовать себя солдаты части, которая относится все еще к показательным полкам Советского Союза, если они живут в таких условиях? И как могут они достойно представлять Советскую Армию, если они содержатся как животные. «Бытие определяет сознание», — вспоминает Лебедь слова, много раз цитируемые в то время, и решает в корне изменить здесь все.

Когда он собирается покинуть здание, до его слуха доносятся мужские голоса. Выйдя во двор, он замечает группу подвыпивших прапорщиков, пытающихся петь песню о Стеньке Разине. Новый командир спокойно подходит к группе, объясняет, что нельзя сказать, что песня звучит красиво, — и сам подхватывает припев. Это доставляет ему, как он задним числом констатирует, особое удовольствие, так как именно его вступлению в должность соответствует отрывок из песни:

> *Брови черные сошлися,*
> *Надвигается гроза;*
> *Буйной кровью налилися*
> *Атамановы глаза!*

Разве могло быть что-то более символическое при вступлении Лебедя в должность в качестве командира полка в Костроме?

Как командир с сегодняшнего дня он должен нести ответственность за военные достижения подчиненных, и он знает: «Когда живешь как человек, тогда и к службе своей относишься как человек, а если живешь, как животное, то и ведешь себя соответственно этому». Хотя ему еще не совсем ясно, что он должен делать и с чего начинать, Лебедь решительно идет в свой кабинет. После короткого раздумья он звонит прямо командующему Воздушно-десантными войсками. Коротко докладывает о своих впечатлениях и просит полномочий и финансовых средств для устранения недостатков.

Нужно иметь мужество, чтобы обратиться сразу к человеку, который решает все, минуя военную иерархию, и удачу, чтобы на другом конце провода найти отзывчивого начальника. У Лебедя было и это мужество, и эта удача. Генерал Сухоруков выполняет обе его просьбы. Поэтому Лебедь имеет возможность основательно санировать городок со всеми зданиями и арсеналом.

Внутри и снаружи все было перестроено, перегородки переставлены, в результате чего получены новые помещения, санитарные комнаты стали больше и лучше, все окрашено в светлые тона. Новая мебель, светильники и картины превратили скучные помещения в уютные. Столовая быстро преобразуется в приятное место встреч.

На первом месте в этих преобразованиях стоит, конечно, забота об обмундировании солдат: у одних нет пояса, у других — сапог.

Планы Лебедя разрастаются. С новым ярким светом, который заполняет некогда мрачные помещения, в полк входит и новый дух. Солдаты выполняют свои служебные обязанности явно с большей радостью, чем раньше, и проявляют готовность показать все самое лучшее не только в боевой подготовке, но и при уходе за материальной частью.

Лебедь пытается решить и другие проблемы. Он заботится о том, чтобы офицерским семьям, годами ожидавшим предоставления квартир, выделили подобающее жилье. Лебедь лично обращается к секретарю горкома партии, обходя неписаные правила политического протекционистского хозяйствования. Все это снискало ему большое уважение не только в военных кругах, но и среди гражданских лиц.

В круг задач Лебедя входит также подготовка к парадам. Это означает трудную работу не только для солдат полка, но и для их командира. Первого такого парада, которым будет командовать Лебедь, ждут с нетерпением не только солдаты, но и он сам. Он впервые сможет публично показать самым большим начальникам результаты работы с доверенным ему полком. Ожидание невыносимо. «Праздник для офицера — это то же самое, что свадьба для лошади, — шутит Лебедь. — Морда торчит в цветах, зад в мыле...»

Последние репетиции состоятся двумя ночами перед Октябрьской годовщиной в самой Москве. Немногочисленным прохожим открывается таинственное зрелище. Издали доносится гул движущихся танков. Этот гул нарастает и превращается в грохот. Из тумана появляются башни и стволы пушек. За танками идут колонны солдат.

На последней репетиции присутствует высокий генералитет — во всяком случае, командующие всеми родами войск и заместитель министра обороны. Уже тогда хочется добиться успеха, особенно таким честолюбивым командирам, как Лебедь.

В день парада подъем в четыре утра, хотя полки уже стоят в Москве. В шесть часов утра они должны выстроиться на Красной площади. Затем наступает ожидание. Оно продолжается несколько часов, пока не раздастся сигнал к началу парада после появления руководителей страны. Жестокий холод проникает под одежду. Больше всего мерзнут те роты, которым шинель не положена.

Лебедь пытается помочь преодолеть холод аутогенной тренировкой, потом снова гимнастикой. Он даже развлекает своих солдат рассказами, чтобы скоротать время.

Наконец звучат фанфары, марши. Военные части начинают двигаться. Полк Лебедя получает приказ маршировать. Он слышит за собой шаги двух тысяч человек, четкие как удары метронома. Перед Мавзолеем дается команда остановиться. Среди аплодисментов почетных гостей слышатся крики «браво» его более высоких начальников. Теперь выезжают танки и ракеты. Потом снова марширует пехота. Все идет как по маслу.

Наконец парад окончен, все преодолено, напряжение спадает, и Лебедь может быть доволен успехом. В полночь он возвращается с полком в Кострому. Офицеры, как обычно, получают после парада маленькие подарки, а также билеты в театр или в кино. В течение нескольких лет Лебедь участвует в пяти подобных парадах — в двух как командир полка и в трех как командир дивизии.

Глава VII

Псков, или В потоке перестройки

В декабре 1986 года Лебедя назначают заместителем командира 76-й воздушно-десантной дивизии в Псков.

Старый город лежит к северо-востоку от Москвы на одной из равнин, характерных для России. Отсутствие природных преград для захватчиков, прорывавшихся к Москве через эту область со времен средневековья, компенсируется прочной крепостью с кремлем. Отсюда видны церковные купола монастыря и слышен издали звон колоколов. Их звуки и церковные песнопения увековечены в музыкальных шедеврах «Картинки с выставки» и «Борис Годунов», которые создал композитор Модест Мусоргский.

Слегка холмистая местность предоставляет идеальные условия для тренировок воздушно-десантных частей, особенно для совместных маневров различных родов войск.

Профессиональная судьба Лебедя вступила в новую фазу, так как политические изменения в стране, которые начинаются с 1985 года, втягивают и его в водоворот событий, хочет он того или нет. Впервые партийный руководитель среднего поколения в лице Михаила Горбачева добрался до вершины власти.

Горбачев уже во время своего пребывания на посту секретаря Ставропольского крайкома КПСС поддерживал контакты с руководящими деятелями Политбюро. Андропов даже считался его наставником. В 1978 году Горбачева избрали секретарем ЦК КПСС. Через семь лет он был во главе Советского государства.

Военные расходы Советского Союза в это время составляют одиннадцать—пятнадцать процентов валового национального продукта (для сравнения: в США шесть—семь процентов). Экономика страны находится в тяжелом положении. Когда американский антагонист Горбачева президент США Рональд Рейган упорно продолжает размещение все новых систем оружия в Западной Европе и разработку космической программы «звездных войн», Горбачев нужду превращает в добродетель.

Он развернул широкую кампанию в средствах массовой информации. Суть ее: Советский Союз проводит новую политику, которая нацелена исключительно на сохранение мира. Он сокращает свой арсенал и поэтому делает излишними усилия Запада по вооружению. Громогласные и эффектные заявления Горбачева заставляют международную общественность, как и следовало ожидать, прислушаться. В 1987 году Горбачев организует в Москве трехдневную международную конференцию, выступающую за мир, свободный от атомного оружия, за выживание человечества. Воздействуя на публику, он представляет своих гостей из-за границы, таких как Йоко Оно или Грегори Пек, демонстрирует тесную связь с популярными деятелями зеленых, как Петра Келли и экс-генерал Бастиан. Наивысшим авторитетом является, конечно, Андрей Сахаров, которого Горбачев вернул из политической ссылки.

Для развития своей страны Горбачев вынужден оживлять исключительно экономические связи. Они и начало процесса демократизации служат, однако, лишь цели спасти советскую систему от краха улучшенными экономическими условиями в определенных пределах, а не для того, чтобы отбросить ее. То, что Горбачев на пути к этой цели потерял контроль над событиями и это привело к противоположному результату — это ни его намерение и ни его заслуга.

Если Горбачев сделал считающийся до сих пор врагом Запад союзником в своих планах по сокращению военного бюджета, то теперь его собственные военные выступают против плана экономии бюджета. Они видят, что скоро им предстоит еще один вызов со стороны Горбачева. В связи со свежим политическим ветром, который был вызван объявленной Горбачевым «перестройкой», которая на XXVII съезде партии в 1986 году была принята как программа, очень многие ожидают перемен не только в России, но особенно в остальных республиках. В Прибалтике и в южных республиках Советского Союза, где в досоветское время традиционно жили торговлей, от Горбачева ждут, во-первых, узаконенного закрепления частной собственности для возрождения собственного хозяйства и, во-вторых, улучшения общего благосостояния. Если бы Горбачев сразу решился на это, он смог бы этим способствовать образованию среднего сословия, которое, в свою очередь, смогло бы оказать поддержку преобразованиям в государстве, где происходит перестройка, принять реформы и реализовать их. Желание прибалтийских и кавказских республик выйти из состава Советского Союза можно было бы заглушить, если бы Горбачев мог проникнуться уважением к их национальной самостоятельности.

Благодаря «гласности» они могут теперь все же громко поразмышлять о своем будущем и вспомнить о том, что Советская конституция предоставляет им право выбора: оставаться ли им в составе Союза или выйти из него. Сделает ли это Горбачев? Военные тоже с нетерпением ждут ответа на этот вопрос, так как согласно закону задачей армии является защита целостности государственных границ. Так или иначе, все зависит от обоснования того политика, который является Верховным главнокомандующим.

Придя к власти, Горбачев начал с того, что постепенно взял полномочия Верховного Совета в свои руки. К нему переходит ответственность за решения и их последствия. Однако он задерживает программу реформ там, где они должны начинаться. Горбачев не обладает качествами политика и главы государства. Его политическое лавирование приводит к соскальзыванию на опасную тропу, в конце которой он оказывается сидящим между двух стульев. Разбуженные надежды перерастают в движения, которые развивают стремление республик к государственной самостоятельности и ускользают от контроля со стороны Горбачева. Диктат коммунистической партии остается высшим законом до партийного съезда в 1988 году, как и прежде, во всех сферах жизни. Таким образом, конфликтные ситуации запрограммированы.

«Они были результатом того, что вовремя не были приняты меры, — анализирует позже этот период Лебедь. — Так с помощью трусости, подлости и оппортунизма можно было запустить страшный механизм...»

28 мая 1987 года девятнадцатилетний немецкий летчик-любитель Матиасс Руст на своем самолете проник на территорию Советского государства и приземлился в центре Москвы. Пилот-любитель перехитрил все радарные системы.

Через два дня были освобождены от должности министр обороны Соколов и Колдунов, главнокомандующий войсками противовоздушной обороны. Горбачев не упускает возможности сэкономить на военном бюджете. Армия уменьшается на 500000 человек. Новым министром обороны становится Дмитрий Язов.

Это назначение оказывается для Лебедя благоприятным. Начальником Главного управления кадров и одновременно заместителем министра обороны становится генерал армии Сухоруков, старый покровитель Лебедя. Именно он без задержки предоставил Лебедю в начале его службы в Костроме полномочия и средства для обновления казарм. Прежнее место Сухорукова в должности командующего Воздушно-десантными войсками занимает генерал-полковник Калинин. Он объявился уже осенью того же года в Пскове и инспектировал полк Лебедя — чрезвычайно внимательно и тщательно, как отметил Лебедь не без неприятного чувства. Но уже во время отъезда Калинина Лебедь может вздохнуть с облегчением. В последний момент — поднимаясь по трапу в свой самолет — генерал-полковник еще раз обратился к нему: «О тебе говорят как о будущем командире дивизии...».

Немного позже, 10 января 1988 года, Лебедю досрочно присваивают звание полковника и вызывают в Москву. Беседа с генералом армии Сухоруковым протекала в напряженной атмосфере, так как перед этим Лебедя взял в оборот один заместитель, который, очевидно, перепутал документы. После короткого изучения досье он оценивающе смотрит на Лебедя: «Как, и ты хочешь стать командиром дивизии? Авантюрист! Сюда придут совсем другие…».

Когда в беседе с Сухоруковым все проясняется, недовольный военный чиновник молниеносно превращается в доброжелательного исполнителя воли начальника и отпускает Лебедя с широкой улыбкой и со словами: «Я же тебе сразу сказал, что все будет хорошо!».

Через месяц Лебедя приглашают для беседы в Центральный Комитет КПСС. «Приземистый, почти лысый человек», как позже тактично описывает его Лебедь, принимает его для беседы. Лебедь никогда не проявлял большой симпатии к партии и уж совсем не симпатизировал партийным деятелям, поэтому скептически отнесся к предстоящему собеседованию. О чем шла речь, он не может позже вспомнить. Тот человек в сорокаминутном монологе, насыщенном абстрактными формулировками перескакивал с одной темы на другую, не доведя ни одной мысли до конца. Лебедь был не в состоянии следить за мыслью или понять хотя бы одну. Когда говорящий закончил свой монолог словами: «Достаточно! Теперь вы знаете все!» – Лебедь покинул помещение сконфуженным.

«Результат этой беседы вы получите!» — кричит ему вслед партийный секретарь. Но что должен был Лебедь возразить на это? Действительно, он получает вскоре извещение, датированное 18.3.1988, о назначении командиром 106-й Краснознаменной ордена Кутузова воздушно-десантной дивизии.

Однако радость Лебедя от назначения на должность омрачает воспоминание о встрече с партийным функционером, от которого, очевидно, зависело его повышение.

Лебедь знает точно: ему повезло. Функционер был благосклонен к нему. Тем не менее эта процедура доказывает, что партийные деятели, которые столько же разбираются в делах военных, сколько слепой в цветах, могут решить судьбу офицера и что его прежние успехи, его участие в войне, в сущности, ничего не значат.

Лебедь впервые осознает, что он в руках тех, кто имеет власть, не человек, а инструмент. Если он полезен, его используют, если нет, его выбрасывают. Эта мысль приводит Лебедя в ярость и усиливает его антипатию к Коммунистической партии и ее руководителям.

Глава VIII

Командир дивизии в Туле

*T*ула, где размещается 106-я гвардейская воздушно-десантная дивизия, старый промышленный город к югу от Москвы. Здесь не только изготавливаются традиционные самовары, но и куется оружие.

В окрестностях Тулы, в Ясной Поляне, расположена усадьба, в которой родился Лев Николаевич Толстой. Лебедь посещает дом-музей писателя и впервые обстоятельно знакомится с его творчеством. Толстого интересовала, что видно из его монументального произведения «Война и мир», тема войны и военной службы не только с точки зрения историка и писателя.

Он сам молодым офицером служил в русской армии и в середине прошлого столетия участвовал в войне с Чечней. Свои впечатления Толстой увековечил в «Хаджи-Мурате», «Казаках» и «Кавказском пленнике». Они дышат уважением к гордому народу этой страны — подобно тому, что чувствовал Лебедь к своим противникам в Афганистане.

Из многого, и из «Войны и мира» Толстого, монументальной картины общества на фоне войны с

Наполеоном, Лебедь получает представление о тех механизмах и образе жизни, которые все время повторяются в русской истории и обществе. Лебедю кажется, что исторические произведения Толстого и дух гуманизма, который их пронизывает, обращены к нему. Ему близки описания тесных отношений между солдатами и командирами, понятны притязания на военное руководство, а также представления о кодексе чести офицера. Кроме того, он признает даже возложенную Толстым на армию роль защитника народа и гаранта мира, которая любое другое использование отодвигает в сферу политических злоупотреблений. Правда, идеалистические представления писателя XIX века не должны были неизбежно казаться Лебедю современными в 1988 году.

Как когда-то в Костроме, так и в Туле в 1988—1989 гг. Лебедь должен готовить свои войска для участия в традиционных ноябрьских парадах на Красной площади в Москве. Только теперь тридцативосьмилетний Лебедь командует десятью тысячами человек. С повышением требований растет у Лебедя и без того хорошо развитое чувство собственного достоинства. О впечатлениях от встреч с ним в эти годы сообщают посетители его дивизии, которые приезжают в Тулу в качестве инспекторов.

«Одна из самых запоминающихся фигур среди всех ветеранов афганской войны — это генерал-майор* Александр Иванович Лебедь, командир размещенной в Туле 106-й гвардейской воздушно-десантной дивизии. Так как он несколько лет служил в высшем военном командном воздушно-десантном училище в Рязани командиром взвода и роты, он

---

*Сообщение свидетеля было, очевидно, опубликовано через два года после посещения, когда Лебедь в 1990 г. уже получил звание генерал-майора.

известен больше всего у ровесников или более молодых офицеров-десантников. Вслед за этим он командовал батальоном в Афганистане, за что получил награду. Лишь немногие люди в вооруженных силах пользуются такой большой симпатией...

О себе он говорит самокритично, его низкий голос — это его самый важный капитал в роли начальника. Кто его слышит в первый раз, действительно удивляется. Когда я впервые случайно столкнулся с Лебедем в его полку, он захотел узнать, какого дьявола мы здесь ищем, и при этом говорил напрямик. Позже он оказался очень гостеприимным и любезным — а именно, гораздо больше, чем этого требовал его служебный долг. В своем полку он велел, между прочим, показать нам, как подготавливают самолет для выброса десанта.

Вскоре после этого мы снова чуть не нарвались на Александра Ивановича, который грубо спросил, как мы прошли. Я доложил ему, как интересно это все для нас, но на это он только приподнял уголок рта, наморщил нос и проворчал что-то об ответе, недостойном мужчины.

Резкость Лебедя, однако, сочетается с неоспоримым апломбом и элегантностью. В офицерской среде каждый говорит только о его сердечности, и среди новобранцев-десантников, которые боготворят своего командира, он, вероятно, самый уважаемый человек во всех воздушно-десантных войсках...»

Свидетели вынесли из осмотров различных частей и встреч с другими командирами впечатление, что афганские ветераны, очевидно, хорошие офицеры: «Сила их успехов в группе, которую они образуют, и в готовности постоять друг за друга. То, что произошло в Афганистане, сковало их сильнее, чем обычные связи между солдатами, завязавшиеся в процессе учебы или службы. Они излучают уверенность в своих силах, авторитет...».

«Моя задача — сплотить полки моей дивизии в один сжатый кулак», — формулирует Лебедь свои представления об обязанностях командира дивизии. В том, что ему это удается, никто не сомневается, хотя дивизия Лебедя поделена на гарнизоны, удаленные от штаба на несколько или даже на шестьсот километров. Предшественник Лебедя генерал-майор Сердечный, грубый, жестокий человек, был ненавидим в войсках, которые он довел до морального разложения. Принцип Лебедя, наряду с высокими требованиями к себе, заключается в том, чтобы приучить войска к дисциплине как главной заповеди и установить с ними оптимальные отношения. О его заботе о здоровье своих подчиненных, например, в Афганистане или в Костроме, говорилось очень много среди солдат, и о его личности стали создаваться легенды, причем границы между вымыслом и правдой уже стерлись.

Лебедь быстро становится известен и среди гражданского населения в Туле. Причиной стал случай, типичный для личности Александра Лебедя. Один генерал из-за того, что покупатели его машины не хотели платить желаемую (договорную) цену, так разозлился, что применил оружие. Когда ему пришлось держать ответ, он все свалил на адъютанта, присутствовавшего на переговорах. Генерал, конечно, не принял в расчет Лебедя. Речь шла о его адъютанте, который должен был сопровождать генерала в отсутствие командира дивизии.

Без колебаний Лебедь ручается за своего офицера — причем он не упускает возможности громко произносить угрозы в адрес бесследно исчезнувшего генерала.

Местные средства массовой информации подхватывают инцидент. Лебедя хвалят за мужество и справедливость. Такое поведение имеет решающее значение в то время, когда авторитет армии у населения дошел до низшей точки не только в Туле, но и во всей стране.

Это настроение отчасти испытывает на себе и Лебедь, когда он со своей дивизией проводит репетиции перед ноябрьским парадом в Москве в 1988 году. Никакой благожелательной реакции прохожих, никаких патриотических эмоций при виде солдат, как раньше, никаких приветствий, никаких маленьких подарков — апатия до антипатии или вовсе презрение — такова реакция улицы, и вместо цветов нередко летят яйца, яблоки или камни из толпы. «Армия должна расплачиваться за политические грехи политиков, — констатирует Лебедь. — Она козел отпущения за безрассудство других перед гражданским населением — хотя солдат не может сам сделать выбор и должен исполнять приказы соответственно военному долгу...»

Из девяти лет с начала все еще продолжающейся войны в Афганистане последние три с 1985 года — самые кровавые. Благодаря «гласности» достоянием общественности становятся и подлинные цифры потерь. Советский народ видит, что война требует огромных финансовых средств, кроме бесчисленных человеческих жизней.

Уровень жизни заметно понизился, в последние годы детская смертность возросла. Падение цен на нефть и золото на мировом рынке приносит стране в этом году меньше валюты, чем обычно. Но она срочно требуется для финансирования импорта зерна, на который все еще вынужден идти Советский

Союз. В это время средства массовой информации устраивают самую настоящую травлю армии.

Но и многие другие явления подавляют в народе праздничное настроение в связи с ноябрьскими парадами. Люди постепенно осознают, что государство доведено до разорения бесхозяйственностью, коррупцией и загрязнением окружающей среды. В Казахстане резко возросло число новорожденных детей-уродов из-за ядерных испытаний, проводившихся на его территории. Из Узбекистана сообщают об увеличении детской смертности в результате использования ядовитых веществ при обработке полей. И все это венчает катастрофа в Чернобыле. При немедленной и ответственной реакции правительства можно было уменьшить последствия аварии. Почему Горбачев — спрашивают себя люди — самый могущественный человек в государстве, ждал с утра воскресенья до вечера понедельника, прежде чем приказал проинформировать и предупредить ничего не подозревавшее население области, которая к этому времени была необратимо заражена?

К бесконечным человеческим страданиям прибавились расходы на ликвидацию последствий в размере нескольких миллиардов долларов, которые еще целое десятилетие давили на государственный бюджет. Еще большие затраты потребовались на восстановление Армении после землетрясения в конце 1988 года.

В прессе сообщается о начатой по инициативе Горбачева борьбе с коррупцией, которая не дала никакого результата.

А в это время советские газеты рассказывают подробности о жизни партийной элиты, сообщают об их роскошных виллах, великолепных школах для

Не послушались этого Великого человека! Idioten !!! Е.У.в.

детей привилегированных с бассейнами и саунами. При этом, очевидно, нельзя даже верить в новую «гласность» Горбачева. Именно в тот год, когда его объявили за границей «человеком года», в немилости у него оказался один либеральный секретарь Московского комитета, некий Борис Ельцин, из-за его критики в адрес члена Политбюро Егора Лигачева.

Стоит ли удивляться, что к концу восьмидесятых годов многие люди испытывают чувство глубокого разочарования. Не оправдались ожидания изменений к лучшему, появившиеся после прихода к власти Горбачева в 1985 году. А эти ожидания были очень велики.

На ноябрьский парад в 1988 году публика реагирует в лучшем случае равнодушно. Впервые Лебедь получает такое впечатление от традиционного парада на Красной площади. До сих пор он видел там только гордых и восторженных зрителей, и это дает ему повод для размышлений.

Сразу после праздника из Азербайджана снова пришло сообщение о начале волнений. Весной в Сумгаите азербайджанцы под влиянием слухов о мнимых убийствах мусульманских братьев из мести убили тридцать армян-христиан. Кажется, что швы в советской империи расходятся там, где Сталин в начале Советской власти протянул насильственные границы через страны, народы, племена, языки и религии. С уменьшением политического давления, которое десятилетиями сдерживало структуру, старые раны снова прорвались. С этого начинается распад Советского Союза.

21 ноября 1988 года дивизия Лебедя приводится в состояние боевой готовности. Решительно шагает она к аэродрому. Цель — Баку, столица Азербайджана. Весной в Сумгаит был послан только

один полк дивизии, чтобы восстановить спокойствие. Теперь, кажется, конфликт расширился. Горбачев уехал, вскоре после этого и его заместители. «Позже стало ясно, что стилем работы Горбачева было исчезать всегда, когда пахло жареным, но тогда мы этого еще не знали», — говорит Лебедь.

От своего начальника он получает лишь расплывчатый приказ, который означал, по словам Лебедя, примерно следующее: «Летите, голубки, летите, там волнения — кто кого колотит, я не знаю, но на месте вы это все выясните, принимайте решительные меры — ваши кулаки больше! Но не стрелять — Боже упаси! Уговаривать, убеждать — это да!».

Глава IX

Специальная миссия
в Баку

Случайно то, что если в Советском Союзе
отвалится камень, он вызовет лавину
национальных конфликтов. Это впечатление получаешь всякий раз, когда рассматриваешь
потенциал разнообразных конфликтов в многона-
циональном устройстве Советского Союза в конце восьмидесятых годов. Все-таки только на Северном Кавказе объединены под красным флагом
сто сорок народностей. Разнообразные культуры
были втиснуты в искусственно созданную государственную структуру при помощи произвольно проведенных политических границ и такими же гра-
ницами были разделены народы и племена. Про-
тиворечия, явившиеся результатом этого, были
взрывоопасными со времени завоевания региона
русскими царями в XVI–XIX вв. и накапливались
благодаря гигантской сталинской советизации и
депортации целых народов.

Так, примерно до середины прошлого столетия на
Северном Кавказе существовало исламское государство под властью дагестанского ислама, до того как
русским империализмом ему был уготован конец.

74

Уже Толстой когда-то в своей повести «Хаджи-Мурат» поставил памятник борцам за свободу.

Азербайджан перешел к России при царе Петре Великом в XVIII столетии, позже частично снова перешел к Персии и снова был завоеван, соответственно присоединен. В начале XIX века национальное и религиозное самосознание в Персии усилилось и приобрело черты фанатизма. Агрессия направлялась в первую очередь против русских ортодоксальных завоевателей и разрядилась в штурме русского посольства в Тегеране.

Из-за русской захватнической политики границы вокруг Азербайджана пролегли по-новому. Граничащее княжество Грузия пошло для защиты от внешних врагов под русский протекторат. России также достались соседняя страна Азербайджан и Армения, которая образовалась из старого государства Урарту.

Уже между 1905 годом и 1918-м на основе религиозных и культурных различий, которые возбуждали ненависть, дело дошло до первых кровавых столкновений между армянами, русскими и давно поселившимися мусульманами из Баку.

Красная Армия Сталина в 1920 году положила конец автономии Азербайджана, а в 1922 году Армения и Грузия также были присоединены к Советскому Союзу. В 1936 году три республики Закавказья были объявлены республиками Советского Союза. В этом случае Сталин «наказал» за определенно антикоммунистическую позицию христиан-армян, раздробив страну; население отдельных районов было даже депортировано. Между прочим Сталин присоединил в 1923 году христианский анклав Нагорный Карабах, отделенный от Армении полоской земли шириной в четыре километра, с его столицей Степанакертом к Азербайджану.

Впервые после установления Советской власти этнические конфликты вспыхивают на Кавказе в 1987 году, когда волна либерализации докатилась и сюда. 100 000 армян сначала выступают против загрязнения окружающей среды тяжелой промышленностью и против растущего нажима Баку на Нагорный Карабах. В феврале 1988 года демонстрации проходят в Карабахе и Армении. Баку отвечает жестокими погромами среди армянского населения. Рязанский полк дивизии Лебедя направляется для улаживания конфликта в Сумгаит, где наблюдаются волнения.

Одновременно как в Армении, так и в Азербайджане возникают национальные движения. В то время, как Армения при этом имела в виду не только объединение Нагорного Карабаха с метрополией Армении, но и отделение от Москвы, Азербайджан сосредоточивается на сохранении своего господства в Нагорном Карабахе.

Ноябрь 1988 года: в Баку население собирается на площади Ленина перед зданием Верховного Совета Азербайджана. Однако ни один политик не появляется. Манифестации проходят скорее мирно, то тут, то там маршируют по улицам небольшие группы с транспарантами «Карабах!». В течение нескольких дней демонстранты блокируют правительственный квартал. Когда «упрямые» демонстранты уже приготовились к длительной осаде, Лебедь со своей дивизией приземляется в аэропорту Баку.

В ушах Лебедя еще звучат слова его начальника: «...Волнения... кто против кого, я не знаю... принимайте решительные меры, но не стрелять...

уговаривать, убеждать!». В чем он должен убеждать, остается загадкой. Лебедь продвигается с колонной танков к центру города. По пути он устанавливает, что, по крайней мере, на подъездных улицах, кажется, идет нормальная жизнь, оживленно, но без агрессии. Ближе к центру встречаются молодые люди, размахивающие флагами с полумесяцем. Они громко скандируют: «Ка-ра-бах!».

Согласно приказу Лебедь обязан установить контакт с войсками азербайджанского министерства внутренних дел, которые он должен поддерживать, но пока он не может их найти. В десять часов вечера его колонна останавливается на центральных улицах, переполненных людьми. Он приказывает конвою остановиться и с двумя сопровождающими идет дальше, чтобы разведать ситуацию на главной площади. При этом он может услышать, как прохожие спрашивают водителя головного танка: «Зачем вы пришли?». «Черт его знает!» — звучит честный ответ.

Лебедь прибыл сюда с вооруженным полком, который натренирован для борьбы с внешним врагом, и теперь он спрашивает себя, что ему здесь делать. Сквозь густую толпу Лебедь пробирается к главной площади. То тут, то там он слышит голоса, которые скандируют: «Раб, вор — армянин!».

Площадь Ленина длиной около километра и почти такой же ширины заполняют примерно триста тысяч человек. «Визирян! Выходи!» — кричат они, вызывая Первого секретаря Центрального комитета компартии Азербайджана. Но тот скрывается.

Лебедь добирается до общего отдела министерства внутренних дел, военного коменданта, которого он разыскивает для разъяснения действий на всякий случай. Генерал-майор растерян. Он также не получал приказа о начале военных действий и приглашает Лебедя на чашку чая. Но у того на душе нехорошо. Он возвращается назад к своей колонне.

Картина, которая ему представляется, это картина мирной осады. Как он узнал, люди уже трое суток терпеливо ждали на площади перед зданием Верховного Совета и прилегающих улицах и, соответственно их традициям, устроились по-домашнему. Жарится шашлык, варится что-то, киоски окаймляют тротуары, звучит музыка из громкоговорителей, повсюду спорят. Атмосфера похожа скорее на народный праздник, чем на демонстрацию, которая должна заставить правительство принять политическое решение.

Он издали видит передние танки своей части. Люди беседуют с солдатами, предлагают им фрукты и хотят угостить их по всем правилам гостеприимства. Что ему делать здесь с вооруженной до зубов дивизией?

Наконец он решается позвонить на командный пункт, номер телефона которого был вручен ему с наказом звонить «в случае необходимости или неясности». Связываться по радио было запрещено. На другом конце ответил, вероятно, нервничающий генерал-майор. Лебедь описывает ситуацию, которая позволяет считать излишним и абсурдным вмешательство войск. Но голос на другом конце провода рявкает: «Атаковать! Силой прекратить блокаду! Прорваться к Дому Советов, окружить!».

Лебедь в растерянности. Выполнять эту команду было бы безумием, бессмысленным пролитием крови. Должен ли он при помощи оружия сохранять покой и порядок, которые до сих пор никто не нарушал? Еще никогда так ясно, как теперь, он не видел перед собой буквы закона, которому он обязан был подчиниться: пролитие крови армией оправдано только при исполнении священного долга защиты собственного народа от внешнего врага. Таким образом, Лебедь игнорирует полученный по телефону приказ о введении части в бой, откомандировывает лишь патруль, приказывает поставить на предохранительный взвод оружие и ведет свою колонну обратно на свой опорный пункт.

Вскоре Лебедя вызывают к коменданту особого района Баку. Этот генерал командует войсками в управлении кризисной ситуации в Баку, созданном в связи с волнениями в начале года. Лебедя он назначает комендантом «неспокойного округа».

Это один из двух армянских кварталов Баку (другой находится на окраине города), в котором живут около 240 000 армян. Здесь отмечено большинство нападений азербайджанцев на армян и можно ожидать новых актов агрессии.

Положение Лебедя, возглавляющего окружную комендатуру, потребует скоро мобилизации всех его организаторских и дипломатических способностей. В его канцелярию поступают не только сведения об актах насилия, но и все жалобы родственников притесняемого армянского меньшинства.

Таким образом Лебедю приходится быть и районным руководителем, и третейским судьей. Быстро выявляются методы придирок, которым подвергаются в этом городе. То наблюдаются перебои в поставке продуктов в армянский квартал, в котором находятся почти тридцать фабрик. То можно увидеть каверзы в медицинском обслуживании, проявляющиеся в том, что рецепты для пациентов-армян выписываются азербайджанскими врачами неразборчиво или вовсе неправильно. Объявляется бойкот хлебным

магазинам — азербайджанские хлебозаводы само-
вольно отказываются поставлять хлеб в армянские
магазины. Если в армянских квартирах или домах
случалась серьезная поломка, азербайджанские ма-
стеровые отказывались выполнять там свои обязанности. Если отчаявшиеся армяне хотят продать свой
дом и уехать, вряд ли найдется кто-нибудь, кто готов заплатить за него: «Убирайтесь, пока кости
целы!». Еще опаснее были нападения на армянских
рабочих, когда они вечером возвращались домой.
Некоторые фабрики уже работали не на полную
мощность.

Лебедь реагирует немедленно и, как выясняется, эффективно. Из своих лучших людей он создает комиссии для решения соответствующих проблем. Тут появляется комиссия по продовольствию,
там — медицинская, комиссия по ремонтным ра-
ботам. Так он, по мере надобности, оказывает давление на местные азербайджанские власти. Не
обходится и без смешных случаев. Однажды, например, к Лебедю обратился азербайджанец с жа-
лобой на партийного секретаря жилищного управления: «Не могли бы вы позвонить секретарю, —
серьезно просит он Лебедя, — и сказать ему, что
он должен довольствоваться двадцатью рублями?
Каждый раз, когда я что-нибудь от него хочу, он
вышвыривает меня со словами: «Чиновник берет
не меньше сотни, убирайся!».

Однако большая часть проблем, которые свали-
ваются на Лебедя, очень серьезны и заставляют
его поручать своим офицерам исполнение тех обязанностей, которые не выполняются местными политиками и их силами порядка. Лебедь расставляет собственные патрули для охраны армянских
фабрик; они охраняют в вечерние часы и улицы.

Лебедь создает комиссию по эвакуации армян. Она организует выезд группами и предотвращает разбойные нападения на них. Когда участились случаи арестов и избиения армян азербайджанской милицией, Лебедь вызывает шефа местного КГБ. Тот спокойно и с пониманием слушает Лебедя, торжественно обещает сотрудничество и улучшение обстановки и — исчезает навсегда. По крайней мере, пока Лебедь находится в Баку.

Между тем напряженность в центре города растет. События достигают точки кипения, когда появляются азербайджанцы, которых недавно изгнали из Армении. Ожесточенные и жаждущие мести, эти беженцы совершают дикие, гнусные преступления. Они врываются в жилища армянского квартала, выгоняют жителей: «Вы забрали у нас все — теперь и у вас нет ничего! Око за око...».

Лебедь сам становится свидетелем акта насилия во время обхода своего района. Когда он заглядывает во двор одного дома, он обнаруживает там труп мужчины, который, очевидно, только что был убит. Рядом лежит тяжелая доска, вероятно, послужившая орудием убийства. Лебедь входит в дом как раз в тот момент, когда милиционер, глядя на присутствующего врача, диктует протокол: «Остановка сердца...».

«Не имеете ли вы в виду мужчину во дворе?» — вмешивается Лебедь. Присутствующие кивают. «А как быть с орудием убийства рядом с ним?» — продолжает Лебедь. «Правильно, — соглашается врач, чтобы продолжить без помех, — и в результате стычки мужчина получает инфаркт...».

Вечером около 21 часа в меньшем из двух кварталов, который находится на окраине города, вдруг выключают электричество. В комендатуре

Лебедя «раскаляются» телефоны. Жители в тревоге: так начиналось в Сумгаите — это был сигнал к началу погромов год назад!

Лебедь отправляется с патрулем по кварталу. Там царит нервозная обстановка. Из каждого дома доносятся до Лебедя мольбы о помощи, просьбы о защите со стороны военных, а лучше всего сразу танков. Лебедь приводит батальон в состояние боевой готовности и приказывает укрепиться в квартале. Затем едет к первому секретарю райкома партии Джалилову. Тот явно не ограничен в правах над своим районом — а значит, ответствен за все, что там происходит. Посетители подобострастно сгибаются еще до того, как коснутся ручки его двери. И тем откровеннее показывает ему Лебедь, что он о нем думает в связи со сложившейся ситуацией. Демонстративно толкает он дверь в кабинет ногой, входит и садится без приглашения.

Он говорит: «Армянский пригород без света. Царит паника. Мы должны что-то предпринять».

Разъяренный партийный секретарь отвечает: «Мы же должны экономить электроэнергию».

Лебедь кипит от гнева, но держит себя в руках. Он кладет пистолет перед собой на стол и спрашивает сидящего напротив ледяным тоном:

«Ты можешь летать?»

«Что это значит?»

«Ну, если ты, например, полетишь с балкона — то полетишь вверх или вниз?»

«Хозяин» района побледнел. Вызывающее поведение этого офицера, неуважительное «ты», угроза в голосе — все это не предвещает ничего хорошего.

Лебедь снова берет инициативу в свои руки: «Ну, если ты не умеешь летать, хватайся за телефон.

Через час свет должен снова гореть. Ни слова по-азербайджански. Первое предупреждение — удар в зубы, второго не будет».

Так Лебедь сам описывает памятную сцену. Его выступление возымело действие. На его глазах около сорока пяти минут даются во все стороны указания и распоряжения. После этого телефонный марафон закончился. Армянский пригород снова освещен. Лебедь может спокойно уйти.

Запуганное население постепенно успокаивается. И с главной площади осаждающие начинают уходить.

Дни в Баку дают Лебедю повод для размышлений, но вечер 7 декабря 1988 года он не забудет: вечерние новости сообщают о катастрофе. В соседней Армении произошло землетрясение. Говорят о бесчисленных жертвах. Позже сообщается число жертв — от сорока до восьмидесяти тысяч. Большой город Ленинакан, еще два города и несколько деревень лежат в руинах. Но еще в то время, как Лебедь следит за событиями, видит картины разрушения, его внимание привлекают громкие голоса, доносящиеся из дома напротив. Обеспокоенный Лебедь подходит к окну и не верит своим глазам: все балконы девятиэтажного здания заполнены ликующими людьми! Трагедия в Армении привела здешний народ в состояние восторга. Казалось, люди, которые буйствовали как сумасшедшие и на улице, собрались на праздник. Это была какая-то дьявольская вакханалия.

Лебедь растерянно качает головой. Снова он приводит свои части в состояние боевой готовности. Однако этой ночью не происходит никаких эксцессов. Создается впечатление, будто осознание того, что какая-то непреодолимая сила нанесла ненавистному противнику более тяжелый удар, чем могли сделать азербайджанцы, утолила на время жажду убивать.

В последующие дни Лебедь приказывает солдатам сопровождать выезжающих армян на вокзал. Многие едут обходным путем через север Дагестана, чтобы избежать азербайджанской территории. Но на некоторых уезжающих нападают уже в поезде, грабят их или убивают.

Лебедь сам получает возможность во время патрулирования убедиться в том, насколько важно обеспечить беженцам защиту от нападений, мотивом которых являются националистические настроения. На привокзальной площади он видит, как останавливается такси. Сначала из него выходит молодой человек, за ним молодая женщина с ребенком, и после того, как багаж выгружен и отставлен в сторону, мужчина помогает выйти из такси старику, который, вероятно, не может ходить. В то время, как женщина и ребенок остаются с багажом, он хочет доставить к поезду старика и несет его по направлению к вокзалу. Вдруг на него набрасывается орава парней. Прохожие отводят глаза, водитель такси тоже ничего не видит. Через несколько секунд появляется военный патруль и вмешивается.

Группа других молодых азербайджанцев, уходя, спрашивает Лебедя: «Почему вы помогаете армянам?». Он лишь коротко отвечает: «Мы помогаем не армянам, а людям».

В феврале 1989 года нападения пошли на убыль; впрочем, армян в Баку осталось совсем мало. Положение стабилизируется. Из дивизии Лебедя в Баку остается один полк — сам Лебедь с другими частями возвращается самолетом.

Дошли ли мои уснюжкси до Армении которые я послал туда в 1988 году в связи со стигийным бедствием "Землетрясением"? Не знаю. С. Л. N.

Глава X

Тбилиси, или «Привет» из Москвы

осле Баку Лебедь долго не может успокоиться. Около двух месяцев он остается командиром воздушно-десантной дивизии и начальником гарнизона в Туле.

В апреле 1989 года обостряется ситуация в Грузии. Гордый народ бывшего княжества в XVIII веке добровольно пошел под протекторат могучей Российской империи, чтобы найти защиту от нападений со стороны турок и персов. Вскоре российская страна-защитница, однако, забыла свои обещания оставить нетронутой свободу древнего культурного народа. Русский губернатор непочтительно прогнал грузинского князя Багратиона, потомки которого до сих пор пытаются проследить родословную своей династии до Адама и Евы.

Легче проследить историю поселений в Грузии, которая своими малоазиатскими, греческими и армянскими корнями простирается до второго тысячелетия перед появлением Христа. После 1917 года Грузия была одним из первых государств, объявивших свою самостоятельность. Однако и здесь радость была непродолжительной. Четыре года спустя Сталин с помощью Красной Армии аннексировал свою собственную родину.

Но и в Грузии самый страшный варвар из всех советских вождей пустил росток для дальнейших конфликтов. Как и в других областях Кавказа, он разъединил племена и создал автономные области двух национальностей. Так, на северо-востоке Грузии в 1924 году возникла Южная Осетия, в то время как Северная Осетия отошла к Советской России.

Грузинская интеллигенция в 1989 году выступает в поддержку требований «Конфедерации кавказских народов» о выходе из Советского Союза. В Тбилиси состоялась манифестация студентов за политическую и культурную независимость от Кремля, являвшаяся в то же время акцией протеста против собственного правительства. Первый секретарь Коммунистической партии Грузии Патиашвили обращается к президенту Горбачеву с просьбой о помощи. Когда Лебедь прибывает в Тбилиси во главе одного из своих полков, атмосфера в центре города еще больше накаляется. Люди неистово реагируют на присутствие военных из Москвы, оскорбляют солдат и забрасывают их камнями. Советские войска сначала совсем не вмешиваются — многих направили сюда почти сразу из Афганистана, и они видят перед собой не врага, с которым нужно воевать, а гражданское население советской республики. Лебедя встречают криками: «Свиньи! Оккупанты!».

Вначале солдаты части, стоявшие согласно приказу перед Домом Советов, терпеливо сносят оскорбления и нападки. Но то ли в связи с инцидентом, когда несколько солдат были ранены, а танки кто-то обстрелял, то ли у кого-то не выдержали нервы — во всяком случае, солдаты начинают стрелять в толпу. Демонстранты в панике обращаются в бегство, при этом некоторых из них задавили или затоптали ногами. Есть и раненые. Лебедь позже ручается за то, что он не отдавал ни одного приказа стрелять, и если его солдаты стреляли, то лишь в целях самообороны.

Полковник Лебедь в последующие дни пытается своими воинскими частями поддержать хотя бы внешнее спокойствие, установившееся после ужасных событий. Однако к его досаде он оказывается втянутым в споры об охране одного государственного деятеля. Лебедь настаивает на том, чтобы его задачей было сохранение порядка в городе и предотвращение дальнейших эксцессов, а не защита руководства.

В городе Лебедь пытается снять напряженность, объясняя людям, что они видят перед собой не армию интервентов. Он хочет избежать столкновения, уменьшить риск начала гражданской войны между дружественными Москве и либеральными (или националистическими) движениями. Лебедь чувствует себя не в своей тарелке. Почему армию используют для разрешения кризисов? Несколько месяцев назад, после возвращения из Азербайджана, он поклялся своему начальнику Павлу Грачеву обратиться к руководству Советского Союза, если при решении национальных конфликтов армия будет использоваться как полицейская сила.

Но Горбачев ничего не предпринимает, и спираль национальных конфликтов закручивается все быстрее. В январе 1990 года Лебедя снова посылают в Баку.

Присутствие войск в Азербайджане в 1988–1989 годах способствовало умиротворению. Советские войска выступали не против, а за население, они держали его агрессивную часть в страхе и ограничивали бесчинства. А их появление весной 1989 года в Тбилиси было направлено против либеральной оппозиции. Наконец, в Баку в 1990 году армия должна была погасить пожар уже начавшейся гражданской войны. Руководство СССР не сделало выводов из происшедших событий, ничему не научилось на примере Грузии и не приняло никаких политических мер, чтобы парализовать дальнейшую эскалацию сепаратизма. Таким образом, теперь противостоят не азербайджанцы армянам, а режим, который подвергнут сомнению из-за неконтролируемой либерализации Горбачева, национальному фронту освобождения, поддерживаемому из-за рубежа.

12 января 1990 года сообщается о насильственных акциях с жертвами. Неделю спустя дивизия Лебедя приводится в состояние полной боевой готовности. Когда Лебедь ночью приземляется в аэропорту в Баку, он слышит шум боя. Лебедь выставляет охрану аэропорта и выступает с одной колонной для тридцатикилометрового броска по направлению к центру. Скоро он наталкивается на баррикады. Люди противятся прохождению его колонны, они настроены враждебно, не так, как год назад.

Лебедь спокойно призывает их освободить путь. «Армия — не кот, которого можно тащить за хвост», — предостерегает он. Люди высмеивают его. Камни летят в его солдат. Лебедь предупреждает еще раз: у него нет выбора — колонна должна здесь пройти. И он сам, и никто не желает, чтобы пролилась кровь. Снова провокационная реакция. Лебедь дает приказ о предупредительных выстрелах в воздух. В последний момент толпа отступает. Путь свободен. Однако улица залита бензином, и слева и справа летят на дорогу горящие факелы.

В центре Баку положение резко отличается от того, каким оно было в 1988 году. В этот раз настроение людей мрачное, враждебное. Учреждение комендатуры и расквартировывание осуществляются заметно труднее. Местные органы саботируют выполнение задач Лебедя по поддержанию общественной безопасности. Не проходит ни одной ночи, чтобы на солдат его частей не нападали.

Помимо прочего у Лебедя есть поручение ликвидировать центр «Национального народного фронта Азербайджана»: он ответствен за нападения в столице с начала года, акты саботажа, а также нападения на солдат. Главный штаб фронта находится на морском вокзале и, говорят, там остается крепкое ядро из ста пятидесяти человек.

Удар по оперативному центру народного фронта имел последствия. Горбачев, как это часто бывало в последнее время, например, при кровавых столкновениях в Прибалтике и в Тбилиси, чтобы уйти от ответственности («совершенно ошеломлен, так как заранее не был об этом информирован»), назначает комиссию по расследованию и ищет козла отпущения. Так было и в Грузии, когда генерала Родионова критиковали и «привлекли к ответственности».

Теперь у Лебедя появляется мрачное предчувствие, что он при помощи ложных сообщений о мнимых зверствах может стать жертвенной пешкой.

Лебедь ручается за честь своих солдат и не дает заманить себя в ловушку. Он спокойно объясняет посланникам из Москвы, что все обвинения надуманны. Неожиданно для него члены Политбюро проявляют понимание и соглашаются с этим.

Но миссия Лебедя в Азербайджане еще не окончена. Когда нападения происходят в стратегически важных зонах вблизи нефтяного порта, ему поручают и там вмешаться. Он, с одной стороны, должен защищать центры управления, а с другой — накрыть и уничтожить еще оставшиеся оперативные гнезда народного фронта. Для этого Лебедь вводит разведывательные и воздушно-десантные подразделения элитного тульского полка. Боевики народного фронта оказываются стойкими противниками, к тому же очень хорошо вооруженными.

Глава XI

И это называется путч!

Когда Лебедь возвращается из Баку, он не догадывается, что его жизнь вступает в новую фазу. В свои сорок лет Лебедь достиг многого. Он награжден Красной Звездой и другими орденами за участие в войне в Афганистане, имеет звание генерал-майор. В конце января 1991 года в рамках персональных перемен в руководстве его ведомства он получает важное назначение. Его бывший начальник, командующий Воздушно-десантными войсками генерал-полковник Ачалов, становится заместителем министра обороны, а Грачев новым — командующим. Лебедь получает должность заместителя командующего. Теперь ему подчиняются дивизии и бригады в различных республиках Советского Союза. Он несет ответственность за их боевую готовность. Никогда еще так трудно не давалось Лебедю выполнение служебных обязанностей — и это все связано с ситуацией в стране.

Общий экономический кризис в Советском Союзе не обошел стороной и армию. Началась «перестройка», но никакой альтернативы старой, аннулированной системе планового хозяйства не существовало. В этой обстановке правит анархия.

Экономический упадок можно измерять падением рубля. Если его официальный курс незадолго до этого еще был выше курса доллара США, то теперь в среднем уже один доллар стоит тысячу рублей. Инфляционная норма в три-четыре процента в неделю к концу 1991 года достигнет пятисотпроцентной отметки, уровень жизни большей части населения значительно снизился. Возросла преступность. Наркомафия легко завоевывает советский рынок.

Производство падает только за 1991 год на 20 процентов. Военные расходы снижаются в 1990 году на 70,7 миллиарда рублей и составляют 15 процентов валового национального продукта. Вывод советских войск из стран — участниц Варшавского Договора привел к значительному ослаблению военно-промышленного комплекса, что повлияло не только на разрядку напряженности международного климата, но и на советский государственный бюджет и на наемных работников.

«У нас служат в армии пять миллионов, а прокормить мы можем только миллион», — констатирует экономист Василий Селюнин.

Идет сокращение вооруженных сил страны. У большинства уволенных из армии нет никакой профессии, нет средств к существованию и, более того, даже нет крыши над головой, так как из миллионов марок, которые были выделены германским правительством для строительства жилья, только часть использована по назначению.

Лебедь уже почувствовал настроение народа и его отношение к армии во время парада в ноябре 1990 года. Этот парад был последним не только для командира Тульской воздушно-десантной дивизии, но и в истории Советского Союза вообще.

Парад 1990 года в организационном плане прошел успешно, но напряжение на этот раз не сменилось обычным приятным чувством облегчения. Наоборот, осталось неопределенное ощущение, что страна, в которой происходил этот парад, потеряла что-то существенное, самое главное.

Однако перед этим Лебедь еще раз насладится отличными достижениями своей дивизии. Поводом был визит американского министра обороны Ричарда Чейни, который в октябре посетил дивизию в Туле. Все прошло прекрасно. Погода оказалась идеальной для комбинированных тренировок в воздухе и на земле. На прощальном приеме Лебедь вручил гостям инкрустированные охотничьи ружья работы тульских мастеров. Чейни рассказывал веселые анекдоты, министр обороны Язов читал стихи, среди которых были и его собственные.

Полгода спустя, весной 1991 года, все это покажется очень далеким воспоминанием. Но оно оживится, когда Лебедь еще трижды будет принимать гостей, показывая свою бывшую дивизию.

В таких случаях к гордости Лебедя за сформированную им дивизию примешивается грусть. Из бесед с французской военной делегацией, которую возглавляет генерал, командир воздушно-десантной дивизии, он узнает, какую роль играет армия в их стране. В связи с этим особенно тяжело видеть, в каком положении находятся Советские Вооруженные Силы.

Поздней весной того же года Борис Ельцин как кандидат в президенты тоже посещает воздушно-десантную дивизию в Туле. Хотя Лебедь больше не командует ею, организация визита поручается ему.

Лебедю особенно запоминается, как Ельцин после смотра войск подарил командирам часы. Одни он демонстративно снял со своей руки, а остальные вытащил из кармана пиджака. Молодые офицеры, очень тронутые этим, не знают, что Ельцин незадолго до этого велел своему секретарю достать часы из портфеля, чтобы быстро их надеть. Эта игра на эмоциях потенциальных избирателей определяет отношение Лебедя к будущему президенту России.

И, наконец, американский генерал Колин Пауэлл приехал в Тулу. Когда он занимает место на трибуне, погода меняется. Ветер достигает девяти-десяти и даже двенадцати метров в секунду. Поэтому о тренировочных прыжках десантников-парашютистов не может быть и речи. Лебедь говорит об этом своему начальнику Павлу Грачеву. Тот сначала соглашается, однако чуть позднее меняет свое мнение и приказывает: «Прыгать!».

Лебедь со страхом следит за «представлением», видит, как американский гость скептически смотрит на происходящее и, правильно оценивая ситуацию, неодобрительно качает головой: «Что же они делают?».

Итог честолюбия Грачева: один человек погиб, четырнадцать тяжело ранены. Лебедю еще и сейчас стыдно вспоминать о визите американца.

Однако американский генерал, кажется, не заметил последствий безответственного решения Грачева. Он вспоминает позже о «показательных тренировках» Советской Армии, на которые он был приглашен во время своего визита в связи с мерами по установлению доверия. Он пишет о маневрах, «поставленных, как воздушный балет», что можно считать комплиментом.

Единственное, о чем сожалеет Пауэлл, это то, что его «желание увидеть, как живут советские войска, выведенные из Восточной Европы», было отклонено.

В 1991 году Лебедя все сильнее захватывает поток политических событий. Еще руководство Центрального Комитета партии усиленно пыталось привлечь на свою сторону военных. На пленарные заседания приглашались также высшие военные. Год назад Лебедь участвовал в работе XXVIII съезда КПСС. Он был очень разочарован — лицемерием партийных руководителей, которые говорили, что хотят укрепить партию, в то время как подрывали ее основы и готовили развал Советского Союза. Неужели было недостаточно выхолащивания прежних структур изнутри, потери уважения к Советской Армии, а также сомнения в законности советских границ, чтобы довести до абсурда самоопределение партийных секретарей?

Лебедь бесстрашно дает волю своим чувствам. Он встает со своего места на балконе и просит слова. Он смотрит на председателя, Александра Яковлева, который сидит в президиуме под громадным портретом Ленина. Яковлев — советник Горбачева по вопросам обороны, один из теоретиков и создателей «гласности» и «перестройки». Он считается одной из самых важных, умных и в то же время самых спорных личностей в руководстве партии. Лебедю дают слово. Он ждет, пока в зале станет тихо. Затем лаконично представляется:

«Лебедь, Вооруженные Силы». После короткой паузы он бросает в зал резкий вопрос: «Александр Николаевич, сколько у вас лиц?».

Яковлев морщит лоб, беспомощно оглядывается, как будто надеется получить объяснение от своего окружения. В зале начинают шептаться, некоторые — среди них молодые военные — смеются.

Затем Яковлев берет себя в руки и спрашивает: «Как? Сколько... что у меня?». И в зал: «Повторите ваш вопрос!». Лебедь явно наслаждается его замешательством. На требование Яковлева он реагирует грубо:

«Я повторяю...». Несколько мгновений Лебедь испытывает терпение аудитории, а затем еще раз говорит:

«Сколько у вас лиц?». Он снова садится и таким образом показывает, что не ожидает на свой вопрос удовлетворяющего ответа. Через некоторое время заседание снова продолжается. Яковлев позже признается, что он тогда впервые услышал о Лебеде и посчитал его вопрос провокацией крайне консервативных кругов КПСС. Через год Яковлева смело происходящими событиями.

В Туле Лебедь смеется над партийным съездом. Он докладывает, что во время «длинной бессодержательной речи шефа по идеологии Вадима Медведева» еще один делегат задал провокационный вопрос: «Чем идеология отличается от секса?». На что Медведев серьезно ответил: «Что такое идеология, мне кажется, я еще знаю, а что такое секс уже давно нет...».

Осенью того же года Лебедь становится членом Центрального Комитета Российской коммунистической партии. Его кандидатуру выдвинул Виктор Анпилов. Лебедь считает это, очевидно, обязательной фазой его военной карьеры. Возможно, этим он надеялся повлиять на отношение к армии.

Слухи о путче распространяются. Консервативные силы в стране, КГБ, армия проявляют все большее беспокойство и недовольство политикой Горбачева.

Они хотят иметь сильную власть в центре и решили бороться за нее так же, как и за сохранение единства и мощи страны, границы которой все больше разрушаются.

В сентябре 1990 года Лебедю неожиданно приказали привести свою дивизию в Москву в боевой готовности. Акция, смысл которой он сначала не понимает, оказывается, так сказать, репетицией к восстанию. Из-за скопления войск вокруг Москвы слухи о путче стали еще больше распространяться. Однако общественность сразу же снова успокоили через средства массовой информации: будто бы солдаты лишь помогали в уборке картофеля.

В ноябре 1990 года Горбачев предлагал заключить договор о союзе. В том же месяце, однако, Россия признает суверенитет Украины и Казахстана. Вслед за этим министр иностранных дел Эдуард Шеварднадзе выходит в отставку, чтобы выразить протест против «наступающей диктатуры». Через некоторое время он, как и советник Горбачева Яковлев, предсказывает государственный переворот из-за робких и неэффективных попыток проводить реформы.

Весной 1991 года процесс распада страны, который начался год назад, значительно ускорился. Три прибалтийские советские республики еще годом раньше объявили себя независимыми: колеблющийся Горбачев хочет снова качнуть назад маятник либерализации — советские военные устраивают в Вильнюсе кровавую бойню. Вскоре последовали объявления независимости другими республиками.

Январь 1991 года. Горбачев уполномочивает КГБ — службу госбезопасности — и министерство внутренних дел принять меры против частного предпринимательства, которое все еще считается нелегальным. В секретном указе он вводит в крупных городах совместное патрулирование милиции и военных. Партийный секретарь оказался в нем сильнее президента.

Февраль. Поворот к примирительной позиции. Совет федерации — форум республик — создает комиссию для решения вопроса о Прибалтике. В том же месяце Горбачев объявляет противозаконным голосование народов прибалтийских республик об их независимости.

В это же время «Правда» публикует призыв к принятию «чрезвычайных мер для восстановления порядка» и осуждения «антисоциалистических реформ». Тысячи горняков бастуют. Все чаще в стране вспыхивают новые забастовки. Почти не проходит дня без сообщений о социальном или национальном конфликте.

В то же время программы партии и оппозиции «по спасению от государственного кризиса» сменяют друг друга. Ельцин укрепляет свою позицию на базе все увеличивающейся поддержки его либеральных программ, нацеленных на ослабление партийной диктатуры.

В референдуме, проведенном в марте 1991 года, 60 процентов участвовавших в голосовании высказались за сохранение СССР.

12 июня Борис Ельцин становится первым президентом Российской Федерации. Его популярность растет. Это видел и Лебедь во время посещения Ельциным Тулы незадолго перед президентскими выборами.

Подписание Союзного договора намечено на 20 августа 1991 года.

Перед этим Горбачев отправляется отдыхать в свою новую резиденцию на Черном море. Некоторые подробности о его фактической роли в дальнейших событиях появятся позже. В обществе ходят слухи о введении чрезвычайного положения. «Независимая газета» предсказывает, что «министерство обороны будет защищать существующее положение до последней капли крови». Есть опасения, что консервативные военные вмешаются, чтобы задержать распад Союза, прежде чем Горбачев подписанием своего договора узаконит новый статус.

Лебедь тоже отправляется в отпуск. Это первый отпуск за несколько лет, и Лебедь хочет провести десять дней у своей матери, а остальное время — в своем саду в Туле. Он собирается начать отпуск 19 августа.

Однако уже в субботу, 17 августа, после обеда звонит телефон. Приказ генерал-лейтенанта Грачева, командующего Воздушно-десантными войсками, гласит: отпуск прервать и привести в боевую готовность Тульскую дивизию «по южному варианту» — код для ввода войск на Кавказ. Куда его пошлют на этот раз, Лебедю сообщат позже. Лебедю не остается ничего другого, как выполнить приказ. С тогдашним командиром дивизии он формирует оперативный отряд для принятия решительных мер. В ночь на 18 августа все полки стоят наготове. Ответа на вопрос, куда и зачем предстоит выступить, Лебедь тоже не знает. Просочились слухи, что на границе между Арменией и Азербайджаном взяты в заложники сорок солдат внутренних войск, и все теперь предполагают, что их отправят туда. Лебедь требует от штаба Воздушно-десантных войск карты этой местности, на это следует отказ. Задача продолжает оставаться секретной. При каждом звонке Лебедя просят подождать. Эту неопределенность он воспринимает намного мучительнее, чем трудное задание. Ночью Лебедю обещают сообщить что-то более точное в воскресенье, в 11 часов утра. В восемнадцать часов того же дня якобы передадут «чрезвычайное сообщение». Однако наступает девятнадцать часов, двадцать... полночь. Лебедь приказывает полкам отдыхать и идет домой.

В ночь на понедельник, 19 августа, за несколько тысяч километров от Москвы главу американского генерального штаба генерала Пауэлла разбудил телефонный звонок. Национальный военный командный центр сообщил, что начинается путч против Горбачева. Президент и вице-президент США находятся в отпуске, а также министр иностранных дел и министр обороны. Его заместитель говорит Пауэллу о том, что ему известно: по меньшей мере, нет изменений в системе тревоги Советских Вооруженных Сил. Это можно установить, поскольку Советское правительство имеет аппарат, который позволяет установить связь между несколькими главами государств в случае атомного кризиса. И здесь никаких изменений.

Все же Пауэлл знает больше, чем Лебедь. В четыре часа утра его будит звонок телефона. Командир тульской дивизии сообщает о только что полученном приказе привести незамедлительно три полка из Тулы, Рязани и Костромы в Москву (!). О дальнейшем будет сообщено позже. В 4 часа 50 минут колонна движется на Москву, а в 10 часов 30 минут в понедельник, 19 августа, она приближается к Московской кольцевой дороге. Каждое сообщение Лебедя о позиции и вопрос о предстоящем задании пресекается приказом «Вперед!». Теперь рязанский, костромской и тульский элитные полки движутся по Московской кольцевой дороге. Лебедь получает из штаба Воздушно-десантных войск по телефону приказ лично отправиться в здание Верховного Совета, связаться с руководителем охраны и образовать кольцо обороны вокруг здания. Больше ничего Лебедь не может узнать, никаких контактов, он должен избегать связи по рации и пользоваться только общественными телефонами; и батальон должен быть уже на марше к «Белому дому».

Перед «Белым домом» собрались толпы людей. Они готовятся сооружать баррикады. Машины и автобусы тоже должны быть использованы для защиты. «Защита — от кого или от чего?» — спрашивает себя Лебедь.

Лебедь находит командира охраны Бойко. Он представляется сам, представляет своего адъютанта и сообщает, что ему как заместителю командующего Воздушно-десантными войсками поручено организовать защиту и охрану здания Верховного Совета батальоном парашютистов-десантников.

Бойко удивленно смотрит на него, объясняет ему, что он об этом ничего не знает и говорит, глядя на его боевую форму: «Для тебя было бы лучше, если бы тебя здесь не было видно...».

Лебедь совершенно сконфужен. Он звонит Грачеву, сообщает, что о согласовании действий и говорить нечего, и спрашивает, что делать дальше. Ответ: выполнять приказ.

Утром 19 августа президент Ельцин за завтраком на своей даче узнал о событиях в Москве. Немедленно он потребовал бронежилет и поехал к зданию Верховного Совета, «Белому дому». Там он решительно вскакивает на один из танков Т-72 и кричит в толпу: «Граждане России! Законный Президент Советского Союза лишен власти. Это государственный переворот, совершенный реакционными силами».

А солдатам он кричит: «Вы можете построить трон из штыков, но сидеть на нем долго вы не сможете!».

Когда Лебедь покидает здание, он видит, что людей вокруг него прибавилось. После нескольких попыток проложить себе дорогу и получить по телефону более конкретные инструкции командования, он наталкивается на батальон, который двигается в направлении «Белого дома» отдельными группами. В одной из первых групп Лебедь видит людей Ельцина (Портнова, Коржакова и Рыкова). Они сообщают ему, что Ельцин ждет его в здании Верховного Совета. Здание между тем уже окружено приблизительно ста тысячами людей. Тайными ходами Лебедь, следуя за тремя мужчинами, пробирается внутрь здания. В приемной Ельцина его встречает Юрий Скоков.

Только здесь Лебедь узнает, что происходит: прошлой ночью, примерно в то время, когда он дома утром услышал по телефону приказ выступать, сформировался «Чрезвычайный комитет» под руководством вице-президента Геннадия Янаева. В него входят также премьер-министр Валентин Павлов, вице-председатель Совета обороны Олег Бакланов, глава КГБ Владимир Крючков, министр обороны Дмитрий Язов и министр внутренних дел Борис Пуго, а также начальник генерального штаба Вооруженных Сил страны генерал Валентин Варенников и еще несколько других членов правительства. Они объявили на шесть месяцев чрезвычайное положение и заявили, что президент Горбачев из-за болезни не может выполнять свои обязанности.

Лебедь удивлен. Это государственный переворот? И можно ли вообще говорить о государственном перевороте, если все руководство, кроме его главы, участвует в нем? Далее Лебедь узнает, что российский президент Борис Ельцин, услышав по радио известия, с дачи отправился в город и беспрепятственно добрался до здания Верховного Совета.

Здесь Ельцин создал штаб и поддерживает контакт с главами иностранных правительств по телефону, надеясь на их поддержку. Но она не приходит. Так, французский президент Миттеран первым решил признать гэкачепистов, в то время как другие политики выжидали или осудили их.

Вскоре после своего прибытия Ельцин появился перед «Белым домом», где уже с раннего утра собрались единомышленники, чтобы выразить ему свою лояльность. Ельцин в обращении осуждает попытку государственного переворота, требует отмены противоречащего конституции смещения Горбачева и призывает к бессрочной всеобщей забастовке. Но этот призыв Ельцина почти не находит отклика.

Собравшиеся перед «Белым домом» представители интеллигенции города, студенты, которые, подобно диссидентам прежних лет, находятся в оппозиции коммунистическому режиму и его вождям, здесь, по их мнению, поддерживают защитников демократии.

Перед входом в кабинет президента Ельцина необычная картина: всемирно известный виолончелист Мстислав Ростропович! Однако вместо виолончели в его руке автомат.

Он и другие известные личности, несколько лет назад покинувшие Советский Союз, пришли сюда именно в этот день, так как они были приглашены в Москву на свой конгресс. Но вместо открытия конгресса состоится защита демократии, в которой многие из них принимают активное участие. Кто идет по зданию, чувствует себя, как в сюрреалистической комедии: музыканты, поэты и философы стоят вокруг с решительным видом, некоторые с автоматами в руках, как Ростропович. Евгений Евтушенко здесь же пишет свое очередное стихотворение.

Лебедь видит в ситуации мало поэтического. Наконец его проводят к Ельцину. Он сидит в белой рубашке с открытым воротом. На спинке стула висит бронежилет. Он спрашивает Лебедя, с каким поручением и по чьему приказу он сюда прибыл — и от кого должен защищать здание. Точно Лебедь сам этого не знает, но отвечает, что он «защищает от любого нападающего» и прислан в поддержку охране.

На вопрос Ельцина, как относятся военные к государственному перевороту, Лебедь отвечает: «Никак, так как никто ничего об этом не знает». Ельцин удивлен ответами Лебедя. Нет видимых признаков «путча» — немного войск, нет приказа, например, занять стратегические пункты города, включая это здание. Если это государственный переворот, спрашивает себя Лебедь, где же тогда соответствующие действия и почему тем, кто выступает против так называемого путча, предоставили возможность действовать беспрепятственно?

В то время как Лебедь пытается решить эту загадку, Ельцин старается прощупать своего собеседника в отношении того, будет ли он своим батальоном охранять здание или защищать его.

Ельцин прямо спрашивает Лебедя, готов ли он привести сюда свой батальон, чтобы взять на себя защиту здания (а вместе с ним и демократов), и может ли он исключить вероятность того, что солдаты будут стрелять.

Что касается последнего, то Лебедь заверяет, что его солдаты будут стрелять только по приказу, а такого приказа он не даст. Их научили стрелять во врагов, а таковых в толпе они не видят. Они же не наемники, а солдаты, часть народа, которые после службы снова должны вернуться туда, откуда они пришли, и поэтому не будут стрелять в сограждан.

Он готов защищать здание, заявляет Лебедь, но, прежде чем он проведет своих людей и танки сквозь массы людей, необходимо, чтобы авторитетные лица объяснили людям, что от войск им не грозит опасность.

Ельцин ведет Лебедя в конференц-зал, где он депутатам Верховного Совета, собравшимся за длинным столом, сообщает, что один полк парашютистов-десантников стал «на сторону народа» и будет защищать здание и находящихся в нем от возможных акций путчистов.

На последовавшие возгласы восторга Лебедь отвечает, что стать на сторону народа в его нынешнем положении может одновременно означать отказ выполнить приказ своего начальника. К счастью, с этой стороны нет никакого приказа.

Теперь Лебедь получает гражданское конвоирование, чтобы суметь пробиться к своему батальону, не вызывая волнения у людей своим боевым обмундированием. Ельцин обращается к стоявшим вокруг солдатам, стоя на танке с мегафоном в руке в эффектной позе: «Солдаты, я верю, что в этот трагический час вы примете правильное решение! Честь российской армии не может быть обагрена кровью наших граждан!».

Батальон медленно продвигается к «Белому дому». В это время Лебедя узнают несколько человек и окружают его. Полковник Виктор Баранец вспоминает:

«Как раз перед этим было объявлено, что парашютисты-десантники Лебедя выступили против руководителей путча на стороне президента России, и когда Лебедь пришел, люди бурно приветствовали его и внесли в здание на руках. Генерал попытался ускользнуть от поклонников. Один из присутствующих сказал, что Лебедь — герой, который убегает от своего звездного часа. Позже Лебедь мне сказал, что он был озабочен "качеством этой славы"».

В приемной Ельцина Лебедь увидел вице-президента Александра Руцкого. Он, как и Лебедь, ветеран Афганистана. Один случайный свидетель вспоминает, что он слышал, как Руцкой говорил: «Какой-то идиот привел к «Белому дому» часть войск...». Когда он увидел Лебедя, продолжает свидетель Александр Шилин, военный корреспондент «Московских новостей», он обругал его и обвинил в некомпетентности. Но Лебедь спокойно слушал обвинения Руцкого и наконец ответил: «Все идет согласно распоряжениям президента». Руцкой недвусмысленно приказал увести батальон. Лебедь протестовал, Руцкой на него накричал: «Я вице-президент, а ты заместитель командующего Воздушно-десантными войсками!». Лебедь напоминает ему, что Ельцин попросил привести батальон к «Белому дому». Руцкой ответил, что Ельцин свое мнение изменил и хочет держать батальон в боевой готовности на другом берегу Москвы-реки. Лебедь предлагает другому депутату пойти с Руцким к Ельцину, чтобы услышать подтверждение этого приказа.

В то время как Лебедь ищет командиров батальонов войсковых частей, застрявших в толпе, он узнает от других офицеров, что части взяли под защиту Моссовет и находятся на пути к телецентру и другим целям. Везде царила неразбериха — какие войска под чьим командованием действуют и кто против кого выступает.

Лебедь расставляет батальоны соответственно последнему приказу в боевой готовности. Лишь поздно вечером он прибывает в опорный пункт в Тушино. Ночь коротка. После пяти часов утра его будит телефонный звонок его командира Грачева:

«Кто дал тебе приказ вести войска к зданию Верховного Совета? Шеф (министр обороны Язов) очень тобой недоволен. Уводи сейчас же оттуда войска!».

Лебедь ошеломлен. «Приказы выполнены так, как они были мне даны». — «Ты меня неправильно понял!» — «Я записал каждый приказ в свой военный дневник» — «Медленно отводи войска назад! Я буду думать дальше!»

Генерал Владислав Ачалов, присутствовавший при разговоре Грачева, сообщил позже, что Лебедь еще сказал: «В экстремальных ситуациях нельзя одновременно служить двум господам, и чтобы избежать кровопролития, нужно немедленно принимать решение», но Грачев уже положил трубку. Он, очевидно, еще не решил, какому господину служить. Но в лице Лебедя, который держит открытыми оба пути, чтобы избежать бессмысленных жертв, он имеет того, на кого в случае необходимости он может все свалить.

На следующий день Лебедь начинает с того, что отводит войска от «Белого дома». Толпа выросла уже до 50 000 человек (Лебедь считает, что их было 80—100 тысяч человек). Слышатся выкрики: «Ельцин! Ельцин! Долой коммунистов!».

В этот день Лебедя вызывают в Генеральный штаб. Министр обороны Язов приводит его в свой кабинет, странно смотрит на него и говорит: «Я слышал, что ты застрелился».

«Товарищ министр, у меня нет причин для этого», — отвечает Лебедь. Лебедь докладывает о ситуации. Он заканчивает свое сообщение замечанием, что любое привлечение войск привело бы к многочисленным жертвам в толпе, находившейся вокруг «Белого дома».

Лебедю поручают набросать план взятия здания Верховного Совета. Он делает это за пять минут. Когда ему дают приказ подготовить план штурма «Белого дома», он повторяет свои опасения, что при такой акции прольется много крови прежде всего тех людей, которые окружили здание. Он отказывается принимать в этом участие.

Во всяком случае, один приказ своих начальников он выполняет: караульным командам передается «ультиматум», в котором содержится угроза атаки в течение нескольких часов. Но штурм не состоится, так как в это время не только командир элитной группы «Альфа» отказывается в этом участвовать, но и другие члены комитета постепенно отступают.

Вечером того же дня, второго дня «путча», исчезает с экранов «Чрезвычайный комитет». По телевизору передают, что Павлов нездоров. Внезапно заболевает и Язов, и о том, что шеф КГБ Крючков покинул комитет, тоже повсюду говорят.

Ранним утром следующего дня, 21 августа, один танк прорвал **баррикады** перед зданием Верховного Совета. Молодые люди из толпы забросали его бутылками с зажигательной смесью и камнями. Во время столкновения были убиты три человека. Спикер парламента позвонил в Кремль, и его заверили, что атак больше не будет.

В тот же день Ельцин объявляет парламенту, что войска готовы отступить. На улице один из солдат говорит толпе: «Мы уходим, мы уходим навсегда». Прежде чем Лебедь покинет место действия, президент Ельцин благодарит его перед отечественными и иностранными телекамерами за участие в «защите вместо захвата» «Белого дома».

Отныне Лебедь – более авторитетный человек, чем ему хотелось бы. Это видно из его выступления на пресс-конференции. Он не хочет, чтобы его прославляли как офицера, который спасал демократию отказом выполнить приказ. И кто теперь знает, был ли действительно приказ?

Что касается официальной реакции иностранных государств, то президент Франции Миттеран был одним из немногих европейских выдающихся политиков, кто сразу же признал правомерность создания ГКЧП. С энтузиазмом реагировали вожди западных коммунистических партий, а также президент Ирака Саддам Хусейн и правительство Северной Кореи.

Большинство глав западноевропейских государств и правительств проявили сдержанность. Польский президент Лех Валенса заявил, что события в России показывают необходимость американского военного присутствия в Европе. А Америка? Пауэлл оказался прав, убеждая президента Буша, что армия никогда не станет на сторону ГКЧП. Он говорил, что Моисеев и Язов, которых он встречал в Москве лишь за несколько недель до этого, произвели на него впечатление не кровожадных, а честных солдат.

И папа римский решается на комментарий, но при этом остается вне политики: он выражает надежду, что Горбачев «скоро выздоровеет».

Члены «Чрезвычайного комитета» предстают перед судом. Суд считает, что Горбачев (который отказывается являться в суд для дачи показаний) совсем не возражал против введения чрезвычайного положения.

Лебедь через три дня после событий возвращается в Тулу. В тот же день и Горбачев прибывает в Москву.

Верховный Совет принимает решение о своем роспуске, и еще до окончания года сам Горбачев был низложен. Он уступил место президенту России Ельцину.

Республики быстро осуществляют свое отделение от Москвы. Первые — три прибалтийские республики. Затем, в декабре 1991 года — вопреки объявленному первоначальному намерению — Украина и Белоруссия. 8 декабря Россия, Украина и Белоруссия объединились в Содружество Независимых Государств, к которому 21 декабря присоединились еще одиннадцать бывших советских республик.

Россия становится членом Совета Безопасности ООН вместо бывшего СССР, и все советские посольства теперь называются российскими. Советские Вооруженные Силы подчиняются общему Верховному командованию СНГ. Однако вскоре каждое государство начинает создавать свою собственную армию. Россия, Украина, Белоруссия и Казахстан остаются атомными державами, которые, однако, за исключением России, обязуются демонтировать свое атомное оружие.

Горбачев сам однажды согласился с тем, что коммунистическая система не может быть демократической, а где побеждает демократия, коммунизм остается далеко в стороне. Его бывший министр иностранных дел Эдуард Шеварднадзе говорит об этом: «Он был пленником своего характера, своих идей, своего мышления и действий, — и никто другой, а только он создал хунту — своей нерешительностью, своим равнодушием по отношению к своим верным союзникам и своим недостаточным доверием к своему народу и его демократическим силам».

25 декабря 1991 года Горбачев уходит с поста президента Советского государства, и все советские институты прекращают свое существование. В полночь 26 декабря красный советский флаг спущен. Он заменен трехцветным флагом.

Попытка государственного переворота вызвала предстоящий крах по нескольким причинам. Виноваты были в этом экономический кризис, начавшийся с «перестройки» в 1985 году, оживление старых национальных конфликтов в связи с ослаблением давления сверху и всеобщая потеря веры в государственную идеологию в пользу универсальных человеческих ценностей; далее — новое осознание свободы, потеря авторитета коммунистической партии и, наконец, личность Бориса Ельцина как символ демократии.

«Горбачев хотел объединить то, что нельзя объединить: коммунизм с рыночной экономикой, частную собственность с государственной, коммунистическую партию с многопартийной системой, — подытожил Ельцин. — Но сосуществование этих противоречий исключено».

А Лебедь? Ельцин отвел ему маленькую, но решающую роль в завершении попытки государственного переворота: он заблаговременно вынудил его принять решение и выбрать лагерь демократов. Как мы знаем, Лебедь отказался от благодарности президента. Несмотря на это, один американский военный журнал в конце 1991 года объявляет его «одним из руководителей, выступивших против государственного переворота», и в заглавной строке ставит вопрос: «Является ли Лебедь человеком будущего?».

Однако Лебедь не испытывает особой радости от благополучного завершения авантюры. Развал Советского Союза означает для него, солдата и патриота, который вырос в этой системе, поражение. Позже он вспоминает об этом с горечью. Он никогда не забывает упомянуть о том, что речь идет о развале Союза, за сохранение которого еще за пять месяцев до этого высказалось большинство населения, и констатирует, что КПСС «распалась, как звук и дым, так как она сверху прогнила и давно отделилась от своего базиса». В то же время Лебедь критикует «тройную мораль» политического руководства, которое привело к распаду Союза: «Думать одно, сказать что-то другое, а сделать третье».

Для Лебедя глава окончена. «Кто не жалеет о Советском Союзе, у того нет сердца, но кто его хочет восстановить, у того нет мозгов», — считает генерал.

Глава XII

Война или мир?

После завершения коротких, но имевших огромные последствия драматических событий Лебедь мог бы рассчитывать на публичное выражение благодарности — например, в виде назначения на пост главнокомандующего Воздушно-десантными войсками. Это место освободилось, так как Грачев поднялся выше по служебной лестнице.

Однако все происходит иначе. В июне 1992 года Грачев назначает Лебедя командующим 14-й армией в Молдавию, точнее в Тирасполь, столицу самопровозглашенной Приднестровской республики. Приднестровье, населенное преимущественно русскими и украинцами, после отделения Молдавии, которая взяла ориентацию на Румынию, объявило себя автономной республикой. Многие удивляются тому, что парашютиста-десантника назначают командовать армией, которая состоит преимущественно из пехотных частей, и что такой выдающийся командир, как Лебедь, переведен в такой отдаленный район. У Грачева есть много причин, чтобы избавиться от

Лебедя. Прежде всего решительность и профессиональное мужество Лебедя, возможно, вызывали ревность Грачева. Это относится к необычной популярности и авторитету, которыми пользуется Лебедь в военных кругах, особенно у своих подчиненных. Еще меньше нравится министру то, что Лебедь, имея незапятнанную репутацию, знает о «секретных» делах Грачева, например, о том, как он неожиданно стал Героем Советского Союза. И, наконец, министр обороны должен опасаться, что через Лебедя получит огласку то, как он маневрировал в августе 1991 года между Янаевым и Ельциным, пока не выявился победитель.

То, что Грачев именно Лебедя посылает на территорию Молдавии, не случайно. Сообщения секретных служб говорят о драматическом обострении ситуации в этом районе, где республика Молдова ведет кровавые бои с войсками заселенной русскими Приднестровской Молдавской республики, клеветнически называемой «сепаратистской». При этом армия Приднестровской республики, хотя и получила частично вооружение от 14-й российской армии, ни по качеству, ни по количеству не может сравниться с армией Молдовы; однако 14-я российская армия не вмешивается, потому что командующий, генерал Неткачев, придерживается приказа о нейтралитете. Правительство Приднестровья, защищающее интересы русскоязычного населения, протестует в Москве против передачи Молдове оружия и боеприпасов, на что всегда улыбающийся маршал Шапошников и генерал Грачев заявляют, что это «старье, железный лом».

Генералу Иону Косташу, министру обороны Молдовы, удалось завязать с командующим 14-й российской армией дружеские отношения. Это заходит так далеко, что Неткачев приказывает своим командирам «во избежание нежелательной провокации» обезвредить гранаты своих танков и частично даже демонтировать орудия. Однако офицеры выполнили эти приказания лишь частично, чтобы можно было быстро восстановить боеготовность. Когда весной 1992 года правительство Молдовы начинает осуществлять свое намерение насильственно вернуть Приднестровье, генерал Неткачев не обращает внимания на тревожные сводки о потерях в воинских частях. Начинается братоубийственная война.

Полковник Парамошин вспоминает: «Решение о месте следующего назначения Лебедя было очень тщательно продумано, чтобы помешать его карьере. С одной стороны, Лебедь должен был служить за пределами российской территории, с другой стороны, это должен был быть пост, на котором он быстро истощит свои силы. По сообщениям наших секретных служб, мы ожидали, что отношения между Молдовой и Приднестровьем перейдут в большую гражданскую войну. Грачев думал, что Лебедь станет ее катализатором. Последующие международные осложнения погубят его. Это было фатальной ошибкой Грачева. Он недооценил способности своего будущего главного соперника».

Для России территория Молдавии с давних пор была сферой стратегических интересов. Оттоманская империя, Россия, Австро-Венгрия, Румыния, Украина и Польша соперничали здесь. В середине XIX столетия Молдавия, объединившись с княжеством Валахия, образовала государство Румынию, независимость которой была закреплена в Бухарестском договоре 1878 года.

В 1918 году Московское правительство из украинской области Приднестровья на восточном берегу Днестра сформировало «Автономную Социалистическую Советскую республику Молдавию». В 1940 году на основе пакта Риббентропа — Молотова Бессарабия отошла к Советскому Союзу. В связи с немецким вторжением в Советский Союз Румыния снова забирает себе Бессарабию, но уже в 1947 году снова теряет ее согласно Парижскому договору. Бессарабия тоже теперь окончательно становится советской и систематически руссифицируется.

Во время «перестройки» Молдавия тоже отваживается 23.6.1990 г. сначала объявить о своем суверенитете, а 27.8.1991 г. — и о своей независимости.

Напряженность в этом регионе усилилась не в последнюю очередь из-за решения молдавского правительства румынизировать всю область введением румынского языка в качестве государственного, а также другими мерами. Главной целью было воссоединение с Румынией.

Население Молдовы, насчитывающее 4,3 миллиона человек, состоит на 65 процентов из молдован, но здесь живет еще 14 процентов украинцев, 13 процентов русских и гагаузы, которые выступают против присоединения к Румынии. Большая часть противников прорумынской политики Молдовы находится среди жителей восточного берега Днестра, в Приднестровье. Эта территория традиционно являлась процветающей основной сельскохозяйственной областью бывшей республики Молдавия. К тому же она обладает ценными полезными ископаемыми. Эта область никогда не принадлежала Румынии. В сегодняшнем Приднестровье живут на 4 000 кв. км около 800 000 человек, более половины из них — русскоязычное население, которое примерно в равных частях состоит из украинцев и русских. Они боятся подавления своей самостоятельности в связи с независимостью Молдовы и ухудшением условий существования при отделении от России, многочисленные военные и функционеры также боятся потерять свое привилегированное положение. Так этнический аспект проблемы уравновешивается социальным и политическим или даже отступает на задний план в пользу последнего.

Уже через неделю после рождения «новой Молдовы», 2 сентября 1991 года, была провозглашена Автономная республика Приднестровья, созданы государственные структуры и собственная маленькая армия. Вначале ее поддерживает в техническом оснащении (бывшая) советская, теперь российская 14-я армия, которая уже два десятилетия стоит в столице Тирасполе. Таким образом, враждебные группы по обе стороны Днестра снабжены российским оружием, причем западная сторона старается устроить соотношение сил в свою пользу, пытаясь выхолостить политически потенциальное превосходство спокойно ведущей себя 14-й армии.

С марта 1992 года существует образованная из представителей России, Молдовы, Румынии и Украины комиссия под покровительством ОБСЕ, которая пытается урегулировать разразившийся конфликт или хотя бы держать его под контролем. Правительство Молдовы использует международные организации для того, чтобы по-своему интерпретировать параграф 15 Хельсинкской декларации 1992 года, по которой должны быть исключены «элементы холодной войны, как, например, размещение чужих войск» (это относилось к российским войскам в Прибалтике). Ни один из наблюдателей, кажется, при таком толковании не учитывает тот факт, что эта «чужая армия» находится на той территории, которая отделилась от Молдовы. Соответственно этому правительство Приднестровья, а не Молдовы должно было бы выступать против этого размещения. Поэтому едва ли кто-нибудь сделает вывод, что 14-я армия, которая до сих пор хотя и поддерживала прямо или косвенно вооруженные силы Приднестровья, но сама никогда не вмешивалась, стоит на пути интересов Молдовы. Если бы Приднестровье получило международное признание как автономная республика, то разговор о параграфе 15 знаменитой Хельсинкской декларации в отношении 14-й российской армии отпал бы сам собой. Однако статус Приднестровья остается неясным.

25 мая 1992 года президент Молдовы Мирча Снегур объявляет парламенту, что страна находится в состоянии войны с Россией. Президент Ельцин отвечает, что об этом не может быть и речи, кроме того, 14-ю армию скоро выведут из Приднестровья. После этого Снегур просит помощи у генерального секретаря ООН и 19 июня начинает открытую атаку на Приднестровье. Полагая, что у Неткачева есть только разобранные танки, но не хватит мужества дать своим командирам приказ стрелять, министр обороны Молдовы Косташ решается на военные действия. Его танковая колонна вторгается в Приднестровье и обстреливает промышленный город Бендеры, расположенный на изгибе реки Днестр на западном берегу — всего в восьми километрах от Тирасполя.

«Они пришли с танками, на которых было написано «Да здравствует великая Румыния!», — рассказывает Сергей Баринов. Он в это время служит солдатом в 14-й российской армии. «Среди молдавских частей находились и румыны». И далее Баринов вспоминает: «Была пятница, последний день экзаменов в школе. Ученики десятого класса в Бендерах отмечали как раз окончание школы, когда вдруг раздались выстрелы, и танки ворвались прямо в школу...».

Не только в эту школу. Жертвами нападения на Бендеры становится все живое. Агрессоры двигаются по улицам, обстреливают автобусы, прохожих, фабрики, дома, детские сады, больницы и косят беспощадно мужчин, женщин, детей. Но крики о помощи не доходят до ушей командующего 14-й армией генерала Неткачева. «Оставаться нейтральным в конфликте» — гласит новое русское правило поведения в отношении «ближнего зарубежья», как теперь называются бывшие советские республики. И его связи как с Москвой, так и с Молдовой сохраняются.

«Что это за выстрелы?» — спрашивает он своих офицеров, которым между тем сообщили также о приближающихся бомбардировщиках и которые требуют от него дать добро на оборону. Кондиционер выключается, чтобы можно было услышать шум боя, только на короткое время, так как стоит жара 43 градуса в тени. Не слышно ни звука. Понятно: Косташ приказал сделать передышку. В это время он показывает иностранным наблюдателям, членам комиссии ОБСЕ, призванным на помощь представителям ООН и средств массовой информации, как «агрессивная противоположная сторона» нарушает временное прекращение огня и ведет огонь (после спровоцированного обстрела).

Это временное прекращение огня нужно было Косташу для осуществления своего плана. Он сообщает своему окружению, что в ближайшие дни он хочет отпраздновать совершенно особенный юбилей: его отец пятьдесят лет назад вторгся в страну на стороне немецкого вермахта. А теперь Косташ хочет ее завоевать. Он приказывает своим частям перегруппироваться: молдавская армия должна теперь с другой стороны бомбить столицу Тирасполь, нейтрализовать администрацию, а страну поделить. Девиз Косташа: «Тирасполь сровнять с землей, а потом построить заново!».

Первые страшные сообщения о 19-м июня дошли до Москвы. По данным офицеров 14-й армии, именно они вместе с президентом Приднестровья Игорем Смирновым не давали покоя генералу Неткачеву, заставляя позвонить в Москву. До сих пор он не видел «повода» ни для каких действий и ссылался на общие указания Москвы. А между тем дома офицеров горели, родственники и друзья офицеров гибли в огне.

Никто не хочет больше терпеть. 21 июня Москва дает 14-й армии полномочия вмешаться и ответить на огонь. 23-го она решает послать Лебедя «для урегулирования конфликта». Лебедь только что вернулся из Прибалтики, и ему кратко сообщили о назначении в Приднестровье. Позже Лебедь расскажет об этом: «Так называемый инструктаж длился десять минут, проводил его вице-президент Александр Руцкой. Инструктаж носил крайне эмоциональный характер, и из десяти слов девять были проклятия. Я полетел туда, только чтобы организовать эвакуацию. Там я побродил по паркам, увидел, что в них полно танков, гаубиц, боевой техники и что там околачивается достаточно болванов, которых можно было в эту технику посадить, и т.д. Я поехал вдоль берега, попытался выяснить, почему люди воюют друг с другом. Никто этого не знал, а также того, как это должно закончиться...».

Глава Совета безопасности Юрий Скоков от имени президента и начальника генерального штаба ставит перед Лебедем пять конкретных задач:

1. Избежать кровопролития любыми способами.

2. Организовать в случае необходимости эвакуацию семей офицеров (куда — начальник генерального штаба генерал-полковник Дубинин предоставил, очевидно, решать самому Лебедю).

3. Взять под строжайший контроль все базы, склады с оружием, боеприпасами и военным имуществом.

4. Создать условия для того, чтобы в случае необходимости военное имущество, оружие и технику можно было вывезти беспрепятственно через территорию Украины.

5. Создать условия для урегулирования отношений с молдавской стороной.

Прощаясь с женой, Лебедь говорит ей, что он едет в командировку в Харьков, чтобы она меньше беспокоилась. Под псевдонимом «Гусев» он вылетает со своим элитным батальоном и батальоном элитной части «спецназа». Лебедь прежде всего облетает область, чтобы представить себе ситуацию. При этом он видит, что нападающие имеют преимущество, поскольку находятся на холмистой, местами покрытой лесом территории на западном берегу. А защитники — на открытой ровной местности на восточном берегу Днестра. Во время совещания с офицерами 14-й армии Лебедь узнает, что военная техника согласно указаниям Неткачева ржавеет в складских помещениях или демонтирована. В течение одного дня Лебедь восстанавливает боеготовность важнейших войсковых частей. Он создает вокруг Тирасполя кольцо обороны. Прежде чем перейти к действиям, объясняет офицерам: «Я лично и никто другой не будет нести ответственности за свои действия».

После получения сведений секретных служб о дальнейших актах агрессии со стороны Молдовы Лебедь принимает меры, чтобы упредить атаку на Тирасполь. Когда войска Молдовы затем нападают на Приднестровье, командующий 14-й армией пытается связаться с Грачевым, чтобы согласовать свое наступление. Но, по сообщению Лебедя и его заместителя полковника Михаила Бергмана, Грачева найти не удалось ни через какие спецканалы связи. Он просто исчез на длительное время. За это время ситуация быстро изменилась. Вскоре информационные агентства сообщают, что войска Приднестровья разбили части Молдовы. Фактически подобных частей нет. В действительности три батареи 152-мм пушек взяли под интенсивный обстрел части молдаван. Первая батарея обстреливает их, когда они приготовились переправиться через реку в Тирасполь. Вторая — немного позже, во время наступления. После этого министр обороны Молдовы из-за высоких потерь решает отступить и перегруппироваться, чтобы возобновить атаку на Тирасполь на следующее утро. Однако ночью войска Молдовы снова подвергаются тяжелому артиллерийскому обстрелу, после чего у них пропадает желание продолжать военную интервенцию.

Решающим ударом артиллерии, за который Лебедь один должен нести ответственность, он предотвратил нападение Молдовы на Тирасполь. Утром царит покой. За один день Лебедь становится героем, который спас бесчисленное количество жизней не только в Тирасполе. Более 600 тысяч человек увидели в нем символ мира и сохранения независимости их области. Благодарные женщины и старики собираются перед его квартирой в гарнизоне. Вскоре после этого жители Тирасполя посылают матери Лебедя письмо в Новочеркасск, в котором благодарят ее за то, что она вырастила такого сына.

Когда позже Лебедя спрашивают, не думал ли он о жертвах на другой стороне в результате обстрела, он говорит: «Конечно. Но я также знал, что с обеих сторон было бы в десять или в сто раз больше жертв, если бы бои продолжались. И потом армейские склады 14-й армии! Они были такие большие, что бои могли продолжаться еще больше десятилетия, если бы они попали в руки военных противников. Армения, Азербайджан, Грузия и Абхазия это доказывают».

Поведение Лебедя импонирует его офицерам. В отличие от бывших командиров, у него хватило смелости не только действовать, но и взять ответственность на себя.

На Ельцина все это производит впечатление. И Грачев пытается что-то урвать для себя от этого успеха. Но контраст между тем, кто боится ответственности, и тем, кто готов взять ее на себя в тяжелой ситуации, скоро определит репутацию обоих военных. Несколькими днями позже, 28-го июня 1992 г. в 12 час 17 мин, как сообщает Лебедь, из Москвы поступает предложение взять на себя командование 14-й гвардейской армией вместо Юрия Неткачева. Лебедь просит десять минут на обдумывание. В 12 час 27 мин он принимает командование на себя. В тот же вечер Лебедь организует первую пресс-конференцию в Тирасполе, на которой заявляет: «Отныне 14-я армия будет соблюдать «вооруженный нейтралитет». Она будет оставаться нейтральной, как и до сих пор. Однако качество этого нейтралитета будет другим. В

случае агрессии мы в состоянии защитить Приднестровье. На нас никто не будет нападать, и мы
тоже ни на кого не будем нападать».

В течение всего нескольких недель 14-я армия
превратилась в отличную боевую машину — дис-
циплинированную, тренированную и боеспособную.
Размещенная в Тирасполе с 1945 года, она представляет собой элитный корпус из 10 000 человек
(через два года после прибытия Лебедя она сокра-
тилась до 7 700 человек). Она в основном состоит из 59-й дивизии моторизованной пехоты, трех пехотных полков, одного танкового полка, одного
ракетного полка и по одному батальону противо-
танковой обороны, разведки и связи. Армия имеет в своем распоряжении свыше 120 тяжелых танков, 288 бронетранспортеров, 7 боевых вертолетов,
36 танков с ракетами для противовоздушной
обороны, 129 пушек и 450 000 единиц автоматического стрелкового оружия.

Лебедь преследует одну цель: он хочет защитить русскоязычное население по обе стороны
Днестра от дальнейших нападений. В отличие от
своих начальников, которые приказывают Лебедю
вступить в контакт с правительством Молдовы, он
делает ставку на то, что на этого противника по-
действует только одно: демонстрация силы. Только
уважение заставит их вести переговоры. Однако
катастрофически растет число сообщений о свире-
пости военных частей Молдовы в уже оккупиро-
ванных областях. Кроме того, до Лебедя доходят
сведения разведбатальонов, что Молдова готовит
нападение сухопутными и воздушными вооруженными силами.

Это обстоятельство заставляет Лебедя устроить
шумную пресс-конференцию. 4-го июля 1992 года

Лебедь перед представителями средств массовой информации оглашает следующее «Заявление командующего»:

«1. Я официально заявляю, что нахожусь в здравом уме... и беру на себя ответственность за каждое слово.

2. Хочу сразу предупредить обвинения в том, что я как генерал вмешиваюсь в политику. Я категорически это отрицаю и заявляю, что я говорю исключительно как русский офицер, который прислушивается к своей совести... Прежде всего я обращаюсь к Вам, первому президенту свободной России, Борис Николаевич Ельцин. Далее я обращаюсь ко всем президентам суверенных республик, их народам, правительствам и парламентам и ко всем, кто хочет меня слушать, и Вам, господин главнокомандующий, докладываю... следующее: на границе Приднестровской Молдавской республики и республики Молдова нет никакого национального конфликта, так как... молдаване, украинцы и русские живут в мире... Здесь совершается геноцид в отношении собственного народа. Я докажу это фактами. Только в Приднестровье сегодняшним днем были убиты 650 человек и до 4 000 человек ранены. Две трети из них гражданское население — женщины, дети, старые люди. Не бойцы, не солдаты. Так выглядит оккупация только в городе Бендеры, где официально "установлен конституционный порядок"...».

Лебедь читает выдержки из последних переданных ему сообщений, в которых говорится о демонтаже и разрушении всех без исключения фабрик этого города, а также хлебопекарни и молкомбината. Разрушены все магазины, детская клиника, городская больница и т.д. Гидроэлектростанция не работает. Лебедь подробно перечисляет, что было разрушено только в этот день, и констатирует: «Если в Бендерах еще живы остатки населения, то, даже если завтра наступит мир, они не смогут заработать кусок хлеба, так как все, где можно было бы работать, разрушено... 120—150 тысяч человек бежали... Я заявляю официально, что здесь, на территории Приднестровья, нет ни посткоммунистического, ни прокоммунистического, ни неокоммунистического, ни какого-то другого режима. Здесь живут просто люди, которые систематически варварски истребляются, и именно таким образом, по сравнению с которым эсэсовцы пятьдесят лет назад были рождественскими Дедами Морозами. Мы обладаем обширным материалом, заснятым на кинопленку, которым мы документально подтверждаем эту констатацию, и мы в любое время можем это предъявить любой комиссии международного содружества...».

Из-за агрессии Молдовы начинаются гигантские экологические катастрофы. Так, например, после систематического обстрела в плотине электростанции образовалась трещина, через которую на тридцать деревень по левую и правую сторону Днестра вылились 465 миллионов кубических метров воды, волны достигали двадцатиметровой высоты. Продолжается обстрел химических складов в Бендерах, происходит вытекание жидкого газа из разрушенных трубопроводов.

Лебедь сообщает и следующее: «За прошедшие 24 часа тяжелая артиллерия обстреливала Тирасполь, Дубоссары и Бендеры. На аэродром под Бендерами 32 румынских боевых летчика-добровольца были передислоцированы для введения в бой размещенных там Миг-29. К ним должны добавить еще десять Миг-25. Пилоты — также румыны с кокардой «Республика Молдова», так как население Молдовы не хочет войны. Таким образом, правительству Молдовы не остается ничего другого, как вербовать наемников. В центре обучения воздушно-десантных войск под Кишиневом проходят тренировки специальные подразделения. Кроме того, прибыли многочисленные снайперы из Литвы и Латвии: тяжелыми танками типа «Ураган» должен начаться обстрел единственного аэропорта Тирасполя».

Лебедь заканчивает свое выступление обращением к общественности: «Над этой землей лежала тень фашизма. Я полагаю, что все должны подумать об этом и вспомнить, сколько усилий стоило 47 лет назад разбить его. Это должно встряхнуть историческую память. Современные фашисты займут подобающее им место на колонне памятника, здесь, где каждый метр полит кровью армии-освободительницы в 1941−1945 гг. То, что я здесь увидел и услышал, дает мне моральное право заявить, что избранный президент Молдовы, Снегур, несмотря на выборы, законно проведенные в эйфории самоопределения, не является законным президентом, так как вместо демократического он создал фашистское государство и окружил себя фашистской кликой. Министр обороны — это людоед из органов безопасности. Мы все должны взяться совместными усилиями за выработку четкой позиции. Пришло время, когда мы должны действовать, вместо того чтобы говорить о политике. Что касается власти, которую я имею честь представлять, то я заявляю: уже давно пора действовать... Я говорил как офицер в меру своей совести, чтобы вы все об этом подумали. Вы, политики, и Вы, народ».

Ответ его начальника, министра обороны Грачева, на его публичное обращение к нему и московскому руководству приходит после пресс-конференции. Лебедь получает телеграмму: «Категорически запрещаю давать оценку происходящим событиям по радио, телевидению и в прессе. Оценка действий и решений правительства Молдовы — прерогатива правительства и Верховного Совета России. Ваша задача состоит в успешном руководстве 14-й армией во избежание нападений на военные объекты и защита жизни военных. Свяжитесь с президентом Молдовы Снегуром по телефону. Обсудите с ним сложившуюся ситуацию. Об исполнении доложить мне шифровкой до 6.7.92 9.00. 5.7.92. П. Грачев». Лебедь телеграфирует в ответ: «Министру обороны Российской Федерации. На Вашу телеграмму... я заявляю, что подробно сообщаю о своей деятельности и сознаю возложенную на меня ответственность. Все высказанное мной в заявлении от 4 июля соответствует фактам. Прошу создать комиссию для проверки фактов. Готов представить соответствующие документы, кино-, фото- и видеоматериалы. В теперешней ситуации считаю неприемлемым и неправильным с моей стороны завязывать какие-либо контакты или беседы с президентом Молдовы, который запачкал свои руки и свою совесть кровью собственного народа. 5.7.92. А. Лебедь».

Резолюция министра обороны: «Отчет неполный. 5.7.92. П. Грачев». И повторное предупреждение Грачева строптивому генералу: «Командующему 14-й гвардейской армией. Не сомневаюсь, что Ваше заявление средствам массовой информации, возможно, соответствует действительности. Но как офицер Вы не доложили о выполнении задачи по поставленным мною вопросам относительно запрета пресс-конференций, интервью и т.п. Вам прика́зано вступить в переговоры с президентом Молдовы. Ваше поведение без анализа политической ситуации, сложившейся в последнее время (президенты Молдовы и России встречались друг с другом), неслыханно. На основании вышесказанного приказываю:

1. Никаких интервью или публичной оценки без договоренности.

2. Операции лишь для обеспечения боеготовности войсковых частей и для предотвращения их обстрела.

3. Прекратить политический популизм, сдерживаться и трезво оценивать ситуацию.

4. Выполнить мое требование, если оно даже не совпадает с Вашим субъективным мнением, и вступить в контакт с президентом Молдовы Снегуром.

5. Убежден, что Вы действительно мой представитель и моя опора. Мне не хотелось бы думать, что Ваше назначение командующим 14-й армией президентом и мной было ошибкой.

6. Сообщить о решении полученной задачи. 5.7.92. П. Грачев».

Последний ответ Лебедя в этом знаменательном обмене телеграммами короток:

«Министру... На Ваш... 5.7.92 докладываю:

По пункту 1: Так точно, понял.

Пункт 2: Так точно.

Пункт 3: Так точно. Трезво оцениваю ситуацию. При всем уважении к Вам я не буду вступать в переговоры со Снегуром. Я генерал российской армии и не намерен ее предавать. 6.7.92. А. Лебедь».

Последовавшие за этим события, кажется, снова подтверждают правоту Лебедя. С тех пор как Лебедь проявил свою решительность, правительство

Молдовы вдруг оказалось заинтересованным во временном прекращении огня. Его руководители быстро поняли, что Лебедя нужно принимать всерьез и что он, видимо, в состоянии держать под контролем обе стороны. Теперь именно Молдова заинтересована в перемирии и мирном договоре.

Когда два года спустя пошли слухи о переводе Лебедя, президент Молдовы Снегур лично просил Москву, чтобы он остался. Лондонской «Таймс» он заявил, что Лебедь способен навести порядок в армии, что это имеет существенное значение для того, чтобы большие запасы оружия не попали в руки сепаратистов. Арсеналов хватило бы на долгую, с большими потерями войну.

Уже 7 июля состоится встреча представителей Молдовы и Приднестровья при посредничестве русских. Москва представлена главнокомандующим Сухопутными войсками генерал-полковником В. Семеновым. Лебедь сидит как победитель рядом с Семеновым, который председательствует. Наконец закончен первый раунд переговоров. В полночь Лебедь с Семеновым остаются одни. Лебедь задумчиво говорит: «Это как в поговорке: когда паны дерутся, у холопов чубы летят!». И после глубокой затяжки добавляет: «Вообще, кажется, сегодня говорят больше с теми, у кого есть кулаки. Таково братство...».

Двумя днями позже, 9 июля, состоится встреча президентов России, Молдовы, Румынии и Приднестровья. Еще в июле — всего через месяц после прибытия Лебедя — президент Молдовы Мирча Снегур подписывает с российским президентом Борисом Ельциным «Соглашение о мирном урегулировании вооруженного конфликта Днестровского региона». В нем установлена зона безопасности: 12 км шириной и 225 км длиной по обоим берегам Днестра. Она должна охраняться миротворческими силами, которые состоят из шести российских батальонов (2 400 человек), а также трех из Молдовы и Приднестровья (всего 1 200 человек), подчиненными смешанному Верховному командованию. Оно размещается в приднестровском городе Бендеры.

В соглашении «на будущее» предусмотрен вывод российских войск — 14-й армии. До тех пор она официально получает статус «миротворческих сил».

В глазах политических наблюдателей завершение этих событий считается признаком новой линии в русской «внешней политике» — точнее политике в отношении «ближнего зарубежья». Вместо наведения дисциплины с помощью военной силы в непокорных или отпавших «братских республиках» ограничиваются лишь защитой безопасности и интересов русскоязычного населения за пределами (а в случае необходимости и внутри) российских границ.

Для мирных переговоров прибывает в Кишинев и Лебедь. По сообщению свидетеля Владимира Полушина, при этом происходит знаменательная сцена: когда Лебедь входит в здание, его сразу окружают репортеры. Через толпу вдруг начинает пробираться какой-то человек: улыбаясь, протягивает Лебедю руку его самый ненавистный враг — министр обороны Молдовы генерал Ион Косташ. Лебедь демонстративно меряет его взглядом сверху вниз и, наконец, скрежещет с отвращением: «Генералу я бы ее подал — палачу нет» и идет дальше. Днем позже Косташ уходит в отставку.

18 сентября 1992 года президент Ельцин присваивает Лебедю звание генерал-лейтенанта. Так он не только признает его заслуги, но и укрепляет свой

авторитет. Причем президент принял решение, несмотря на возражения министра обороны Грачева. Лебедь комментирует событие сухо: «Это был уже шестой заход. Первый был в сентябре 1991 года (ровно год назад) и сорвался из-за того, что я отказался быть причисленным к «героическим защитникам «Белого дома». Белый дом защищали... около 3 миллионов человек, и я не могу выделяться из этой громадной толпы как герой, поэтому я отказался от статуса защитника. Тогда они впервые вычеркнули меня из списка. Пятая попытка повышения была 7 июля этого года. Но тогда президент лично вычеркнул меня из списка, и именно потому, что за три дня до этого, 4 июля, я произнес небольшую речь об одном козле, который выпрашивает за границей морковь. Президент почувствовал себя задетым, оскорбился и вычеркнул меня».

Шестая попытка, по мнению Лебедя, привела к цели только потому, что «давление общественного мнения было довольно сильным — война здесь прекратилась. Нигде больше войны не прекратились, только здесь, и как им не было это неприятно — они должны были признать мою правоту...».

Глава XIII

Мавр сделал свое дело

есмотря на мирное соглашение, правительство Молдовы продолжает работать над тем, чтобы убрать 14-ю армию: однажды в средствах массовой информации были опубликованы компрометирующие сообщения об армии и Лебеде, потом дезинформация всякого рода, например, о якобы разработанном с Ельциным графике вывода, который вот-вот начнется.

Лебедь хорошо информирован об этих сообщениях. Он также узнает через своих офицеров, что правительство сделало предложение служащим 14-й армии перейти в армию Молдовы. Офицерское собрание 14-й армии в сентябре обращается с письмом к министру обороны Грачеву. В нем выражается убежденность в том, что стабильность в регионе после вывода русских войск окажется под сомнением. Кроме того, ввиду катастрофического положения выведенных из ГДР войск и их семей они с тревогой ожидают репатриации.

Ответ Грачева резок и адресован Лебедю: «Офицерские собрания разрешены только в бригадах, полках и подразделениях. Изучите приказ!».

Затем он напоминает Лебедю, что не нужно ни распространять «слухи о деморализации армии», ни верить таким слухам. Грачев уверяет, что армия «выводится только в рамках политического решения и в связи с соглашением между Молдовой и Приднестровьем», и в заключение делает выговор Лебедю за «оскорбительные высказывания» в адрес Молдовы, правительство которой снова жалуется ему.

Ответ Лебедя состоит только из одного предложения: «Вас неправильно информировали».

После этого начинается дальнейший обмен телеграммами между строптивым командующим армией и его начальником. Лебедь сообщает своему шефу обо всех неприятностях, которые переживают его солдаты и офицеры из-за дружественной политики Москвы в отношении Молдовы, и о том, какие проблемы ждут решения со стороны российских властей. При этом Лебедь не боится задать вопрос, почему Москва не занимает однозначной позиции в отношении статуса Приднестровья и в случае признания его как автономной республики не посылает полпреда для удовлетворения требований русского населения. Грачев после этого принимает отечески примирительный тон и заверяет Лебедя, что 14-я армия будет стоять до тех пор, «пока это будет необходимо в интересах России», еще раз призывая: «Успокойтесь сами и успокойте своих подчиненных!».

Через несколько месяцев Лебедь начинает издавать армейскую газету и просит правительство о выделении частоты для солдатской радиостанции. В конце года Лебедя объявляют в Приднестровье «человеком года». Лебедь ценит патриотизм этих людей, хотя иногда считает их поведение утрированным. В одном интервью, которое он дает почти два года спустя, 20 июля 1994 года, газете «Известия», он называет русских Приднестровья «более католиками, чем папа, самыми славянскими среди славян — намного больше готовыми защищать интересы России, чем русские в России».

В 1991 году распад Советского Союза произошел не только в его внешних границах, но разогретый этническими конфликтами или вызванный заявлениями об автономии и на российской территории или на территории республик СНГ. Хотя президент Ельцин, в противоположность Горбачеву, не приказывает вводить оккупационные войска, но он посылает войска содействия в те конфликтуые регионы, в которых живет много русских меньшинств, чтобы защитить их. Хотя Абхазия лежит не на российской, а на грузинской территории и Грузия не примкнула к СНГ, но здесь живет значительное количество русского населения. Кроме их защиты Ельцин заинтересован и в стабильности ситуации перед порогом дома. К тому же стоит предотвратить импорт тенденций к автономии на российскую территорию, значит, и внутренний раскол России.

Осетия, автономная республика, и ее соседка, автономная республика Ингушетия, расположенная тоже в пределах российских границ, сцепились друг с другом. Для России эта область представляет стратегический интерес. Распад, как и выход из Российского государства, нельзя терпеть. Москва вмешивается, наконец, в эту область элитной войсковой частью и ограничивается нейтрализацией ингушских мятежников в Северной Осетии и разъединением враждующих сторон.

Эта тактика, между прочим, соответствует в основном сдержанному поведению Москвы и в Преднестровье. Все же был человек, который критически близко наблюдал за попытками Москвы уладить конфликт в Северной Осетии. Это президент соседней Чечни генерал Джохар Дудаев, который заявил: «Объявление чрезвычайного положения в Ингушетии и Северной Осетии Москвой еще раз доказывает колониальный характер Российского Федеративного договора...» и «каждый чеченец должен быть готов умереть в борьбе против Москвы!».

Сразу после стабилизации ситуации в Приднестровье Лебедь принимает меры, чтобы помочь правительству в восстановлении инфраструктуры и нормализации повседневной жизни. В общем ему удалось обеспечить повсюду прекращение огня. Штат комендатуры в Тирасполе значительно увеличивается. Комендатура ведет борьбу также с быстро растущей преступностью.

Хорошие отношения Лебедя с правительством Приднестровской республики портятся, когда ее президент Игорь Смирнов требует у Лебедя оружие и военное имущество из запасов 14-й армии для борьбы с преступностью. Лебедь отказывается выполнить его просьбу, так как подозревает членов правительства в коррупции и стремлении к личному обогащению.

Загадочные происшествия углубляют недоверие Лебедя к властям, и поскольку он, как обычно, говорит напрямик, у него начинается с ними конфликт.

Явно напряженные отношения устанавливаются уже в конце 1992 года, когда Лебедь открыто обвиняет в коррупции руководство Приднестровья. «С этими жуликами я ничего не хочу иметь общего», — заявляет он в одном интервью. Все попытки настроить его положительно в отношении Смирнова напрасны. Лебедь слишком много знает о манипуляциях, которые ему противны и побуждают его открыто отмежеваться от правительственной команды в Тирасполе. Он публично заявляет, что такие персоны, как прокурор, министр государственной безопасности и министр внутренних дел, перевели нелегально общественные деньги на свои счета в банках Германии и Австрии. Позже Лебедь берет обратно свои обвинения в адрес министра внутренних дел («он только безобидный старый папочка с синим носом»), но президент государственного банка в одном интервью подтверждает существование инвалютных счетов в названных странах. Реакция самих разоблаченных ограничивается вялым протестом против «вмешательства во внутренние дела».

Грачеву пытливость его подчиненного в Тирасполе — как бельмо на глазу. Появляются слухи об отставке Лебедя. Однако население Тирасполя устраивает забастовку в знак протеста против такой возможности. Тогда Грачев пытается отделаться от него другим способом: он предлагает ему работу в генеральном штабе, куда Лебедь до этого стремился сам. Но тот отказывается: пока ситуация в Приднестровье нестабильна, он не отдаст командование 14-й армией.

В Молдове, в Москве, в Приднестровье в сообщениях газет и радио все чаще говорится об отзыве Лебедя, который приобретает еще большую популярность у населения своими дерзкими заявлениями. Все больше людей обращается к нему с просьбами, не относящимися к его компетенции. Лебедь вынужден прекратить прием населения. Все же не удивительно, что в русских средствах массовой информации его скоро начинают называть «консулом Приднестровья».

В июне 1993 года, вскоре после визита в Тирасполь депутатов из Москвы, президенту Ельцину и главе парламента Хасбулатову направляется письмо с просьбой поручить российскому министерству обороны и прокуратуре Российской Федерации расследование противоправной деятельности командующего 14-й армией генерал-лейтенанта Лебедя и его заместителя, коменданта Тирасполя полковника Бергмана. Письмо подписывают Сергей Бабурин и Геннадий Бенов.

Попытка дискредитировать Лебедя оказывается безуспешной. Осенью 1993 года в Тирасполе состоялись выборы, и Лебедя, несмотря на его отказ участвовать в какой-либо форме в предвыборной борьбе, избирают депутатом Верховного Совета Приднестровской республики.

Поздняя осень 1993 года. Между Ельциным и Верховным Советом разгорается конфликт, 20 сентября парламент отказывает президенту в особых полномочиях. Через несколько дней после этого Ельцин объявляет о роспуске парламента и о новых выборах в течение трех месяцев. Парламент принимает решение о смещении Ельцина с поста президента и назначает Руцкого президентом России. Депутаты не покидают «Белый дом». Ельцин приказывает окружить здание парламента войсками министерства внутренних дел и предъявляет ультиматум: или депутаты до 4 октября покидают здание с Руцким и Хасбулатовым, или их заставят это сделать, применив военную силу.

Руцкой видит, как рушатся его надежды. Только Лебедь, его товарищ по афганской войне, мог бы своим авторитетом изменить ситуацию в пользу Верховного Совета. Владимир Полушин, который служит в 14-й армии, является свидетелем звонка секретаря Руцкого: «Президент назначает Вас министром обороны и приказывает немедленно прибыть в Москву!». «Какой? — спрашивает Лебедь. — Есть два!»

Когда секретарь называет Руцкого, для него вопрос решен. Вскоре после этого в одном телеинтервью Лебедь сообщает, что кроме Руцкого и Хасбулатова, его просил и Ельцин приехать в Москву для поддержки. Но он отказал всем троим: он принципиально не будет вмешиваться в политические споры и, кроме того, придерживается мнения, что армия в такой ситуации должна оставаться нейтральной. «В цивилизованной стране армия не вмешивается в политику», — говорит он в заключение. Когда его спросили, как бы он разрешил этот конфликт, Лебедь сказал, что самое справедливое было бы провести одновременно новые президентские выборы и выборы в Верховный Совет.

Между тем ситуация в Москве ускользает из-под контроля Ельцина. Симпатизирующие Верховному Совету прорывают оцепление и проникают в «Белый дом», чтобы поддержать депутатов. В это время Руцкой приказывает танкам двигаться к телецентру Останкино.

Только утром 4 октября появляются воинские части, поддерживающие президента. На применение силы Руцким Ельцин теперь не раздумывая отвечает тоже применением силы. «Белый дом» обстреливают из тяжелых орудий. В течение многих часов весь мир может следить по телевизионным каналам, как «Белый дом» медленно становится черным снизу доверху, как из некоторых окон выбивается пламя — и, наконец, появляются белые флаги. Вот идут через толпу у главного входа два бледных человека — Руцкой и Хасбулатов — и садятся в машину, которая везет их в тюрьму.

Уже 5 октября Лебедь, который свой политический нейтралитет объяснил избранием в депутаты в Приднестровье, рассчитался с главой парламента

Приднестровья, Маракуцей. Тот открыто поддерживал Хасбулатова и послал добровольцев в «Белый дом». По этой причине Лебедь требует принять решительные меры против руководства республики. На заседании Верховного Совета Приднестровья он обвинил руководство министерства внутренних дел и министерства безопасности в «некомпетентности и неспособности противостоять преступности», упрекая их в том, что они «скрывают подлинную информацию о криминогенной обстановке в регионе». Он призывает Маракуцу немедленно публично оправдаться. Когда этого не происходит, он настаивает на созыве специального заседания 14 октября. На нем он требует отставки тех министров, которые были «соучастниками московских событий» и оказывали активную помощь Руцкому и Хасбулатову. Так как его не поддержали, он кладет свой депутатский мандат, причем призывает избирателей к новым выборам парламента и выражает «свое разочарование работой высших органов законодательной власти республики».

Решение положить мандат «из протеста против жуликов в правительстве» находит отклик у населения, для которого Лебедь является символом чистоты, морали, права и порядка.

Это поворотный момент к молниеносному взлету его славы и популярности. Теперь к нему в Тирасполь едут журналисты не только из Москвы и со всей России, но и из зарубежных средств массовой информации. Хотя в дальнейшем ничего конкретного не происходит, Лебедя все же объявляют почетным жителем города Тирасполя. В том же году его успехи отмечаются и российской стороной. 14-я армия была признана одной из лучших в России по боеготовности.

В конце 1993 года Лебедь заявляет, что «по личным причинам» больше не притронется к алкоголю. «Хотя бы один должен быть трезвым в этой стране», — обосновывает он свое решение. Лебедь — звезда местных телепередач и использует свое частое присутствие на экране для заявлений по национальным и международным политическим вопросам. Его краткие остроумные комментарии нравятся, но все чаще вызывают изумление. Так, в интервью газете «Известия» в июле 1994 года он восхищается политикой генерала Пиночета: «Он оздоровил экономику Чили и при этом убил не более 3 000 человек». «Этой стране нужен такой человек, как Пиночет», — утверждает Лебедь.

Кремлю неприятно это заявление генерала, и представители министерства обороны торопятся отмежеваться от высказываний Лебедя. Однако через некоторое время, в сентябре 1994 года, в интервью британской газете «Файнэншл таймс» Лебедь на вопрос о причине почитания им Пиночета резко спрашивает: «Почему военная диктатура обязательно должна быть чем-то плохим?».

При этом Лебедь, наслаждаясь вниманием, которое ему уделяется, по-видимому, уверен, что, несмотря на всю критику, его и пальцем не тронут.

В упомянутом репортаже «Файнэншл таймс» от 4.9.1994 г. говорится о впечатлении, которое произвел Лебедь в своей штаб-квартире в Тирасполе: «В России, которой отчаянно не хватает героев, популярность генерала Александра Лебедя растет. Командующий 14-й армией в Приднестровье, крупный широкоплечий офицер с голубыми глазами, оказывает большое влияние на русских, которые ищут альтернативу дискредитировавшим себя коммунистическим боссам своего прошлого и демократическим вождям современности, которых нельзя как следует понять. В главной базе Лебедя в Тирасполе... уважение к герою особенно велико... Служащим армии не хватает прилагательных в превосходной степени, чтобы описать своего «товарища Арнольда Шварценеггера», «второго Суворова» или «второго Кутузова» — в любом случае «во всех отношениях необычного человека».

Во время опроса, проведенного одной газетой, он назван одним из самых популярных выдающихся политиков. Однако хотя Лебедь быстро стал фигурой национального масштаба, он не раскрывает своих политических амбиций. "В беспокойное время я ничего не могу исключить, — осторожно отвечает он на вопрос, не захочет ли он однажды начать борьбу за то, чтобы стать политическим руководителем России. – Но я сделаю все, чего потребует моя страна. Я служил ей в войнах за границей и в гражданских войнах. Чего бы она ни захотела, я не боюсь сделать этого".

А в ответе на вопрос, какого рода руководство требуется его стране, Лебедь раскрывает свою тайну: "А что плохого в военном диктаторе? В истории России часто были времена ее расцвета именно при жестком руководстве, если вспомнить, например, Ивана Грозного, Петра Великого, Екатерину Великую или Сталина". Далее он поясняет: "Наши руководители сказали, что в течение столетий наше государство было тоталитарным, а с этой минуты мы будет демократическим государством. Это невозможно. Мы все еще остаемся советскими людьми". По мнению Лебедя, "русским все равно, будут ли ими управлять фашисты, коммунисты или военные, пока они смогут покупать шесть сортов колбасы и много дешевой водки в магазинах". Хотя генерал Лебедь разделяет некоторые волнения сторонников жесткой политики, он не неоимпериалист. В его тоне звучит лишь разочарование, когда он говорит о России "с нашей гордой историей", России, "которая теперь только следует слепо рецептам, придуманным где-то в Арканзасе".

Между прочим, ностальгия Лебедя отличается от ностальгии сторонников гражданской твердой руки тем, что он ни в коем случае не придерживается мнения, что бывшее величие страны можно восстановить применением военной силы за границей. Таких теоретиков он называет «опасными популистскими фанатиками». О несоответствии между военным порядком и дисциплиной, которые воплощает он сам, и отдельными высказываниями о послушании в связи с его отношением к собственным начальникам Лебедь говорит: "Я никогда не служил царям, комиссарам или президентам. Они все смертны, приходят и уходят. Я служу только русскому государству и русскому народу, и это вечно"».

Осенью 1994 года Лебедь получил возможность расслабиться (пока ему не бросили следующий вызов). Только что он избежал еще одной западни, которую приготовил ему Грачев. 22 июня министр обороны подписал директиву, по которой 14-я армия «в ходе реформирования» должна быть сокращена до размера дивизии. В связи с этим для нее не требуется командующий в чине генерал-лейтенанта.

Ходят слухи, что Лебедя переводят в Таджикистан или в Чечню. На вопрос, как он смотрит на предложение быть назначенным министром обороны Таджикистана, он резко отвечает: «Не может быть и речи — я не позволю использовать себя, чтобы заставить убивать таджиков. Кроме того, мое место — в 14-й армии».

Грачев приказывает вручить Лебедю упомянутую директиву, когда тот находится в отпуске в своем родном городе Новочеркасске. Лебедь понимает этот маневр и сразу выезжает в Тирасполь. По пути демонстративно позволяет чествовать себя на торжественной церемонии в Ростове вновь сформированному Союзу казаков. Создается впечатление, что он хочет показать Грачеву: «Меня поддерживает не только 14-я армия, но и другие элитные подразделения...».

Прибыв в Тирасполь, Лебедь устраивает пресс-конференцию, на которой сообщает, что он откажется исполнять директиву, и заявляет: «Сокращение армии — преступление, так как это было бы лучшей гарантией начала новых военных действий».

Грачев не ожидал подобной реакции Лебедя. Поэтому он публично обвиняет своих помощников в том, что они разработали директивы, чтобы дискредитировать его. Таким образом, все остается по-старому. Но средства массовой информации сообщают, что не только руководство российского министерства обороны заинтересовано в уходе популярного генерала, но и руководители Приднестровья, после того как Лебедь назвал их «ворами и алкоголиками».

Правители Молдовы, кажется, готовы терпеть присутствие 14-й армии лучше с ее своенравным генералом, чем без него.

Неожиданно президент Ельцин покончил с дискуссиями, заявив агентству «Интерфакс», что «недопустимо какими-либо действиями или решениями искусственно обострять ситуацию в Приднестровье» — и этим поддержал Лебедя. Однако Грачев осенью 1994 года делает еще один шаг, который должен вызвать резкую реакцию Лебедя и обострить конфронтацию между обоими. Грачев предлагает генерал-полковника Бурлакова, запятнавшего себя участием в махинациях нелегальной продажи военного имущества с целью личного обогащения, назначить заместителем министра обороны. Лебедь в телеинтервью комментирует это так: «Бурлаков не только деморализовал всех до единого в самой сильной группе войск, но и все прокуроры России интересуются им».

Грачев все же добивается утверждения кандидатуры Бурлакова. Мало того, он посылает Бурлакова в Тирасполь инспектировать 14-ю армию. Узнав об этом, Лебедь говорит: «Здесь нечего воровать. А так как Бурлаков совсем обычный подлый вор, и все прокуроры расшибутся в лепешку, чтобы получить возможность его допросить, то вход на территорию, на которой стоит 14-я армия, ему запрещен!».

Министерство обороны ошеломлено. Однако у Грачева нет оружия для контратаки. Он старается сохранить лицо, назвав запланированную инспекционную поездку Бурлакова просто слухами.

Сам Бурлаков звонит Лебедю и пытается прийти с ним к компромиссу, жалуясь на журналистов, которые якобы испортили ему репутацию. Лебедь, однако, откровенно говорит Бурлакову, что он о нем думает, и кладет трубку. Вскоре после этого Ельцин увольняет Бурлакова.

Проблема вывода 14-й армии остается на повестке дня. Москва понимает опасность, которую таит в себе опрометчивый вывод войск, стабилизирующая роль которых в кризисной области неоспорима. Более того, нужно было бы решить трудные задачи по эвакуации вооружения и тяжелого оружия. А куда девать офицеров и их семьи, которые давно переселились в Приднестровье? Разве у России мало нерешенных проблем с бесчисленным количеством военнослужащих и их семей, которые вернулись из ГДР и других стран Восточной Европы?

Для Молдовы 14-я армия — иностранная армия, которая размещена здесь без ее согласия, проводит маневры и даже вмешивается «во внутренние дела страны тем, что позволила своему командующему избираться в парламент автономии», даже если это не имеет силы. Для русскоязычного населения к западу и востоку от Днестра присутствие 14-й армии является гарантией безопасности, а для многих и источником дохода. 21 октября 1994 года правительствами России и Молдовы подписывается «соглашение о выводе войск, которые временно находятся на территории Молдовы». Правительство Приднестровья ждет решения о деталях вывода.

Соглашение предусматривает начало вывода через три года после вступления в силу «в связи с политическим урегулированием, приемлемым для всех сторон». Однако тираспольская делегация заявляет, что «жизненно важные интересы» ее стороны не соблюдаются, и прекращает участие в переговорах до заключения всеобъемлющего соглашения. Более того, правительство Приднестровья запрещает вывод техники и вооружения 14-й армии и назначает на 26 марта 1995 года референдум. 93 процента населения высказываются против вывода войск. Государственная Дума отказывается ратифицировать соглашение 1994 года и принимает резолюцию, объявляющую вывод 14-й армии недопустимым.

Как и в других национальных конфликтах, проведение линии Москвы затрудняется нерешительностью правительства. С одной стороны, российский президент хочет видеть в регионе покой и порядок. С другой стороны, Ельцин хочет зарекомендовать себя надежным главой государства. Однако реализация договоренностей может привести к новым социальным и экономическим конфликтам на территории России.

В последнее время партнерами одной международной нефтяной компании вместе с политиками рассматривается возможность транспортировки нефти, выкачиваемой у побережья Азербайджана из Каспийского моря, минуя российскую территорию. В качестве альтернативы предлагается трасса, которая проходит через Грузию и Украину. Это противоречит интересам России. Реализации этого проекта может помешать напряженность в Приднестровье. При нестабильности в этой области украинский вариант был бы обречен на провал. Но дестабилизация не наступит, пока 14-я российская армия во главе с генералом Лебедем стоит здесь. Только ее расформирование, вывод или «более управляемый», чем Лебедь, командующий может привести к желаемому результату.

Лебедь в это время остается сдержанным, занимает выжидательную позицию. Все чаще приезжающим представителям прессы и членам международных организаций он объясняет свою позицию. В то же время он должен успокоить и тех, кто напуган его ужасными пророчествами, распространяемыми газетами. Одна чешская газета пересказала его комментарий по поводу планируемого расширения НАТО на Восток таким образом, будто Лебедь угрожал атомной войной. На самом деле он заявил, как подтверждает один из его офицеров Владимир Полушин, что Россия могла бы вспомнить об атомных арсеналах в Англии и Франции. Другими словами: Россия обдумает свои договоры о разоружении.

Между тем политическая реальность продолжает изменяться. Молдова стремится занять место в Совете Европы и просит комиссию ОБСЕ помочь в создании современной демократической конституции, в которой будет предусмотрена и защита национальных меньшинств. Так как страна больше не стремится присоединиться к Румынии, одна из важнейших причин сепаратистских устремлений Приднестровской республики в основном отпадает. Все же Лебедь однажды снова заявляет, что 14-я армия не будет выведена, но ее штаб можно было бы перевести в Россию. 13 ноября 1994 года в интервью радио России он говорит, что российскую армию нельзя выводить из области, в которой она размещалась так много лет. Вместо этого она должна получить конкретные права и обязанности — например, обеспечение мира в регионе.

В конвенции, осуществляемой при содействии ОБСЕ, речь идет о мирной зоне и миротворческой роли российской армии параллельно с миросозидающей ролью (как, например, в Южной Осетии и Таджикистане). Тирасполь снова дает понять, что он был бы доволен гарантией автономии со стороны Молдовы в том виде, как она существует, например, между Татарстаном и Россией.

Лебедь делает свои заявления, не обращая внимания ни на реальную политическую динамику, ни на слухи вокруг его персоны, ни на провокационные действия Грачева. Так, министр в 1995 году посылает комиссию в Тирасполь. Руководство ею Грачев поручает генералу Кобецу. Однако Кобец вынужден подтвердить, что боеготовность 14-й армии отличная, и инспекция не обнаружила никаких недостатков.

С февраля 1995 года слухи об отставке или переводе Лебедя все больше распространяются. Становится известно, что Грачев настаивает на своем плане об изменении структуры 14-й армии, чему энергично противится Лебедь. 24 апреля Лебедь в интервью радио «Эхо Москвы» подтверждает, что он еще не ответил Грачеву, предложившему ему на выбор несколько постов: «Я не готов занять другое место, кроме моего теперешнего, каким бы оно ни было; следовательно, по всей вероятности, с вами говорит потенциальный пенсионер». Через четыре дня Лебедь неожиданно заявляет в интервью «Экспресс-Хронике», что он уйдет из армии и будет выставлять свою кандидатуру в Государственную Думу. «Именно министерство обороны решило это за меня, — поясняет он, — тем, что приняло решение расформировать 14-ю армию». 6 мая Лебедь говорит, что он не подавал заявления об отставке, но в скором времени объявит о своем окончательном решении. В тот же день министр обороны Грачев на пресс-конференции в Москве называет Лебедя «капризным мальчиком» и требует, чтобы Лебедь или слушался своих начальников, или оставил службу. Кроме того, обвиняет Лебедя в том, что он находится под влиянием политической группы, которая хочет с его помощью захватить власть.

12 мая Лебедь открывает пресс-конференцию причудливым сравнением: «Трудно плавать в соляной кислоте, если отрезаны ноги. Но не менее трудно служить в армии!». Этим открывается дискуссия, темой которой является окончательно утвержденная министерская директива о сокращении штата управления 14-й армии. Лебедь представляет ее как факт и говорит: «Это подобно обезглавливанию организма, который отлично функционирует. Поэтому я рассматриваю это как преступное предприятие большого радиуса действия, которое

создает угрозу вооруженного конфликта в Молдове». Лебедь еще раз предостерегает, что осуществление плана угрожает стабильности в регионе и поэтому он не хочет его покидать, прежде чем здесь не будет политически гарантирован мир.

23 мая Лебедь появляется в Москве и выступает перед депутатами Думы. Он подтверждает свои опасения, что Молдова скоро будет выглядеть как Чечня, где идет кровавая гражданская война, если будет продолжаться осуществление планов по реформированию армии. О ее выводе можно говорить только тогда, когда будет найдено подтвержденное обеими сторонами политическое решение. Но, кажется, обе конфликтующие стороны в данный момент совсем не заинтересованы в переговорах. Он надеется, предостерегающе добавляет Лебедь, что оружие и боеприпасы 14-й армии не попадут в руки преступных банд, когда начнется хаос. Заслушав его выступление, парламентарии голосуют за резолюцию, в результате которой принимается решение: соглашение между Россией и Молдовой о выводе армии не ратифицируется; Приднестровье объявляется «регионом большого геостратегического значения для России»; парламент не одобряет вывод 14-й армии из региона; выдвигается требование, чтобы Лебедь продолжал выполнять функции командующего.

Позже депутаты предпринимают попытку убедить и президента придерживаться этой линии, уговаривают его признать Приднестровскую республику и открыть там русское консульство; кроме того, Дума принимает решение послать наблюдателя в Тирасполь на референдум о присоединении Приднестровья к Содружеству Независимых Государств.

Во время своего пребывания в Москве Лебедь узнает, что Грачев послал в Тирасполь еще одну инспекцию, которую на этот раз возглавляет генерал-полковник Бессмертный. Так как это происходит в отсутствие Лебедя, предполагается, что это должно настроить подчиненных против командующего. Но одновременно учащаются и поездки Лебедя в Москву, где он открыто предпринимает первые шаги, чтобы вступить на новую тропу. Лебедь принимает участие в конференции вновь созданной партии (Конгресс русских общин) и не делает тайны из своих симпатий к КРО.

Через неделю после заслушивания Лебедя в Думе, 30 мая 1995 года, Грачев принимает рапорт своего строптивого генерала. В нем Лебедь заявляет, что отказывается выполнять приказ министра о сокращении 14-й армии до небольшого «оперативного отряда» и предоставляет в распоряжение Грачева свой пост.

Для министра обороны, который настаивает на выполнении своего приказа, это подобно отставке. Сразу же прошел слух о якобы поданном Лебедем заявлении об отставке. Грачев пытается заглушить волнение, принижая личность и роль Лебедя: «Он совершенно обыкновенный генерал с политическими амбициями, отставка которого не является трагедией...». Но Грачев мог бы принимать решение об отставке Лебедя единолично, если бы генерал не занимал свой пост несколько лет. В то время как российские газеты обсуждают, чем на этот раз закончится «дуэль между формальным и неформальным руководителем российских вооруженных сил», российский президент не торопится принять решение в созданном для этого совете, состоящем из министра обороны Грачева, министра иностранных дел Козырева и его самого.

Прибыв 1 июня из Москвы в Тирасполь, Лебедь отвечает на вопросы журналистов: «Я, как и раньше, командующий 14-й армией. В настоящее время решение — за министром обороны».

Фактически президент остается единственной надеждой Лебедя. Ельцин явно колеблется в принятии решения. Так говорится еще 5 июня в канцелярии президента, пока к нему не прибыло «прошение об отставке». Политический инстинкт, к которому не примешивались личные мотивы, подсказывает Ельцину, что Лебедь не упадет при отставке, а молниеносно поднимется на волне еще более возросшей популярности и что на следующий год он может стать конкурентом на президентских выборах.

10 июня глава Совета безопасности Олег Лобов доставляет Лебедя военным самолетом в Москву. Он единственный служащий из оборонного ведомства, который выслушал Лебедя. Со всеми другими он в этот день не мог говорить. Осознав это, Лебедь оценивает перед друзьями свои шансы не выше, чем 1 к 4.

14 июня из канцелярии президента сообщают: Ельцин получил рапорт генерала Лебедя и дал согласие. Таким образом, президент освобождает генерал-лейтенанта Лебедя от его обязанностей. Одновременно он отправляет его в отставку «с правом ношения формы». Пост командующего 14-й армией ликвидирован, причем немедленно. Функции Лебедя передаются генерал-полковнику Юрию Чубракову. Преемником на посту командующего армией, преобразованной в воинскую часть быстрого реагирования, назначается генерал-майор Валерий Евневич.

Через несколько лет просочились слухи, что Лебедь с самого начала посылался в Тирасполь не для руководства 14-й армией, не для прекращения кровавых боев, не для защиты русского населения, а исключительно для того, чтобы воспрепятствовать постепенному переходу 14-й армии на службу правительству Приднестровья. Это Лебедь предотвратил — и этим, очевидно, выполнил свой долг.

Еще 14 июня от журналистов Лебедь узнает о решении Ельцина. Днем позже он получает телеграмму от Грачева, в которой между прочим говорится:

ПРИКАЗ
МИНИСТРА ОБОРОНЫ
РОССИЙСКОЙ ФЕДЕРАЦИИ
по личному составу
№ 231

г. Москва   15 июня 1995 г.

Генерал-лейтенанта ЛЕБЕДЯ Александра Ивановича, командующего 14-й Гвардейской армией, в соответствии с Законом Российской Федерации «О воинской обязанности и военной службе» и во исполнение Указа Президента РФ от 14 июня 1995 г. № 591 досрочно УВОЛИТЬ с действительной военной службы в запас по статье 49, абзац 2, пункт «а» (в связи с организационно-штатными мероприятиями) с правом ношения военной формы одежды.

За безупречную службу в Вооруженных Силах ОБЪЯВЛЯЮ БЛАГОДАРНОСТЬ.

Род. 20 апреля 1950 г. Выслуга в Вооруженных Силах: календарная — 25 лет 9 месяцев...

МИНИСТР ОБОРОНЫ РОССИЙСКОЙ ФЕДЕРАЦИИ ГЕНЕРАЛ АРМИИ

П. ГРАЧЕВ

Между прочим, министр обороны остался должен Лебедю полагающуюся грамоту за «безупречную службу».

Позже Лебедь шутит, что Ельцин проиграл его на теннисном корте. Однако в данный момент ему не до шуток. Некоторые из офицеров 14-й армии объявили голодовку. Гарнизонный комендант Бергман остается в Тирасполе. В то время как его преемник, которому он на следующий день должен передать армию, берет курс на Тирасполь, Лебедь демонстративно пишет на стене своего кабинета о своей отставке.

Когда самолет преемника Лебедя генерала Евневича зашел на посадку, летчик увидел, что полоса заблокирована людьми. Женщины города решительно образовали живую цепь. Новый командующий вынужден был приземлиться на украинском военном аэродроме. Когда он, наконец, приехал оттуда в город вместе с заместителем министра обороны генералом Кобецом, тираспольцы устроили демонстрацию перед гостиницей, в которой должен был остановиться Евневич.

Еще до отъезда Лебедя в Тирасполь прибывает министр обороны, который за три года командования Лебедем 14-й армией не находил для этого времени. Лебедь — уже как частное лицо — практически интернирован в своей гостинице, отключены даже телефоны. Грачев торопится заверить офицеров 14-й армии, что им нечего беспокоиться о своем будущем. Однако уже через несколько недель большинство из них потеряли свои места, оставшись без крыши над головой и без будущего.

Еще до конца месяца Лебедь покидает Тирасполь, однако не униженным, а более популярным, чем когда-либо. Скандальные обстоятельства его замены произвели сенсацию за рубежом, и там теперь напряженно ждут его дальнейших шагов. В возрасте сорока пяти лет он свободен от службы, из-за которой он вступал в конфликт со своими убеждениями, и может заняться решением новых задач. На вопрос, почему солдат, который всегда был против участия в политике, теперь сам идет в политику, Лебедь отвечает: «Потому что я пришел к убеждению, что если хочешь на что-то повлиять и изменить, то нужно это делать сверху».

Когда Лебедь покидает Тирасполь, многие жители провожают своего героя. Люди окружают его, скандируют: «Мы тебя любим!». Некоторые женщины плачут, мужчины громко выкрикивают проклятия в адрес Москвы. Лебедю и его жене бросают цветы. То один, то другой просит Лебедя сфотографироваться с сыном, который хочет стать таким, как генерал.

К восторгу славянской преданности примешивается страх перед неизвестным будущим без «защитника».

«Вы нас тоже не забудете?» — все снова и снова спрашивают Лебедя. «Я обещаю вам, — пытается он шутливо успокоить, — при первой попытке причинить вам зло, я вспомню о том, что я генерал-лейтенант!»

Действительно, остаются причины для беспокойства: Молдова хочет заявить себя в качестве члена Совета Европы, в то же время Приднестровье после вывода большей части солдат и вооружений не имеет средств, чтобы проявить силу в крупных спорах с Молдовой. Пройдет еще два года, прежде чем 8 мая 1997 года в Москве будет подписан документ о нормализации отношений между двумя странами новым президентом Молдовы Петром

Лучинским и главой Приднестровской республики Игорем Смирновым. Президенты России и Украины выступили при этой торжественной церемонии наряду с председателем комиссии ОБСЕ Нильсом Петерсеном как гаранты.

Под звуки марша «Прощание славянки» Лебедь и его жена поднимаются в самолет. Отъезд означает для него не только прощание с еще одним местом службы и с должностью командующего армией. Позади окажется и военная форма, а с ней — 25 лет службы в вооруженных силах, которые значили для него все и которым он отдал все.

Глава XIV

Высотный полет
в политику

---

*Если хочешь здесь
что-нибудь изменить,
нужно это делать сверху.*
Александр Лебедь
в начале своей
политической карьеры в 1995 г.

Редкое единодушие царит среди московских политиков в отношении отставки Лебедя — слишком по многим из них ударил он беспощадно в своих публичных заявлениях. Лишь некоторые оказываются менее близорукими, понимая, что Лебедь как штатский человек опаснее Лебедя-военного.

Грачев освобождает и адъютанта Лебедя, полковника Михаила Бергмана, от должности коменданта города Тирасполя. Не является ли это возмездием за разоблачения Бергманом взяток из Тирасполя для Москвы? Как бы там ни было — Лебедь отвечает открытием бюро жалоб для военнослужащих и уговаривает Бергмана заявить в военном суде протест против отстранения от должности. Его жалоба удовлетворена — а Грачев присужден к уплате денежного штрафа.

Летом 1995 года Лебедь называет задачу, которую он как политик хочет отныне взять на себя: «Защита прав русских за границей». Это 25 миллионов человек, которые после отделения бывших советских республик оказались за пределами родины.

В качестве платформы Лебедь выбрал движение, которое существует только с 1994 года и даже не выросло в партию: КРО — «Конгресс русских общин». Когда его спрашивают, почему он не примкнул к какой-нибудь партии, Лебедь объясняет: «Большие партии неинтересны, и, кроме того, мне важна идея». В другом случае он добавляет: «Я не тенденциозный политик, и мне все равно, какая политическая погода царит».

В глазах Лебедя КРО — это то, за что он выступает. КРО считается центристской, умеренно националистической организацией, в отличие от других националистических движений или либерал-демократов Жириновского, стремящихся к восстановлению государства в границах Советского Союза и готовых осуществить свои цели военным путем. С этим, а также с реваншистскими и шовинистическими взглядами КРО не хочет иметь ничего общего. Уже в апреле 1995 года Лебедь становится заместителем председателя КРО Юрия Скокова, бывшего секретаря Совета безопасности. Находясь на этой должности, Скоков разработал секретный документ, в котором он проводит идею, что Россия должна выступать как сила, противостоящая Соединенным Штатам, претендующим на статус единственной мировой державы. «Попыткам США навязывать в каком-нибудь регионе мира свое господствующее положение» следует соответствующим образом противодействовать.

Пикантным является то, что этот проект появился одновременно с поездкой российского президента в Вашингтон для возобновления зашедшего в тупик российско-американского стратегического партнерства. Проект был отложен «до более благоприятного момента» (как якобы комментирует Ельцин), а возможно, и отменен.

На парламентских выборах, назначенных на декабрь 1995 года, Лебедь и Скоков были вместе. Движение хочет войти в парламент, Скоков должен быть его руководителем. Так как Лебедь понимает, что он связан не только со Скоковым, но и с идеей КРО, он заявляет о согласии ринуться в бой вместе со Скоковым. Во время предвыборной кампании Скоков считается «головой» платформы, Лебедь же «пристяжной лошадью». На людей производит впечатление «его мужественное поведение», «его честность», «его безупречная личность». Одним словом, харизма Лебедя стоит больше, чем все умно спланированные речи и предвыборные обещания.

При этом некоторые обещания доверено было делать Лебедю — и только ему. Это касается прежде всего борьбы с коррупцией и преступностью. Никто до него с позиции официального лица так бесстрашно и беспощадно не разоблачал сомнительные махинации политических деятелей. То, что кроме этого он умеет защищать русских в «ближнем зарубежье», он уже доказал. Лебедь также обещает помочь России занять влиятельное положение в мире и называет три средства для достижения этой цели: «Сильная исполнительная власть, проходящая по вертикали через все слои населения, сильный средний слой, способный сопротивляться социальным конфликтам и напряженности, и, наконец, хороший инвестиционный климат для отечественных инвесторов через регулируемые, но низкие налоги».

Одновременно Лебедь решает выставить свою кандидатуру в новую Думу как независимый кандидат от Тулы. «Я хочу знать, что думают обо мне люди», — обосновывает он это решение. Что думают о нем люди в его избирательном округе, Лебедь уже знает. В годы службы командиром дивизии он многое сделал не только для своих солдат, но и для гражданского населения Тулы. За это он был назван почетным гражданином и ему вручили символический ключ от города. Через год подобное звание он получил в приднестровском городе Бендеры, который больше всего пострадал от нападения вооруженных сил Молдовы.

Лебедь приобретает популярность потому, что он занимается проблемами людей: здесь служащие флота, который больше не нужен, там угроза потери рабочих мест на одной из Петербургских фабрик, которой грозит закрытие, повсеместные невыплаты зарплаты, старые люди, живущие в богатейших промышленных областях — например, в Сибири, — за чертой бедности.

И загранице он посылает предупредительные сигналы, причем в сильных выражениях. В телеинтервью 23 июня 1995 года он заявляет, что Россия должна «иметь сильную армию и большой атомный арсенал — чтобы не пришли другие державы и не вытирали о нас ноги...». Через два месяца в интервью журналу «Штерн» Лебедь повторяет это высказывание и находит еще более острые слова. Поводом являются бомбардировки авиацией НАТО сербских поселений без предварительного уведомления России, что затронуло национальную гордость Лебедя: «НАТО ведет себя как пьяный верзила в детском саду. Мировой жандарм, который на все имеет право. Не хватает еще, чтобы мы отдали наше атомное оружие. Тогда мир будет вытирать о нас ноги!». На вопрос, почему Россия стоит на стороне

1. Памятник легендарному Ермаку Тимофеевичу, покорителю Сибири, в родном городе Лебедя Новочеркасске

2. Александр Лебедь (на снимке справа) с братом Алексеем, родителями и бабушкой

3. Лебедь в феврале 1971 года с
женой Инной в загсе

4. Лебедь в начале военной карьеры в высшем военном
командном воздушно-десантном училище в Рязани

5. Лебедь со своей женой Инной и детьми (слева направо) Александром, Иваном и Екатериной

6. Генерал-лейтенант Лебедь, командарм, накануне распада СССР

7. Лебедь на XXVIII съезде КПСС в 1990 году бросает вызов своим знаменитым вопросом «Сколько у Вас лиц?» председательствующему на съезде Александру Яковлеву

8. Глава государства и Генеральный секретарь партии незадолго до его свержения в результате попытки путча в августе 1991 года

9. Александр Яковлев думает, что он не понял вопрос. Он
просит с раздражением Лебедя:
«Повторите Ваш вопрос!»

10. Александр Лебедь в августе 1991 защищает «Белый
дом» и таким образом действует против путчистов,
которые готовились к штурму

11. Лебедь — командующий 14-й армией, дислоцирующейся в Приднестровской республике

12. Командующий 14-й армией, защитник Приднестровья Александр Лебедь с членами комиссии ООН, дружески настроенной по отношению к Молдове

13. Министр обороны Павел Грачев на пресс-конференции 22.12.1994 года, когда он требует отзыва Лебедя из Молдавии

14. Лебедя с его женой восторженно приветствуют в июне 1993 года в городе Бендеры, который он защитил от нападок Молдовы

15. Лебедь во время его предвыборной кампании в марте 1996 года. Для многих он уже президент

16. Стратеги предвыборной борьбы готовят Лебедя для показа по телевидению и учат принимать позы государственных деятелей

17. Лебедь на предвыборном собрании в Сибири. Май 1996 года

18. 18 июня 1996 года президент Ельцин представляет в Кремле Лебедя как своего советника по вопросам национальной безопасности и как секретаря Совета безопасности

19. Лебедь с новым министром обороны Игорем Родионовым 18.7.1996 года перед его вступлением в должность

20. Лебедь, держа в одной руке документ о своем назначении, отвечает на вопрос журналиста Ельцину, видит ли он в нем, Лебеде, своего преемника: «Спасибо за хороший вопрос!»

21. Ровно через четыре месяца после назначения Лебедя президент Ельцин подписывает перед телекамерой документ о его отставке

22. Август 1996 года: во время своих переговоров с чеченцами Лебедь играет в шахматы, его партнер (слева) — командир мятежников Шамиль Басаев

23. После переговоров с руководителем чеченских сепаратистов Асланом Масхадовым в августе 1996 года уверенный в победе Лебедь держит в руке совместное заявление

24. Сентябрь 1996 года: сидя на депутатской скамье, Лебедь следит за выражением протеста в Думе на его соглашение о мире с чеченцами от 31.8.1996 года

25. Лебедь на пресс-конференции в Чечне в качестве гостя на инаугурации А. Масхадова после избрания того президентом, январь 1997 года

26. Лебедь и его жена Инна в самолете на пути
в Париж, февраль 1997 года

27. Лебедь после своего доклада во Французской
торгово-промышленной палате

28. Лебедь в ноябре 1997 года в Синоде русской православной церкви в Нью-Йорке с ее епископом — первое приглашение Синодом русского политика с 1917 года

29. Лебедь во время своего первого визита в Германию с бывшим президентом Вайцзекером в январе 1997 года

30. Лебедь перед домом, в котором в последнее время жил и умер его идеал, генерал де Голль

31. Лебедь готовится к публичному выступлению

сербов, он отвечает: «В течение нескольких столетий они наши союзники...».

О тогдашнем министре иностранных дел Лебедь говорит прямо: «Козырев защищает все возможные интересы, только не интересы русских. В результате у нас нет друзей, нет врагов, нет союзников. Мы меняем свою позицию в зависимости от случая».

На возражение, что Ельцин остро критиковал Запад за эти бомбардировки, Лебедь отвечает: «Немного побурчал — но Россия уже настолько слаба, что нас еще вежливо слушают, но не реагируют. Запад обращается с Россией как с государством третьего мира. В «семерке» нет места для России, и я не стал бы просить табурет...».

И еще одна рекомендация готова у Лебедя: «Я советую Западу любить Россию, так как если здесь грохнет, то вся Европа станет кладбищем. Россию нужно любить не от любви, а от ненависти. У НАТО хватило бы сил, чтобы отбить стремление бывших восточноевропейских союзников вступить в его союз. Вместо этого он освобождает себе путь к нашей границе через Польшу и Прибалтику. Чем это заканчивается, мы видели в 1939 году. Если НАТО будет продолжать продвигаться, то образуется блок противников: Россия, Украина, Белоруссия, Казахстан, Средняя Азия. Россия могла бы аннулировать существующие договоры о разоружении».

В вопросе, как далеко простирается сфера русских интересов, Лебедь ведет себя как великорусский империалист: «Минимум — государство бывшего Советского Союза. Там живут 25 миллионов русских. С мужчинами обращаются, как с рабами, а с женщинами, как с проститутками...».

Чтобы защитить соотечественников, «России нужно только повернуть газовый кран. Молдавия,

т это точно! И 161 не только Европа,
а весь Мир! Е.Я.№

например, получает уголь и природный газ на сто процентов из России. С людьми мы будем говорить по-человечески, со свиньями — по-свински...».

Наконец, Лебедя спрашивают, хочет ли он восстановить положение России как великой державы силой оружия. Его ответ: «У России есть все, чтобы быть сильной и могучей. 150 миллионов человек и много сырья. Мы должны навести у нас порядок. Через диктатуру закона, чтобы бороться с мафией, преступлениями и коррупцией. От такой демократии, как в Германии или Франции, нас отделяют еще миры. В России есть свобода быть ограбленным и убитым. Больше ничего». После этого Лебедя в западных средствах информации стали представлять как нового Жириновского или Руцкого.

Перед собственными избирателями он расставляет прежде всего внутриполитические акценты. Он говорит об укреплении России и российского государства, «так как у нас исключительная культура и мы должны сохранить ее!». Выступления Лебедя производят особенно большое впечатление на публику, когда он появляется в форме. Ему дается с трудом роль штатского человека и политика. Походка, осанка и манера речи выдают в нем солдата, хотя он и выступает в костюме и галстуке. Уже в начале предвыборной борьбы в сентябре 1995 года Лебедь энергично отвергает упреки в том, что КРО — националистическая организация. В интервью газете «Завтра» от 6 сентября он обрисовывает в общих чертах свою программу и называет КРО «собранием образованных людей без намерений дискриминировать другие культурные слои населения» — существенное отличие от шовинизма, например, Жириновского. Далее Лебедь добавляет: «Что касается концепции безопасности,

Россия должна укреплять свою ударную силу, чтобы суметь дать отпор возможной опасности с Запада, Юга и со стороны Китая». Лебедь повторяет свои опасения относительно расширения НАТО на Восток и обосновывает их выводом, что НАТО смотрит на Россию как на настоящего врага. Россия должна ответить на это усилением своего ядерного потенциала и создать войска быстрого реагирования. При этом Лебедь сожалеет о современном состоянии российской армии, ответственность за которое он возлагает на министра обороны Грачева. Незадолго до этого Лебедь еще отказывался говорить о нем, обосновывая это тем, что у него нет «необходимых знаний по психиатрии». Лебедь, кроме того, бросает упрек ему и другим политикам в том, что они до сих пор еще не отказались от своих привилегий из советских времен (дача, служебная машина, резиденция) — привилегий, которыми Лебедь никогда не пользовался независимо от того, какой пост он занимал. Во многих городах военнослужащие не отваживались прийти на его собрания, так как им это было запрещено министром обороны. Не только запоздалой жаждой мести, но и растущим беспокойством руководствуется министр обороны Грачев в своих попытках хотя бы держать Лебедя подальше от его почитателей в армии. Однако в Туле наряду с гражданским населением Лебедя ожидают и «его офицеры», вопреки распоряжению министра обороны, в полном составе, только — ради безопасности — в штатском.

Вообще ни одна каверза со стороны старых и новых противников не оказывается достаточно эффективной, чтобы помешать дальнейшему восхождению Лебедя. Правда, в начале сентября при опросах на первом месте в военных кругах еще стоит Жириновский, вплотную за ним идет коммунистический лидер Зюганов. Но, по данным российского генерального штаба, Лебедь немного опережает лидера «Яблока» Григория Явлинского. Ниже идут президент Ельцин и премьер-министр Черномырдин, лидер движения «Наш дом — Россия».

Между тем и православная церковь, которая традиционно не хочет иметь никаких дел с политикой, косвенно поддерживает Лебедя. На это указывает приглашение принять участие в конференции «Мораль как основа обновления государства» 25–26 сентября. Здесь Лебедь встречается с некоторыми высокопоставленными деятелями церкви. В своем выступлении он подтверждает намерение способствовать политическому консенсусу всего русского народа, так как Россия была слабой всегда в то время, когда господствовали раздоры или «когда любой русский князь думал только о себе или о своем сыне».

В октябре Лебедь основывает собственное движение под названием «Честь и Родина». На учредительном собрании 14 октября в Москве он поясняет собравшимся генералам и офицерам, что он намеревается создать не политическое движение, а общественную организацию. С ней он хочет подготовить реформу «погубленной армии». Только после реорганизации она может быть достаточно сильной встретить возможные опасности, например, со стороны НАТО в виде «Бури в тайге» (намек на бомбардировки в Сербии и название операции по освобождению Кувейта).

Это не кажется лишь предвыборным тактическим ходом: Лебедь до этого предлагал заслушать в Думе проект закона о социальном обеспечении военнослужащих, но получил отказ. Что касается решения социальных задач, то на пресс-конференции 18 октября Лебедь не исключает сотрудничества с коммунистами — заявление, которое он впоследствии берет назад. Однако он настаивает на том, что не будет вступать в альянс с либералом Гайдаром. Лебедь нападает и на Думу; он называет ее «демократической декорацией», «которая основана на несовершенной конституции».

Публичными заявлениями Лебедя, связанными с интересами армии, за границей стали подпитываться спекуляции, согласно которым он хочет создания военного правительства. При этом западные средства информации ссылаются на сообщения, появлявшиеся в русских газетах, например в «Правде». Незадолго до этого Лебедь дал газете интервью, но редакция исказила его мысль, опустив, между прочим, одно предложение: «Меньше всех мы, профессионалы, хотим войны, так как мы знаем, что это значит». Лебедь снова просит полномочий для одной акции в Чечне и обещает: «Дайте мне один день, и войне конец». Лебедь подчеркивает свою убежденность в том, что армия должна быть не только нейтральной и беспартийной, но и вообще далекой от политики.

Снова Лебедь обращается к своему так называемому идеалу, чилийскому военному диктатору Пиночету — от которого затем отмежевывается, столкнувшись с негативной реакцией. Он пытается освободиться от репутации потенциального военного диктатора: «Единственно общее у меня с ним состоит в том, что он тоже добился принятия в военную школу только с третьего захода...». В другом месте Лебедь, однако, опять вспоминает, что «Пиночет в своей стране навел порядок — а у нас в России его нет». Впрочем, Лебедь ссылается на то, что есть в политике положительные примеры — Эйзенхауэр и де Голль — «оба все же призваны на свои посты гражданскими правительствами», — и первое, что сделал де Голль на посту президента — это окончание войны в Алжире и предоставление ему независимости.

Американская газета «Вашингтон Пост» в номере от 12 октября 1995 года сравнивает Лебедя с главой американского генерального штаба Колином Пауэллом, имеющим хорошие шансы на следующих президентских выборах: «Оба генерала — олицетворение неподкупности в двух мирах, в которых стали сомневаться в морали и целостности натуры политических руководителей».

Лебедь говорит о нем: «Пауэлл знает цену жизни и цену крови. Мы оба, будучи солдатами, ненавидим войну больше, чем все другое… Все войны были начаты людьми, которые никогда не служили в армии, лицами, которые сумели держать подальше от нее своих детей и детей их детей…».

В октябре, за два месяца до выборов в российский парламент, опросы общественного мнения свидетельствуют, что уже 32 процента избирателей поддерживают Лебедя (в сравнении с 23 процентами месяц назад), 23 процента — Зюганова и 22 процента — Явлинского; за ним идет правительственная партия Черномырдина и другие. В это время выходит автобиографическая книга Лебедя «За державу обидно» (название является цитатой из классического русского фильма). Это подробное, местами многословное, но приправленное юмором изображение процесса его становления как военного расширяет известность и популярность генерала и настраивает избирателей еще более скептически по отношению к нынешнему правительству. Лондон-ская «Таймс» в начале осени констатирует: «Запад давно внимательно следит за неотшлифованным бриллиантом российской политики». А американ-ский журнал «Тайм» предсказывает уже в сентяб-ре: «Лебедь может легко обойти демократического лидера Явлинского и ультранационалиста Жири-новского». В данном пункте у большинства наблю-дателей единодушия, правда, меньше, чем по воп-росу, будет ли это «опасным для Запада». Журнал «Экономист», например, спрашивает обеспокоенно: «Что за президент может выйти из Лебедя?», что-бы сразу же предположить: «Пожалуй, только тот, который опасен для Запада».

Однако именно в США руководящие круги уже после решительного поведения Лебедя в Мол-давии ставят на него и отвернулись от Грачева, который считается поджигателем войны в Чечне. В их глазах, вероятно, только Лебедь в состоянии держать под контролем российскую армию и, та-ким образом, она не представляет опасности. Ле-бедю уделяется все возрастающее внимание за границей, его все чаще туда приглашают: в уни-верситет в Нью-Йорке, в колледж, за счет «Дже-нерал Электрик» в институт исследования России Кеннана в Вашингтоне, на конференцию по теме «Россия сегодня» в Мадриде и т.д. Лебедь бла-годарит и отказывается: он не хочет совершить ошибку Горбачева — ездить по зарубежным стра-нам, вместо того чтобы узнать собственную страну.

Правительство Ельцина встревожено таким взле-том Лебедя. Его выступления по телевидению ли-митируются, пресса подвергается цензуре. В это время намечается трещина и в предвыборном тан-деме Скоков–Лебедь. Некоторые предвыборные поездки от имени КРО Скоков и Лебедь совершают не вместе. Наблюдатели рассуждают: «Если два единомышленника близко подходят к власти, то она их рассорит, прежде чем они ее завоюют». Другие смотрят на это более прозаично: Скоков использовал Лебедя только до тех пор, пока он и КРО имели от этого выгоду — а теперь, когда Лебедь обошел его по популярности, Скоков хочет уменьшить амбиции соперника.

Давно ходят спекулятивные слухи о будущем Лебедя в связи с предстоящим в середине декабря избранием его в Думу. Уже 14 ноября газета «Московский комсомолец» делает об этом предположения, суть которых заключена в заголовке: «Где проведут зиму грачи? Корм для лебедя уже приготовлен». Для средств массовой информации, следовательно, не является неожиданностью, что Лебедь «не исключает», что выставит свою кандидатуру на президентских выборах 1996 года при соответствующих результатах выборов КРО в декабре. В то же время он говорит о том, что Ельцин может отодвинуть срок президентских выборов: «К нему много претензий, и теперь он боится, что должен за это держать ответ и что проиграет на выборах».

В другом случае Лебедь, правда, признает, что проблемы Ельцина состоят в значительной мере из наследия прошлого. «Михаил Сергеевич (Горбачев), какое наследство Вы оставили нашему президенту?» — спрашивает он в одном из своих выступлений.

В этом «наследстве» содержится не только распад Советского Союза с его социальными последствиями, но и война в Чечне, так как ее корни лежат в неспособности Горбачева найти политическое решение во время заявлений о независимости.

30 ноября Лебедь публикует во «Франкфуртер Альгемайне» статью под названием «В России должны править патриоты». В ней он излагает свою позицию по различным вопросам и пытается дать свое представление о «патриотическом руководстве». При этом Лебедь исходит из тезиса, что в XXI веке произойдет новый передел мира, и Россией с ее богатствами кто-то пожелает завладеть. Прежде всего он требует в том случае, если НАТО придвинется ближе к российским границам, нового оборонительного союза, затем отказа от прежних соглашений и осознания ядерной опасности в прошлом. Помимо этого Лебедь видит в усилении ислама, передовая линия фронта которого проходит по Чечне, еще одну угрозу с юго-востока. А на востоке находится Китай, население которого, по прогнозу, возрастет до 1,6 миллиарда человек, и для него территория будет слишком мала.

Для борьбы с этими опасностями Лебедь хочет составить программу безопасности. Армия должна снова стать морально и физически боеготовой. В общем, нужна более адекватная система дислокации и четкое взаимодействие между министерствами обороны и внутренних дел, а также Советом безопасности.

И тяжелые экологические проблемы в России Лебедь не упускает из вида. Более того, он считает, что ее территорию нужно рассматривать «на одну треть как экологически неблагоприятный район».

Основное требование Лебедя состоит в возвращении самостоятельности в продовольственном секторе, так как только при этом условии Россия «в любом случае» способна выжить. Но здесь производство в настоящее время сокращено сильнее, чем даже во время второй мировой войны. Лебедь называет тот факт, что большая часть товаров народного потребления импортируется в Россию, признаком «профессионально ведущейся экономической войны». В этой связи он критикует и распродажу отечественной горнодобывающей промышленности путем передачи большинства акций иностранным компаниям. К потенциальному богатству России Лебедь относит и те три—пять миллиардов долларов, которые принадлежат России, но которые в 1917 году были сразу после революции депонированы за границей.

Преступность и коррупцию Лебедь видит взаимосвязанными. Наказания преступников, использующих самые современные технические средства, больше не должны предотвращаться при помощи взяток. Условием этого является адекватное жалованье работников правозащитных органов.

В заключение Лебедь рассматривает необходимую экономическую реформу также в аспекте трудовой морали. Речь идет о том, чтобы вернуть людям веру в достойную жизнь.

В середине декабря, непосредственно перед парламентскими выборами, «Аргументы и факты» публикуют блиц-опрос с краткими ответами Жириновского, Гайдара и Лебедя. Вот отрывок из него:

«Ваш девиз?

Жириновский: Закон — свобода — Либерально-демократическая партия России;

Гайдар: Бороться и искать, найти и не сдаваться;

Лебедь: Честь и Родина.

Какому политическому образу Вы хотите следовать?

Лебедь: Слушаю всех, свои решения принимаю сам.

Ваш любимый вид спорта?
Жириновский: Футбол, волейбол, хоккей;
Гайдар: Шахматы;
Лебедь: Бокс».

На вопрос о любимой музыке Лебедь, единственный из опрошенных, называет русские народные песни.

На вопрос о «программе 5 предложений» Лебедь отвечает: «Социально ориентированная рыночная экономика — высокий жизненный уровень и благополучие людей — социальный мир и порядок — строгое соблюдение закона — добросовестное отношение к традициям, духовным и культурным ценностям».

Семнадцатое декабря 1995 года показывает настроение избирателей: разочарование широких кругов в политике реформ, застрявших в социальной катастрофе. Результаты голосования: 42 процента получили коммунисты и близкие им движения, 26 процентов — все реформаторские партии вместе взятые, 11 процентов — националисты Жириновского, 6,9 процента — движение Явлинского. КРО разделяет судьбу восемнадцати других партий, списков и мелких групп, не преодолевших пятипроцентный барьер. Он набирает 4,1 процента, но получает мандаты в округах, причем Лебедь получает максимальное количество голосов. Таким образом, Лебедь заблуждался, когда предсказывал КРО 15 — 20 процентов голосов. Его первая реакция: «Подтасовка при подсчете!». Он сначала отказывается признавать результат: «Я не возьму назад свои слова, пока не проверю, нет ли ошибки в результате — явно, речь идет о подтасовке результатов выборов». Однако скоро и Лебедь примиряется с тем, что нельзя изменить. Все же его движение достигает большего, чем другие, не преодолевшие пятипроцентный барьер, а именно: пять депутатских мандатов. Лично для Лебедя это все относительно неважно: он как независимый кандидат от своего избирательного округа в Туле добился блестящего успеха, опередил многих соперников, получив вдвое больше голосов, чем мэр города.

28 декабря Лебедь выставляет свою кандидатуру на пост президента. Выборы состоятся в июне 1996 года. В январе Лебедь входит в думский комитет по обороне, а также вступает в группу «Народовластие», близкую к коммунистам.

Что касается программы Лебедя, этот вопрос остается пока открытым. Из результатов выборов он должен сделать следующие выводы для своей собственной предвыборной кампании:

— большая часть населения чувствует себя беспомощной после аннулирования государственной системы, которая руководила всеми сферами жизни;

— коммунистическая партия имеет в своем распоряжении старую организационную структуру, которая облегчает ей предвыборную кампанию, хотя ее первый кандидат Геннадий Зюганов производит впечатление бесцветной личности;

— коммунисты смогли — не только потому, что их лидер пришел из «Фронта национального спасения» — привлечь на свою сторону многих избирателей, голосовавших за Жириновского. Своим первым ошеломляющим успехом год назад он обязан тому, что объявил о защите интересов русских, униженных и находящихся в состоянии депрессии из-за распада СССР. Им Зюганов кажется теперь более серьезным выразителем их интересов. Итог: главным являются существование и национальное самосознание.

Лебедь вполне разделяет некоторые исходные положения российских коммунистов: держать под контролем государства важные секторы, например, экспорт сырья. Доходы должны доставаться собственной стране, а не переводиться на счета в западных банках. Лебедь также понимает, что нельзя бросать на произвол судьбы людей, которые в течение десятилетий привыкли жить хотя и по-спартански, но с уверенностью в завтрашнем днем. К тому же еще безработица вместо бывшей раньше — искусственно поддерживаемой — полной занятости. Она возникла в результате остановки большинства заводов и фабрик страны.

Лебедь уже второй раз выступает в Думе с предложением о принятии закона о социальном обеспечении уволенных офицеров. Теперь он говорит и о других общественных группах, брошенных на произвол судьбы. В то же время он хочет посодействовать свободному предпринимательству и у него есть единомышленники в партиях реформаторов и среди экономистов. Именно в этом он видит возможность возникновения сильного среднего класса общества.

Во время официального выдвижения кандидатуры на пост президента 11 января 1996 года Лебедь заявляет: «Жесткий, но порядочный человек, не кинозвезда с голливудской улыбкой выведет Россию из этого кризиса — а кто лучше солдата знает, что такое порядок и как его создать?». Лебедь как бы предупреждает те государства, которые, по его мнению, действуют против интересов безопасности России. Он не исключает применения силы по отношению к балтийским республикам, если они вступят в НАТО.

Итак, он не хочет «ни застоя ортодоксального социализма, ни явлений упадка капитализма, а, как и большинство русских, — русского пути развития». Является ли Лебедь «прагматичным националистом», симпатизирует ли он тем, кто испытывает ностальгию по могучему Советскому Союзу и одновременно защищает рыночную экономику, — его призыв к восстановлению порядка в стране нравится всем.

С началом предвыборной борьбы за пост президента заканчиваются его отношения со Скоковым, председателем КРО. Создается впечатление, что Скоков использовал Лебедя на определенном этапе, а теперь хочет освободиться от духа, которого вызвал. В этом у Скокова есть единомышленник — президент Ельцин. Президент в феврале заявил о выдвижении своей кандидатуры на второй срок, чтобы обеспечить продолжение «программы реформ». Скоков сообщает Лебедю, что тот больше не может рассчитывать на финансовую поддержку в предвыборной борьбе. Лебедя с его штабом выбрасывают на улицу из совместного бюро на Новом Арбате.

Но и без этого Лебедю удается собрать намного больше необходимого миллиона подписей для внесения в список кандидатов. Он официально благодарит КРО за оказанную поддержку и заявляет, что начинает борьбу «без этого жернова на шее». Впоследствии КРО продолжает поддерживать Лебедя, по крайней мере, на словах. В том же месяце Лебедь уходит из фракции «Народовластие», так как ее лидер Николай Рыжков от имени левой оппозиции обещал поддержку лидеру коммунистов Геннадию Зюганову. Лебедь объявляет, что хочет остаться нейтральным.

Зато он обеспечивает себе сторонников среди избирателей, которые выступают за реформы. Еще в феврале он принимает участие в создании движения «Третьей силы» — коалиции из депутатов Думы, которые не поддерживают ни Ельцина, ни Зюганова. Григорий Явлинский предлагает альянс движения «Яблоко», партии Егора Гайдара «Демократический выбор России» и КРО. Название «Яблоко», между прочим, возникло из имен трех основателей — Григория Явлинского, Юрия Болдырева и Владимира Лукина — политиков, интеллектуальных ученых-экономистов демократического центра. Лебедь, однако, не входит ни в какие альянсы, а ограничивается поддержкой одной программы или одной идеи. Все же большинство депутатов IX съезда Демократической партии России объявляет 13 марта 1996 года о поддержке кандидатуры Лебедя. Резолюция призывает «все здоровые и конструктивные силы демократической ориентации поддержать кандидата, который в состоянии остановить распад общества на различные враждебно настроенные друг к другу классы и осуществить программу национального развития».

Лебедь выступает на собрании с предложением возродить «антикризисный штаб Президента Российской Федерации», который должен взять на себя решение самых важных экономических проблем «цивилизованным образом». Два дня спустя Лебедь с Явлинским и Святославом Федоровым выступает в Думе с совместным заявлением по этому кругу вопросов.

В интервью и предвыборных выступлениях Лебедь концентрируется на двух главных направлениях: «навести в стране порядок» (не в последнюю очередь подразумевается борьба с преступностью и коррупцией) и закончить войну в Чечне. «До настоящего времени уже погибло 70 000 человек, однако кто-то очень хорошо зарабатывает на этой войне, и поэтому она продолжается». Много раз Лебедь умоляет депутатов Думы: «Дайте мне полномочия, и я положу конец этой войне!».

18 марта Лебедь дает интервью немецкому журналу «Фокус», и компрометирующая информация попадает за границу:

«Может ли Ельцин окончить войну с Чечней до выборов?»

«Нет».

«Почему нет?»

«Потому что существуют мафиозные разборки на государственном уровне. В них замешаны руководящие лица из России и Чечни. Партия не закончена. Пока нынешнее правительство у власти, кровь будет продолжать литься».

«Могла бы быть полезной отставка министра обороны?»

«С отставкой уже опоздали. Это как в известном анекдоте о борделе тети Сони в Одессе. Когда дела идут плохо, нужно менять проституток».

«Возможно ли быстрое военное решение?»

«Нет. Корни войны — экономические. Нужно их обрубить, тогда война иссякнет. Они лежат в Москве».

«Где?»

«В России появилась зона, через которую контрабандой перевозятся наркотики, оружие и нефть. Черная дыра, через которую зарабатываются бешеные деньги вначале с помощью фальшивых авизо, а теперь за счет средств, предназначенных для восстановления Чечни».

«Кого вы подразумеваете под этим?»

«Правительственные круги».

«Почему еще не арестованы ни Дудаев, ни Басаев?»

«У Дудаева в Швейцарии и Великобритании лежат документы, которые дискредитируют лица в правительстве России и могут привести их на скамью подсудимых».

То, что война в Чечне будет темой предвыборной борьбы, Лебедь правильно понял. Один из опросов, проведенных в марте, показал, что больше трети населения России выступает за политическое решение — вывод российских войск и признание независимости Чечни; более или менее решительно не согласных с этим около одной пятой. Крупномасштабные террористические акты и захват заложников, как, например, в Буденновске, еще предстоят.

Президент Ельцин учитывает это обстоятельство в телеобращении 31 марта 1996 года. Он говорит о двух комиссиях для урегулирования кризиса, разработавших программу, одобренную Советом безопасности. В ней объявляется временное прекращение огня 31 марта 1996 года с 12 часов ночи. После этого запланирован постепенный отход войск до административных границ. Параллельно руководителями Чечни создается расширенная зона безопасности и мира. Террористические акты, конечно, недопустимы и будут караться соответствующими мерами. Предусмотрена подготовка свободных парламентских выборов в Чечне. Этот процесс будет увенчан договором, который урегулирует вопросы компетенции между Российской Федераций и Чеченской республикой. «Особенности статуса Чеченской республики» должны быть выяснены «в ближайшие месяцы». Программа правительства предусматривает также радикальные изменения финансовой помощи Чечне, так как «средства сегодня часто не попадают в руки тех, кто в них больше всего нуждается».

Президент пытается лишить своих противников возможности действовать. Но причины конфликта, указанные Лебедем, не может устранить и правительственная комиссия, члены которой сами представляют различные интересы. Таким образом, и объявленное временное прекращение огня кажется скорее лечением симптома, а не самой болезни. По вопросу о статусе Ельцин не принимает никакого решения «в ближайшие месяцы».

Кажется, в своих предвыборных выступлениях Лебедь затрагивает больное место президента, и постепенно прямо или косвенно к нему начинают поступать предложения из Кремля.

12 марта представитель правительства предложил Лебедю возглавить группу, которая занимается возвращением имущества, нелегально вывезенного за границу. Попытка убить нескольких зайцев одним ударом: бюджет извлек бы пользу, Ельцин смог бы собрать голоса левых партий, а Лебедь выбыл бы как соперник из предвыборной гонки.

Две недели спустя Лебедь публично дает ответ на это. Он сам предлагает учредить группу, подчиненную президенту, для возвращения нелегально вывезенного капитала. И поясняет: «Если я проиграю выборы, я сам буду руководить группой. Если я выиграю, то возьму для этого кого-нибудь другого».

Он называет сумму, которая должна быть возвращена, — 400 миллиардов американских долларов. Тем, кто нелегально вывез капитал, должна быть гарантирована амнистия, чтобы побудить их вернуть его обратно. Возвращение как минимум половины нелегально переведенного капитала из-за границы и его инвестирование в российские предприятия будет вознаграждено легализацией всего капитала. На расспросы Лебедь отвечает, что идея принадлежит не ему, а «разработана банкирами и спецслужбами».

В конце марта Лебедь вместе с Явлинским и Федоровым — тоже кандидатами на пост президента — предлагают альтернативу СНГ, а тем самым и «возвращение бывшей советской территории мирными средствами». Они берут за образец Европейский Союз, предусматривая создание надгосударственного банка и торгово-промышленной палаты по координации предпринимательской активности. Для этого должна появиться единая валюта СНГ и таможенный союз. Свободный выбор работы и т.д., введение гармоничного образования, общая защита границ были бы дальнейшими этапами на пути к содружеству государств, по мнению трех кандидатов.

В марте к Лебедю приходит Борис Березовский. Он предлагает свою поддержку «в интересах свободной экономики и предпринимательства», за которые выступает Лебедь. Эта поддержка должна рассматриваться как попытка помешать победе кандидата от коммунистов. Березовский ни на мгновение не верит в победу Лебедя, но ему достаточно того, что Лебедь оттянет у коммунистов голоса, чем поможет избранию Ельцина. Позже станет известно и о поддержке его Ельциным.

Лебедю не нужно ни в чем отказываться от своей позиции. Зато он может теперь нанять профессиональных советников, психологов и стратегов рекламы.

Следующий этап для Лебедя был очень трудным. Костюмы, галстуки, стрижка — ничто не остается без внимания. Военный должен превратиться в политика, которому можно доверить самый высокий пост в государстве. Перед видеокамерами отрабатываются мимика, осанка и походка для видеоклипов. Лебедь в кабинете и на природе — например, посреди поля гречихи. Лебедь на смотровой площадке Воробьевых гор — на фоне Московского университета, взгляд устремлен на город.

«Не так натянуто, свободнее!» — умоляет психолог, когда Лебедь позирует. Лебедь идет по аллее: «Не маршировать так воинственно — раз-два! Штатская походка, пожалуйста!». Он начинает произносить фразу, но специалист по постановке речи прерывает его: «Никакого командного тона и поменьше угрожающего выражения, пожалуйста!». «Поза государственного деятеля, свободнее жесты!» — доносится от стратега по рекламе. В общем, Лебедь отдал себя в руки укротителей для представлений в политическом цирке.

В команде Лебедя есть один молодой человек, Владимир Титов, выпускник авиационного института. Он работал в космической промышленности, прежде чем стал профессиональным публицистом. С Лебедем познакомился в 1995 году. Он тогда написал для одного военного журнала статью и дал ее Лебедю для проверки. Впоследствии пишет тексты выступлений Лебедя перед публикой в своей стране и за рубежом.

Титов обрисовывает личность Лебедя так: «Он вызвал у меня смешанные чувства своим выступлением на съезде КРО. Мне не понравились его некоторые высказывания — я вспоминал «Братьев Карамазовых» Достоевского. Кроме того, казалось, он повторяет самого себя. Он говорил слово в слово то, что написал в заключительной главе своей книги «За державу обидно». Позже я разработал концепцию его выступлений перед представителями средств массовой информации. Она Лебедю понравилась. Он попросил меня сделать наброски речи на пресс-конференции, в которой он сообщает о выдвижении своей кандидатуры на пост президента. Она прошла удачно — и он предложил мне постоянно работать для него. Я писал речи для выступлений перед разной публикой — прессой, банкирами, иностранными дипломатами и подготавливал его самого к выступлениям и возможным вопросам. Он относился к этому серьезно и основательно работал над этим. Ему помогает его способность быстро схватывать самое существенное.

Что ему нравилось во мне? Возможно, мой интеллект и тот факт, что могу осуществлять мои намерения в отношении других. О дружбе все же не могло быть и речи — не только потому, что он на десять лет старше и совсем другого замеса. Он замкнут и никому не открывается легко. О его поведении в тот год могу сказать: Лебедь не изменился по сравнению с прежними временами. Он лишь избежал опасности казаться непогрешимым из-за покорности своего окружения. Но его горизонт в тот год сильно изменился. Популярный, но провинциальный генерал превратился в деятеля, который утратил политическую наивность. Достиг ли он благодаря этому политической мудрости, я не могу сказать. Научился ли он расширять свой горизонт? Говорят, позже он учился вести дела. В начале кампании у него для этого не было времени. Что касается его компетенции, он действует, по моему мнению, как парашютист-десантник: сначала только удачно приземлиться и добраться до места назначения, а потом уже наземные войска придут на помощь и обеспечат победу. И со своими подчиненными генерал ведет себя традиционно по-армейски. Он старается всегда быть строгим, но справедливым. Быть строгим удается ему всегда, справедливым далеко нет. А его отношение к женщинам? Их присутствие делает его неуверенным, так как он абсолютный сторонник моногамии. Хотя нельзя сказать, что ему неприятно, например, разговаривать с хорошенькими журналистками, но при этом он держится не свободно, а скорее скованно. За мою работу генерал, между прочим, меня никогда не благодарил. Я думаю, что у него для этого не было времени...».

Привлекательная, естественная, с обаятельной улыбкой жена Лебедя Инна сопровождает мужа почти во всех его предвыборных поездках. Со своими живыми карими глазами и длинными темно-рыжими волосами, высоко заколотыми в свободный узел, нежная русская женщина является контрастом суровой личности Александра Лебедя. Ни в одном интервью она не позволяет подвести себя к политической теме и отвечает на каверзные вопросы большей частью с юмором, непринужденно, но осторожно.

Пока не ясно, оттянет ли Лебедь — как думает Березовский — голоса у коммунистов Зюганова и этим спасти Ельцина или, наоборот, привлечет из демократического лагеря к себе так много голосов, что помешает Ельцину одержать победу.

Министра обороны Грачева не трогают такие размышления, и он продолжает свою линию в отношении Лебедя. Так, например, московский военный госпиталь, по решению министерства обороны, не может принять современное хирургическое оборудование, которое Лебедь хочет передать ему в дар от движения «Честь и Родина». Позже в Ростове-на-Дону, цитадели не только казаков, но и сторонников Лебедя, ему не позволяют выступить при освящении памятника погибшим в Афганистане солдатам и другим жертвам войны. Организаторы, запуганные Москвой, не рискнули дать слово Лебедю. Он лишь поприсутствовал на церемонии.

Лебедь принимает участие — как и многочисленные лидеры оппозиции и другие кандидаты в президенты — в большой манифестации против войны в Чечне на Пушкинской площади в Москве. В выступлении в апреле он уточняет свое представление о том, как снова сделать вооруженные силы боеспособными. При этом он предлагает сокращение армии, которая состоит из более чем 90 дивизий, недостаточно вооруженных и далеко не боеспособных.

«России нужны сейчас только 15 полностью укомплектованных танковых и пехотных дивизий, дополненных пятью-шестью авиационными бригадами плюс пятнадцать резервных дивизий. Военно-воздушные силы можно отныне сократить с 6 000 самолетов до 1 000. Маленькие, но хорошо вооруженные части были бы эффективнее и их легче содержать», — заключает Лебедь.

Когда американский президент Билл Клинтон посещает Москву, Лебедя приглашают, наряду с другими кандидатами на пост президента и лидерами оппозиции, на встречу в резиденцию американского посольства. При этом посол задает русским гостям наводящий вопрос: «Я предполагаю, что вы все против расширения НАТО на Восток, господа?». На что Лебедь, единственный, к всеобщему удивлению отвечает: «Я нет!».

Сразу же он объясняет, что он не против существования такого плана, а против заложенного в нем недоверия к России. И из этого он делает вывод, что Россия должна укрепляться, чтобы опровергнуть это недоверие.

Лебедь получает подтверждение, что он внесен в список кандидатов на пост президента, поскольку представил 1,9 миллиона подписей. Еще шесть недель до выборов. На финише учащаются попытки соблазнить его каким-нибудь предложением и исключить как соперника из предвыборной борьбы. 2 мая президент Ельцин приглашает Лебедя для беседы в Кремль. В беседе, как официально объявлено, обсуждаются «перспективы развития будущей политической ситуации в стране». В действительности Ельцин предлагает Лебедю пост министра обороны, если он выйдет из предвыборной борьбы. Таким образом, он освободился бы от Лебедя как соперника и мог бы уволить Грачева, свалив ответственность за войну в Чечне на бывшего министра. Появляются слухи, что Грачева должны перевести на место заболевшего Лобова в Совет безопасности. Однако оттуда сразу же приходит четкое «Нет».

А Лебедь? Он метит высоко: он самоуверенно заявляет президенту, что представляет себя на посту вице-президента. Эту должность Ельцин отменил после печального опыта с Руцким и, кажется, не склонен ставить Лебедя между собой и премьер-министром Черномырдиным. Однако к министерству обороны Лебедь проявляет мало интереса. Впрочем, он говорит, что его нужно «сначала очистить от пятнадцати коррумпированных генералов», прежде чем он об этом подумает.

Официально Лебедь отрицает слухи об этом предложении. Однако во время выступления в Астрахани Ельцин позволил себе намекнуть, что надеется «привлечь в штаб тройку Явлинского,

Лебедя и Федорова». Лебедь отвечает резкими словами на подобные заявления: «Я не продаюсь за пост! Кроме того: министр обороны — чиновник, а я не гожусь в чиновники. У меня есть офицерская честь. Армия не признала бы министра, который выиграл свой пост в политическом казино!».

Слухи и заявления только еще больше повышают «рыночную стоимость» Лебедя. 11 мая он встречается с группой самых богатых предпринимателей и банкиров: президентом «ЛОГОВАЗа», Борисом Березовским, известным своими связями с мафией, президентом Столичного банка Александром Смоленским, президентом Мост-банка Владимиром Гусинским, директором банка «Менатеп» Михаилом Ходорковским и другими. Контакты с некоторыми из участников встречи позже будут для Лебедя компрометирующими.

15 мая — месяц до президентских выборов — оказывается днем возможных коалиций для Лебедя. «Третья сила» не сдерживает своих обещаний. С «Единством» тоже порвана связь. Каждый хочет быть первым в коалиции. За неделю до этого Лебедь намекнул, что Явлинский и Федоров настоятельно рекомендовали ему отказаться от выставления отдельной кандидатуры. Однако это не для него. После этого Лебедю пришлось подумать об альтернативе. Она представляется обоим другим кандидатам как одна из трех кандидатур. Это Лебедь тоже решительно отклоняет: «Это был бы странный монстр: трехголовый извергающий огонь дракон — неспособный продвигаться в одном направлении».

15 мая Лебедь получает от бывшего президента СССР и генерального секретаря КПСС Михаила Горбачева письмо с приглашением к беседе, в которой речь должна пойти о создании «Союза

четырех» (Горбачев — Явлинский — Федоров — Лебедь). Лебедь в своем немедленном ответе не делает тайны из того, что он думает об этом и о Горбачеве: «Под Вашим знаменем я воевал. Этого для меня достаточно. Вы меня не интересуете. Пожалуйста, оставьте меня в покое. А. Лебедь».

Предложения об альянсах делают и другие кандидаты через средства массовой информации. Так, после Явлинского и Горбачева и Владимир Жириновский ищет альянса. Не думая о различных предвыборных программах и позициях, 29 мая он предлагает коммунисту Геннадию Зюганову объединиться с ним и Лебедем. По его концепции Зюганов будет президентом, себя он видит премьером, а Лебедя — министром обороны. «У Зюганова еще есть время броситься на колени передо мной и Лебедем», — говорит Жириновский самоуверенно.

Ответ Лебедя звучит категорично: «Объединение с Жириновским и / или Зюгановым для меня абсолютно неприемлемо».

Остается еще Зюганов — которому это, пожалуй, меньше всего нужно. 5 июня во время предвыборной поездки по Сибири он выражает «желание» в случае избрания его главой государства «видеть в команде правительства народного доверия политические личности, которые относятся к «третьей силе». Он уточняет, что имеет в виду Григория Явлинского, Святослава Федорова и Александра Лебедя: «Мы полагаем, что за ними стоят реальные силы; их отличает уважение к своей родине и желание помочь ей. Никто не должен бояться, что мы стремимся руководить только сами...».

Между тем Борис Немцов, удачливый Нижегородский губернатор, публично призвал президента Ельцина к предвыборному альянсу с Александром

Лебедем. Такой альянс проложил бы путь к союзу между Ельциным и лидером «Яблока» Явлинским. Немцов при этом поясняет, что он боится не главного конкурента Ельцина Геннадия Зюганова, «так как он такой бесцветный, что даже не может объяснить свою собственную программу без помощи ассистентов», а те силы, которые стоят за Зюгановым. Ельцин снова хватается за эту идею. Лебедь после встречи с ним ведет себя замкнуто и не высказывает своего мнения о слухах по поводу этой договоренности. Явлинский многозначительно намекает, что альянс Ельцин — Лебедь «не исключен» и предстоят еще «некоторые сюрпризы». Между тем Федоров ворчит, что Лебедь «конечно, порядочный военный и умный человек, но не годится для руководства такой большой страной» и что «генералы должны заниматься своими собственными делами, а не политикой... Тот факт, что Лебедь несколько раз прыгал с парашютом, не дает ему еще права давать советы экономистам...». Сам Федоров, между прочим, по специальности офтальмолог.

Экономическая программа Лебедя в действительности принадлежит Виталию Найшулу из института национальной экономики. Его проект оздоровления экономики и социальных структур — основная часть предвыборной программы Лебедя, и он представляет ее не только на своих предвыборных мероприятиях. Там его, как и раньше, поддерживает КРО, который 26 мая объявил себя «политической партией» под названием «Русская народная партия». Ее лидер Сергей Глазьев (Скоков и КРО отделились) рассматривается Лебедем в случае его победы на выборах в роли премьер-министра.

Со своей программой Лебедь выступает и перед представителями других платформ, где он хочет показать себя выразителем интересов всего народа. Так, на собрании Демократической партии России, посвященном ее шестой годовщине, 30 мая он еще раз подводит итоги: «Я не либерал, хотя я выступаю против власти бюрократии и ее коррумпированности. И не консерватор, хотя я хочу посадить в тюрьму воров и убийц. И не националист, хотя я стихи Пушкина и русские народные песни люблю больше, чем американскую жевательную резинку. Еще я социалист только потому, что я требую бесплатного школьного образования и медицинского обеспечения для всех, а также пенсий для пожилых людей. Я хочу бороться с обманом в государстве, где богатые увиливают от налогов, другие не выплачивают кредиты, на предприятиях не выдается зарплата. Здесь каждый делает то, что хочет, и демократию перепутали с анархией.

Я хочу бороться с преступностью. Обычно это дело министра внутренних дел. Но здесь нужно раскрыть целую сеть, и только потом высветится, что преступление стало совершенно обычным делом. Я хочу разбить рынок коррупции. Для этого нужно уменьшить возможности бюрократов воровать и обогащаться. Наши чиновники создали свой собственный продажный рынок. Нам нужно более гибкое государство с меньшим количеством чиновников, но это должны быть высокопрофессиональные чиновники, задачи которых четко определены, и они менее подвержены коррупции благодаря соответствующей зарплате.

Я хочу позаботиться о том, чтобы соблюдались простые жизненные правила. Если начальник не платит своим сотрудникам, он должен отвечать перед законом. Свой отпуск он может провести в тюрьме. Каждый должен нести за себя ответственность.

Я хочу начать реформы, которые четко определены в том, что должно быть достигнуто в начале этих реформ и в конце...».

Во время выступления в Челябинске Лебедь добавляет к этой программе еще несколько популистских штрихов: к его приоритетам относятся сохранение единства страны и пополнение государственной казны. Кроме того, вопрос о частной собственности на землю должен решаться с помощью референдума. «Колониальной экономической структуре России» он, Лебедь, положит конец, понизив налоги с предпринимателей и уменьшив всесилие чиновников. Вообще чиновники полностью ответственны за убожество России. Они заставили предпринимателей платить им за все (например, за лицензии на экспорт, кредиты или налоговые льготные условия) и обогащаются таким путем. Главным потерпевшим является государство.

«Раньше, при Брежневе, наша нефть и природный газ продавались, а за доллары, полученные от продажи нефти, мы строили ракеты. Теперь мы продаем нефть и газ и можем за это разве что купить себе плитку шоколада».

Другой темой, которую Лебедь никогда не забывает, является, конечно, Чечня. При этом он предлагает несколько решений проблемы. Россия должна отвести свои вооруженные силы к границам республики 1956 года. Население может само определить свое будущее. Однако сначала нужно провести судебное расследование, чтобы выяснить, «кто довел страну до такого состояния». «До сих пор там погибли уже 70 000 человек, и республике нанесен большой ущерб, — говорит Лебедь. — И при этом еще некоторые люди обогащаются за счет нефтеперерабатывающей промышленности в

Грозном и средств, выделенных на восстановление Чечни. Прежде чем посылать войска, нужно было хорошо подумать над этим. Но уж если это сделано, то они должны воевать до конца, а не только от случая к случаю. Этот принцип уже трижды был нарушен: 26.11.1994 г., летом 1995 года и этой весной».

В пестрых листовках, выпускаемых штабом Лебедя, он обещает порядок и выдвигает еще одно популистское требование: «В Чечне должна воевать только одна воинская часть: сыновья кремлевских руководителей!». Такие сильные слова он увенчивает девизом: «Только слабые политики ведут войны. Сильные не позволяют доводить до этого».

Наблюдатели рассматривают не как случайность, что президент Ельцин именно в последние дни мая приходит к убеждению, что нужно установить еще одно перемирие в Чечне. Оно вступает в силу 1 июня в полночь — и не соблюдается!

Еще две недели остается до дня выборов, 16 июня 1996 года. У Лебедя меньше возможностей, чем у президента Ельцина и его самого главного конкурента Зюганова, представить свою программу в средствах массовой информации. Правительство контролирует несколько сот газет и российское телевидение, коммунисты имеют в своем распоряжении около ста пятидесяти газет и основанную ими сеть коммуникаций.

Лебедя на некоторое время вообще лишили выступлений по телевидению. Лишь короткие оплаченные видеоклипы, которые показывают его как сильного человека, ликвидирующего коррупцию и преступность, мелькают на телеэкранах. Но когда в последние дни перед выборами Лебедю вдруг предоставляется время на телевидении для большого интервью, наблюдатели догадываются: Лебедь и Ельцин объединились.

Незадолго до дня выборов Лебедь показывает, что он спокоен. Такое впечатление, во всяком случае, производит он на одного журналиста, разыскавшего его дома: «В своей квартире на Рублевском шоссе генерал Лебедь принимает неофициально — в тренировочном костюме и тенниске. Между двумя предвыборными мероприятиями в провинции он находит немного времени для отдыха. «Никаких интервью, только дискуссия между друзьями», — определяет он направление беседы. Его глубокий бас подчеркивает право на авторитет.

Несмотря на высокие посты, которые он занимал в армии, его квартира скромна, как большинство квартир москвичей. Несколько ковров на стенах и обычная мебель, расшитые золотыми нитями шторы и редкие книги. Сервируется легкий ужин, генерал со спокойной улыбкой предлагает напитки: «Кофе? Водка? Угощайтесь, я не пью».

Ему явно доставляет удовольствие удивление гостя, который привык к другим обычаям в России: «25 декабря 1993 года я решил больше не пить — и придерживаюсь этого». Дата, по-видимому, была связана с какой-то причиной, кажется, речь идет о «личной тайне». «Скажем так: мне надоели пьянки и абсурдные решения, которые принимаются во время этих пьянок».

Беседа продолжается, генерал «приводит в порядок» мир и Россию, шутит, спрашивает и комментирует. Но только когда затрагивается военная тема, он действительно оживает. Он посвящает слушателя в детали формирования бригад, дивизий и других армейских частей, чему он отдал 25 лет жизни. Жена мягко прерывает его время от времени: «Саша, это все не интересует твоего гостя». Тогда генерал останавливается, удивленный, и ищет опровержения в моих глазах: неужели можно не интересоваться тем, что составляет мощь России? И переходит к геополитическим делам. «XXI век, — считает он, — приведет к ревизии границ в Европе». Украинцам и прибалтийцам он рекомендует поупражняться в поведении, соответствующем условиям XXI века. Звучит немного тревожно, но тон речи честный и даже теплый.

Это необычное сочетание выдает одновременно силу и слабость его личности. Честность, доходящая до наивности, до такой степени русский, что не понимает взглядов иностранца, он представляется разочарованным своими руководителями и мечтает о величии, чтобы отомстить им. Александр Лебедь — великий генерал, который верит в то, что его страну еще можно спасти, поэтому он вступает в борьбу на президентских выборах. Уходя от него поздно ночью и спускаясь в грохочущем лифте, спрашиваю себя, а не мечтает ли генерал снова надеть форму, чтобы наконец служить президенту, который достоин его?».

16 июня состоялись выборы президента. В них приняли участие 70 процентов избирателей. 18 июня в 12 часов сообщили: Лебедь набрал 14,7 процента голосов. Таким образом, он на третьем месте после Бориса Ельцина (35,28 процента) и Геннадия Зюганова (32,02 процента).

Предстоит второй тур выборов, он назначен на 3 июля. А 17 июня президент приглашает Лебедя в Кремль и предлагает ему пост секретаря Совета безопасности. Ельцин подписывает два указа. В одном он назначает Лебедя секретарем Совета безопасности, во втором — советником президента по вопросам безопасности. К компетенции Лебедя должны относиться армия и ее реформа. По требованию Лебедя президент подписывает указ об отставке министра обороны Грачева.

Когда президент представлял Лебедя общественности в присутствии прессы и телевидения, один журналист спросил Ельцина: «Это теперь и новый наследный принц и Вы смотрите на Лебедя как на своего наследника?».

Ельцин, натянуто улыбаясь, ответил: «Для этого еще немного рано — но ничего не исключено...».

Однако Лебедь не может удержаться от лукавой улыбки, бросает беглый взгляд на журналиста и говорит: «Большое спасибо за хороший вопрос!».

На следующий день в российских газетах появляется карикатура: на ней изображен белый лебедь, гордо шагающий по кремлевскому двору. Вокруг него стая черных ворон, клюющих с земли корм.

Глава XV

Чеченский узел

О днажды перед парламентскими выборами Лебедь сказал: «Политика – это игра без правил» – и признался, что он в политике новичок.

Чем закончится для него «игра» в Кремле, остается ждать. Какова реакция на вступление Лебедя в Кремль? «Два политика и две программы сошлись». Этими словами Ельцин представляет Лебедя общественности как своего советника по вопросам безопасности и секретаря Совета безопасности. При этом у него вырываются слова: «...как предусмотрено...», что немедленно вызывает реакцию оппозиции. Ельцин фактически признался в том, о чем многие догадывались, а некоторые уже знали: договоренность с Лебедем состоялась накануне первого тура выборов.

Коммунистический лидер Зюганов единственный пока не подпевает хору тех, которые кричат возмущенно «Распродажа»!» или «Измена!», после того как Лебедь принял свои новые должности в Кремле. Многие говорят, будто бы он сам дал себя использовать как помощник Ельцина в выборах.

Лебедь объясняет свой шаг тем, что он «выбрал из двух идей — старой, которая вызвала большое кровопролитие, и новой, которая до сих пор была плохо воплощена. И если одиннадцать миллионов верят, что я могу навести порядок, я беру на себя эту ответственность».

18 июня Зюганов «не исключает соглашения с Лебедем. Днем позже Зюганов все еще оптимистично заявляет, что Лебедь в его — Зюганова — будущем правительстве смог бы играть какую-нибудь роль: «Все мужчины, которые обладают компетенцией, способностями и талантом и хотят служить стране», могли бы войти в его коалицию. Зюганов предлагает Лебедю пост премьер-министра в случае своей победы на выборах. Правда или нет — Лебедь с самого начала отклоняет это предложение. Однако он допускает, что одного коммуниста можно ввести в правительство как министра социального обеспечения или труда, «если уж коммунисты хотят поработать в этой области».

Исход выборов считается предрешенным. По данным опросов, 44 процента избирателей Лебедя могли бы голосовать за Ельцина. Этого достаточно для победы над Зюгановым.

Отставка Грачева была как бой литавр к вступлению Лебедя в должность — и проверкой достоверности обещаний Ельцина провести в военной сфере необходимые изменения. Кроме того, президент этим дал сигнал военнослужащим, преданным Лебедю, как это уже было за две недели до первого тура при демонстративном награждении солдат.

Между тем сообщается, что Грачев не стал дожидаться увольнения, а при известии о назначении Лебедя сразу написал прошение об отставке. Однако это не все. Грачев вместе с несколькими генералами и своим пресс-секретарем непосредственно после этого устроил собрание. На нем якобы обсуждали план военной демонстрации за его восстановление в прежней должности при поддержке командного состава Московского округа и других округов.

Лебедь действует быстро. Он отдает приказ центральному пункту связи генерального штаба не передавать распоряжений бывшего министра обороны или его сторонников войскам. Кроме того, он связывается с командующими Московским военным округом и Воздушно-десантными войсками. В радиопослании он приказывает всем войсковым частям «уважать Конституцию». Кроме того, Лебедь постановляет, что любые «телеграммы соболезнования» Грачеву должны оплачиваться из собственного кармана. Это действует.

Лебедь предотвращает возможное возвращение экс-министра, уволив генералов, близких Грачеву, обвинив в участии в заговоре: генерал-полковника Виктора Барынкина, заместителя начальника генерального штаба; генерал-полковника Анатолия Ситнова, руководителя отдела; генерал-полковника Дмитрия Харченко, начальника отдела международного военного сотрудничества; заместителей начальника генерального штаба генерал-полковника Анатолия Богданова и Вячеслава Жеребцова; генерал-полковника Валерия Лапшова, руководителя секретариата министерства обороны; генерал-лейтенанта Владимира Шуликова, кроме того, начальника управления воспитательной работы министерства обороны генерал-лейтенанта Сергея Здорикова. Позже добавляются заместители секретаря Совета безопасности Александр Трошин и Владимир Рубанов, который подал прошение об отставке после того, как высказал критическое отношение к Лебедю. Одновременно с чисткой, проводимой Лебедем, и президент Ельцин увольняет трех человек: Олега Сосковца, первого заместителя главы правительства, отвечавшего за военно-промышленный комплекс, директора Федеральной службы безопасности генерала армии Михаила Барсукова, а также руководителя службы охраны президента генерал-лейтенанта Александра Коржакова. Свои полномочия должен сдать и бывший советник президента по вопросам безопасности Юрий Батурин, место которого занял Лебедь. Олега Лобова Ельцин назначает вице-премьером. Он, кроме того, является уполномоченным президента в Чечне.

«Очень впечатляюще!» — комментирует один американский журналист изгнание команды вслед за Грачевым после вступления Лебедя в должность. В общем как в России, так и за рубежом преобладает положительная реакция: «Вместо нескольких тупых генералов у нас теперь один нормальный генерал — Лебедь», — пишет «Московский комсомолец». Российская частная телекомпания НТВ в сатирической программе «Куклы» изображает Лебедя «терминатором», который помогает президенту Ельцину отразить опасность в образе робота с чертами Зюганова, отсылая его в прошлое.

Популярный публицист Александр Минкин анализирует ситуацию в Кремле: Ельцин уже несколько лет обманывал народ, однако был избран «как меньшее зло» — большей частью теми, «которые, став неимущими, почувствовали себя лишними в результате новой свободы, от которой имели выгоду до сих пор только полукриминальные элементы». Минкин констатирует, что Ельцин действовал «не из политического инстинкта», а «из страха», если он пошел на альянс, так как он ему срочно был нужен, как и Зюганову, чтобы победить. Минкин считает Зюганова «внешним врагом» для правительства Ельцина, а Явлинского — «внутренним», он, по существу, принадлежит к тому же лагерю, однако стоил Ельцину голосов. Наконец, Минкин устанавливает — и в этом ключ к дальнейшему развитию Лебедя, — что самому президенту нужно было его переизбрание меньше, чем его окружению, так как его поражение означало бы для них конец: «Сегодня маленькие боги, завтра они были бы обыкновенными посредственными гражданами. Сегодня в Кремле — завтра в камере в Лефортово. У них нет будущего — только их настоящее. Оно позволяет им распоряжаться миллиардами рублей, армией, тайной полицией и владеть роскошными дворцами...».

Тот факт, что положительные комментарии по поводу вступления Лебедя в новую должность в Кремле делают и многочисленные бывшие скептики или критики, не только говорит о приспособляемости оппортунистов, но и доказывает, насколько широко правительство все еще управляет прессой. На газетных снимках вместо сурового генерала теперь появляется достойный доверия политик со сносной внешностью — Лебедя сделали по всем правилам звездой телеэкрана. Газета «Коммерсант дейли» 23 июня 1996 года публикует психологический портрет Лебедя под названием «Необычная анкета». Лебедь должен закончить, по желанию, неполные предложения, например: «Когда я был ребенком, мой отец... *учил меня жить по совести*». «Я всегда хотел... *летать высоко, не боясь разбиться*». «Идеал мужчины я вижу в... *Илье*

Муромце. Выждал — и сделал». Илья Муромец – один из главных героев-богатырей русского былинного эпоса. По преданию, он много лет не мог передвигаться, пока проходивший мимо паломник не попросил у него воды и не заставил его встать и самому выпить первый глоток. После второго глотка Илья Муромец почувствовал себя таким сильным, что был в состоянии «соединить землю и небо, если бы они были окружены издавна железным кольцом». Паломник предостерег его от третьего глотка, так как после него он стал бы таким сильным, что земля не смогла бы его больше носить.

Сразу после первого тура выборов ответственный за связь с прессой американского министерства иностранных дел Николас Бернс на брифинге сказал: «Мы увидели здесь реального политика. После первого тура генерал Лебедь стал главой Совета безопасности в правительстве Ельцина. Важный пост не только для внешнеполитических интересов, но и для внутренней безопасности самой России... Лебедь в своей кампании сконцентрировал внимание на таких проблемах, как коррупция и преступность, и это находит большой резонанс в России. Это, кажется, хорошо как для президента Ельцина, так и для генерала Лебедя. Мы ждем, как и в последние годы, дальнейшего сотрудничества и продолжения реформ...

Другой интересный кандидат, Григорий Явлинский, важный проводник реформ. Я полагаю, он еще будет влиятельным... В высшей степени достойный внимания человек».

НАТО реагирует в общем положительно на назначение Лебедя в Совет безопасности: «Что хорошо для России, хорошо и для нас», – говорит Крис Доннелли от имени генерального секретаря

Соланы. Доннелли обосновывает это тем, что «Североатлантическому Союзу нравится желание Лебедя сделать российскую армию сильной и управляемой. Нельзя, чтобы она была слабой и разрываемой противоречиями. Это просто опасно».

«Тревожным» считает итальянская «Стампа» назначение Лебедя в Кремль. Для французской публицистки Анны Керлох Лебедь «русский Пиночет», а портреты Дуайта Эйзенхауэра и де Голля в предвыборном штабе Лебедя выполняли лишь функцию алиби.

Майкл Гордон из «Нью-Йорк Таймс» сравнивает Лебедя с Колином Пауэллом: «У него прагматичная программа, и он называет ее "идеологией человека здравого ума"», — успокаивает журналист скептиков и сразу напоминает о том, что Лебедь предложил Чечне «исключительно демократический выход». Наконец Мартин Малиа, историк из университета Беркли в Калифорнии, комментирует 17 июня: «Лебедь добился такого замечательного результата, потому что он не запятнан ни позорным прошлым коммунистов, ни коррупцией властных структур вокруг Ельцина — он свеж, чист, честен, прямолинеен и относительно молод... Он не просто националист, которым он перестал быть, возможно, в Молдавии. Он за рыночную экономику и, несмотря на его восхищение генералом Пиночетом, он и за конституционное правительство. Что касается войны в Чечне, он не представляет позицию Ельцина, но его честное неприятие коммунизма сильнее, чем его критическое отношение к президенту. И когда он говорит о «сильной, достойной России», это означает защиту интересов русских в «ближнем зарубежье», называемых несправедливо гражданами второго сорта...

Между прочим, он, видимо, скорее стремится к союзу трех славянских республик Беларуси, Украины и России. Будет ли он бряцать оружием? Конечно, нет. Лебедь, по существу, не тот человек, который делает политику военными средствами — тем более, что он знает средства и техническое положение России... Избиратели Лебедя вряд ли пойдут к Зюганову во втором туре выборов, потому что Зюганов достиг границ своих возможностей. Таким образом Ельцин выиграет...

Поэтому в политике России, в зигзагообразном курсе, которым она шла до сих пор, изменится немногое. Что касается мафии, даже Лебедь ее не сможет искоренить, хотя она и не будет распространяться дальше. Лебедю только 45, и хотя у него будет много врагов, которых он сам себе наживает в правительстве, — он чист и будет, определенно, снова кандидатом в президенты...».

25 июня Борис Ельцин подписывает распоряжение, по которому Лебедь назначается председателем комиссии отдела кадров администрации президента по присвоению званий и назначению на высшие военные посты. За последовательным накоплением полномочий, которые Лебедь требует для себя с вступлением на новую должность, неустанно следят наблюдатели из оппозиционного лагеря. Они навязывают общественности образ жадного до власти генерала на пути к военной диктатуре, и этот имидж экспортируется за границу через средства массовой информации, аккредитованные в Москве. «Будет ли Лебедь русским Наполеоном?» — вопрошает заголовок статьи, которая появляется 3 июля, в день второго тура голосования, в американской газете «Бостон Глоб». В ней бывший советский президент Горбачев пишет, что он думает о Лебеде (после того

как Лебедь наотрез отказался от предложения заключить с ним союз): «Раньше я был хорошего мнения о Лебеде — пока он во время предвыборной борьбы не повел себя заносчиво и был готов объединиться с другими силами центра...». Лебедь отвечает в «Америкэн Спектейтор»: «Михаил Сергеевич хотел бы быть моим (политическим приемным) отцом — но лучше я буду сиротой!».

Немецкий журнал «Шпигель» предпочитает высказывания самого Лебедя и 24.6.96 г. предоставляет в его распоряжение место для ответов на следующие вопросы:

Каждый шестой избиратель хотел видеть Вас президентом... Вы ожидали большего успеха?

«Я рассчитывал на 18–19 процентов... Мое время еще не пришло... Ведь год назад я был еще простым армейским командиром, а теперь занимаю третье место в списке исключительного ранга».

Ваш успех сделал Вас царедворцем. Почему Вы так быстро решили объединиться с Ельциным?

«Я решился объединиться из-за идеи, новой, по которой живет весь мир... Хотя она у нас и не очень хорошо была воплощена в жизнь... — но здесь дело не в идее».

Хотите ли Вы теперь изменить курс реформ или президента?

«Практическая сторона... должна быть улучшена...»

Не хозяин дома, а чиновник в Кремле — удовлетворяет ли это Ваше честолюбие?

«Конечно, нет. Это промежуточный этап. Теперь у меня есть возможность выполнить мое предвыборное обещание: порядок в стране, безопасность для граждан...»

За что Вы возьметесь в первую очередь?

«Сначала приведу в порядок всю структуру. Совет безопасности должен стать функционирующим рабочим органом».

Ельцин еще не победил. Будете ли Вы давать рекомендации по перебаллотировке?

«Мне отдали свои голоса избиратели самостоятельно. С ними я не буду торговаться. И призывов не будет. Я лишь объявляю свое решение...»

Коммунисты и высказываемое ими недовольство... не исчезнут, а возможно, станут еще сильнее. Выступаете ли Вы за приглашение представителей компартии в коалиционное правительство?

«Само собой разумеется. Кто хочет покоя, мира и стабильности, не обойдется без коалиционного правительства. Это тоже не очень умно — предоставлять кому-нибудь возможность всегда только критиковать, не давая возможности доказать, что он это делает лучше...»

Ельцин объявил, что он хочет взять из Вашей программы «все хорошее». Что конкретно это означает?

«...Реформу армии и борьбу с организованной преступностью».

Какого порядка Вы с Ельциным хотите?

«Чтобы люди могли становиться богаче вместе со своей страной — и не за ее счет. Государство, которое гарантирует всем гражданам защиту и заботу... Преступники подчинили своей власти всю страну. Доступ к рынку через рэкет, обман, невыносимые налоги... Дьявольский круг нужно разорвать»

С Вашей новой должностью Вы получаете непосредственные полномочия для разрешения конфликта на Кавказе.

«Это безумие позволить в собственной стране существовать анклаву, население которого ненавидит всем сердцем так называемую собственную страну, не уважает ее законы и не платит налоги».

Какими новыми путями хотели бы Вы пойти туда?

«Можно начать с того, чтобы сделать Чечню независимой от российского государственного бюджета. В Чечне уже исчезли 7 миллиардов рублей, еще 16 миллиардов должны точно так же «инвестироваться». На эти деньги мы могли бы обеспечить возможность существовать многим беженцам».

Вы готовы предоставить чеченцам полный суверенитет?

«Они должны выразить на референдуме свою волю. Если народ хочет независимости, он должен ее иметь. 150 лет русско-чеченским отношениям — это была в лучшем случае скрытая враждебность — и в остальном открытая война».

О Ельцине знают, что он обращается с союзниками в высшей степени прагматично. Как долго продержится Ваш союз?

«Это вопрос к ясновидящему, не ко мне...»

Видите ли Вы себя в 2000 году президентом России?

«Возможно и раньше».

В тот момент передача послания к российским избирателям была первоочередной. В наброске, который публикуется в ежедневных газетах, он обобщает план работы, который хочет осуществить соответственно своим задачам, названным в предвыборный период. К ним относятся:

● предотвращение обострения социальных проблем, чтобы исключить их эскалацию в вооруженный конфликт;

• создание механизма для контроля военных;
• реконструирование армии в меньшую, но более профессиональную и более боеспособную армию с мобильными силами и модернизированным оружием;
• борьба с преступностью при помощи стратегической операции, которая включает и уничтожение системы коррупции;
• создание «диктатуры закона» для эффективных действий против мафии, преступлений и коррупции;
• поддержка президентской демократии;
• реформа управления с ограничением государственных функций в социальном секторе, общественной безопасности, обороне страны, здравоохранении, образовании и науке, а также в урегулировании чрезвычайных ситуаций;
• защита русского населения за рубежом;
• установление новых отношений с НАТО и окончание войны в Чечне.

Через средства массовой информации Лебедь публикует «Кризисную программу», которую он представляет в пресс-центре Кремля накануне второго тура выборов (3 июля). В области сельского хозяйства Лебедь возвращается к реформам Столыпина.

Включение экономических вопросов в сферу своей деятельности Лебедь объясняет тем, что он рассматривает экономическую стабильность как часть своей компетенции на посту секретаря Совета безопасности. Лебедь встречается с девятью ведущими экономистами Плехановского института, чтобы выслушать их предложения. Точка зрения Лебедя считается неолиберальной, о чем говорит и его сотрудничество с Сергеем Глазьевым из КРО, который внутри этой национальной платформы считается человеком центра. Конкретно это означает, как обычно формулирует Лебедь, проводить и в этом отношении «политику здравого смысла»: создание и защита собственной легкой промышленности, с одной стороны, формирование стабильной правовой основы для контролируемой эксплуатации и экспорта государственных ресурсов, таких как газ и нефть, — с другой.

На пути реализации идей Лебедя существует много препятствий. Протекционизм не нравится самому главному кредитору России — Международному валютному фонду, а в вопросе о государственном контроле над экспортом сырья Лебедь мог натолкнуться на сопротивление премьер-министра Черномырдина. Какую линию он проводит, можно увидеть, когда он предлагает на пост заместителя секретаря Совета безопасности экономиста Владимира Грошева, президента академии маркетинга и менеджмента и председателя контрольного совета «Инкомбанка». Грошев выступает за то, чтобы Россия больше не брала кредиты за границей, а лучше осуществила финансовую амнистию и создала условия для стабильного рынка, которые поощряли бы возвращение российского капитала и его инвестицию в собственной стране.

«Мы хотим привести этот дом в порядок», — гласит девиз Лебедя. К этому «дому» принадлежит и Чечня. Войну в собственной стране Лебедь называет «опухолью на русском теле». Как упоминалось, для разрешения конфликта он предлагает сначала приостановить отправку денег в Чечню, которые исчезают на пути к цели, а затем назначить референдум о статусе. Однако один фактор, о котором Лебедь говорит не в первый раз в связи с войной в Чечне, окажется и для него непреодолимым препятствием: «Главные виновники нынешнего конфликта находятся, очевидно, в Москве. Многое нужно было бы выяснить: кто допустил, чтобы наши войска выгнали из Чечни с позором и при этом они оставили оружие и военную технику, которые попали в руки Дудаева? И кто несет ответственность за то, что исчезло громадное количество нефти?».

Возможно, некоторые, видя размах намерений Лебедя, спросят, достаточной ли компетенцией он обладает для решения этой проблемы. Ответ лежит в гибком истолковании функции и широко понимаемом определении Совета безопасности. Он возник через год после распада Советского Союза на основании изданного в 1992 году закона о безопасности, закреплен в Конституции и контролируется прокурором. Все это не относится к должности советника президента по вопросам безопасности, которую сейчас занимает Лебедь. В основе Совета безопасности лежит понимание безопасности, распространяющееся на все сферы государственной и общественной жизни, как считает и Лебедь. Он как бы устанавливает связь между национальной безопасностью и экономической и социальной стабильностью в стране. Поэтому Совет безопасности должен заниматься всеми ведомствами. Его рекомендации считаются основанием для решений президента. Между прочим, именно Совет безопасности в конце 1994 года принял решение о введении российских войск в Чечню.

Другим ответом на вопрос о компетенции Лебедя является его стремление получить от президента больше полномочий. Вскоре Ельцин подписывает указ, в котором он признает его участие во всех назначениях на высокие руководящие посты. Лебедь ожидает, что он будет контролировать социальную и экономическую политику, атомную энергетику. Об этом он заявляет накануне второго тура президентских выборов.

Ельцин не высказывается по этому поводу. Возможно, из-за состояния здоровья. Если до первого тура голосования Ельцин часто появлялся на экране телевизора, то за неделю до второго тура он уже совершенно не показывается. Его исчезновение официально объясняется «простудой», которая позже оказывается инфарктом. Иностранные наблюдатели находятся в состоянии «тревоги», так как — они правильно предполагают — Лебедь к этому времени «находится» от власти на расстоянии «лишь в одно биение сердца». Советник Лебедя, генерал Юрий Попов, успокаивает репортеров и пытается их уверить, что — в случае несчастья — нет оснований беспокоиться за демократию.

Во втором туре 3 июля 1996 года Ельцин набирает 53,82 процента голосов (на десять больше, чем предсказывали), его коммунистический конкурент Зюганов только 40,31 процента. Таким образом, Ельцин остается на второй срок Президентом Российской Федерации. 18 июля объявляется о назначении нового министра обороны. Кандидатуру нового министра, генерал-полковника Игоря Родионова, поддержал Лебедь. Он знает Родионова еще со времен своей учебы в Рязани. Родионов, как и Лебедь, ветеран Афганистана — он командовал там 40-й армией. По плану Родионова проходил вывод войск Советской Армии, которым руководил генерал Борис Громов. Теперь Родионов должен выполнить указ президента, изданный в мае этого года, и до 2000 года создать профессиональную армию. На репутации Родионова лежит тень кровавых событий в Тбилиси в 1989 году, но некоторые считают ответственными за это и коммунистическое партийное руководство Грузии и Москвы.

Назначение Родионова, однако, больше чем доказательство готовности Ельцина следовать рекомендациям Лебедя. Это сигнал Западу, что впервые штатский будет стоять во главе министерства обороны, так как в декабре — через пять месяцев после назначения — Родионову исполнится шестьдесят лет и он выйдет в отставку. Значит, предположительно, дальше он будет руководить министерством как штатский человек.

Однако приглашение Родионова на работу в правительство — это только элемент обеспечения баланса сил, что типично для стиля руководства Ельцина. Упряжке Лебедь—Родионов, то есть Совету безопасности и министерству обороны, противостоит Совет обороны, возрожденный указом Ельцина. Председателем его является сам Ельцин, заместителем — премьер-министр Черномырдин, секретарем — Юрий Батурин.

В своем непосредственном окружении Ельцин также позаботился о равновесии сил, сделав Анатолия Чубайса главой администрации президента. И то, что Черномырдин как премьер-министр остается начальником Лебедя, Ельцин не желает менять. Если поразмыслить, что Лебедю теперь противостоит не только давний доверенный Ельцина, а состоящему из двенадцати человек Совету безопасности Лебедя — Совет обороны из восемнадцати человек, то можно ожидать дальнейших событий в Кремле.

Лебедь уже до этого ощутил ограничение свой власти, когда потребовал восстановить должность вице-президента: «Эта должность нужна, так как необходим человек, который облечен соответствующей властью, чтобы суметь принять политические и военные решения». Причиной того, что президент остается здесь глух, является опыт отношений с Русланом Хасбулатовым, который пытался бороться с Ельциным. С Александром Руцким было не лучше. Поэтому Ельцин отменил пост вице-президента, и только изменение Конституции могло бы снова ее ввести.

24 июля Лебедь основывает политическое движение, которое он называет «Истина и порядок». Оно включает КРО, объединение «Честь и Родина» и Демократическую партию России. Учредительное собрание состоится осенью 1996 года. До тех пор Ельцин должен, однако, решить проблему Чечни.

«Польша и Кавказ — раны России».

«Лучше умереть в борьбе против русских, чем жить под властью неверных!»

Первое выражение принадлежит барону Ливену, второе — Шамилю, призывавшему в 1851 году к «священной войне». Лев Толстой, сам офицер русской армии во время похода на Чечню 1851—1852 гг., говорит в своем героическом эпосе «Хаджи-Мурат» о «страданиях, которые принесла Россия в течение половины столетия народам Кавказа». Однако русская литература о Кавказе и происходивших там войнах не ограничивается воспеванием Толстым храбрости и боевого духа чеченцев. И «Кавказский пленник», и стихотворения Лермонтова вызывают дискуссии.

Михаил Лермонтов был сослан в Чечню в 1840 году за дуэль с сыном французского посла. Впоследствии он отличился в боях с чеченцами как храбрый офицер. В его произведениях кавказский народ менее идеализирован, чем у Толстого.

Лебедь читал Толстого, когда служил в Туле. На него произвели большое впечатление сцены войны в изображении Толстого и его гуманная позиция. Теперь Лебедь должен тоже воевать от имени своей страны против кавказского народа, но не как солдат, а как политик. Однако по афганскому опыту он знает, что партизанская война может доставить много хлопот сильной армии. Лебедю известно, что чеченцы хорошие воины. Немало чеченцев занимали высокие посты в Советской Армии.

Например, генерал-майор Джохар Дудаев — Президент Чечни с 1991 до 1994 год. Он командовал авиационной дивизией в Прибалтике. Он и ингушский генерал Аушев, будучи офицерами, принимали участие в афганской войне.

Конфликт с Чечней разгорелся в 1994 году уже после распада Советского Союза. С 1991 года многие русские уехали из республики; в 1995-м здесь их было чуть больше 60 000. Нужно сказать, что 300 тысяч чеченцев (то есть примерно половина) живут за пределами республики — в Дагестане, Казахстане, Узбекистане, многие — в России. Они образуют широко разветвленную и лучше всего организованную мафию России, прикарманивают долю от добычи и транспортировки нефти и контролируют наряду с торговлей наркотиками и оружием уже большую часть российской экономики. Сергей Шахрай называет Чечню «криминогенной зоной свободной торговли».

Уже в 1823 году в Чечне были известны запасы нефти, но ее добыча в больших размерах началась только в 1893 году. Запасы были такими многообещающими, что акции «Нефть Северного Кавказа» на Западе считались отличным помещением капитала, по крайней мере, до русской революции 1905 г., которая сделала рынок ненадежным. Особой популярностью пользовались нефтяные акции в заключившей союз с Россией Франции. В серии романов Марселя Пруста «В поисках потерянного времени» Монсер де Норпуа рекомендует протагонисту именно эти акции. Сам Пруст также владел вкладом, а также многие французские дворяне и президент.

В 1920 г. в Грозном был основан первый в России, собственно в Советском Союзе, институт нефти. После этого Грозный стал крупным нефтяным центром, а после дальнейших находок в 1950 г. добыча нефти приобрела большое значение. Трубопроводы ведут в Махачкалу на Каспийском море, в Туапсе на Черном море и в Донецкий бассейн. Нефтеперегонные заводы и заводы по переработке нефтепродуктов сконцентрированы в Грозном.

В давние времена монголы, персы и турки воевали за господство в этой области. Но влияние древней культуры Грузии наложило тоже отпечаток на Чечню. В VIII веке она была охвачена волной обращения в христианство. До XVI века чеченцы жили родами, которые подчинялись одному общему старейшине рода. Потом они постепенно повернулись к исламу, который в 1650 году официально стал государственной религией. Впоследствии ислам — наряду с одной сектой, муридизмом — стал прежде всего в XIX веке символом сопротивления России, державы «неверных».

Горцы постепенно переселялись и в долины и поближе к казацким селам. В 1785 году царская Россия продвинулась на Северный Кавказ, и вследствие сильного сопротивления в течение нескольких десятилетий все снова и снова организовывались военные походы. В 1830 году была объявлена «священная война» с Россией. После смерти имама Кази Муллаха ею руководил имам Шамиль, который еще и сейчас на всем Кавказе считается легендарным героем.

Чечня была присоединена к Российской империи в 1859 году после длительной войны.

В конце XIX века здесь начинается разработка нефтяных месторождений и экономический подъем. В 1921 году Чечня интегрируется в Горскую АССР, которая охватывает балкарцев, ингушей, осетин и другие народы Северного Кавказа. Через год, однако, Чечня объявляется автономной областью, которая позже сливается с Ингушетией. В тридцатые годы Чечня страдает от репрессий сталинизма. Принудительная коллективизация в 1930 г. влечет за собой волнения, который были подавлены. Во *е* время войны против фашистской Германии чеченцы приветливо встречают немецкие оккупационные войска, которые занимают Северный Кавказ, многие называют их «освободителями от советского ига». После изгнания немецких оккупантов в 1944 году была упразднена автономная республика и депортирована большая часть населения «за сотрудничество с нацистской Германией». При этом треть населения погибает. Никита Хрущев отменяет в 1956 году «коллективную ответственность» чеченцев и реабилитирует народы Кавказа. Через год, 9.1.1957 г., воссоздается республика Чечено-Ингушетия и появляется возможность возвращения ее народов.

С тех пор три добрых десятилетия стабильности подарили этому региону экономическое благополучие. Осенью 1991 года генерал Дудаев становится Президентом Чечни. Результаты выборов не признаются в Москве, за границей тоже сомневаются в их правильности. Уже через несколько дней, 1.11.1991 г., Дудаев заявляет о независимости «Чеченской республики». Население территории Ингушетии, напротив, решает и дальше оставаться в составе Российской Федерации; но из-за этого происходит разделение, которое закрепляется реставрацией границ 1934 года между обеими бывшими тогда автономными областями.

Президент Ельцин реагирует через неделю после заявления Дудаева. Он объявляет чрезвычайное положение в Чечне, которое, однако, не утверждает Верховный Совет Российской Федерации. Войска, посланные в Грозный, через три дня он снова отзывает. При этом там остается военное имущество, которое присваивают себе чеченские сепаратисты.

В то время российский президент может сослаться на (еще советскую) Конституцию, которая предоставляет выход из Союза лишь союзной республике. Дудаев опирается на ислам. Возможно, он чувствует себя последователем легендарных освободительных борцов предыдущих столетий, когда угрожает: «В России долго не наступит спокойствие, если она нападает на нас, так как Чечня – центр трехсотлетней оппозиции Кавказа по отношению к России».

В чрезмерной самоуверенности Дудаев вызывает сравнение с войной в Ираке в начале того же года, когда он заявляет: «Мы сделаем Чечню Кувейтом Кавказа!».

Это преувеличение сравнительно скромных запасов нефти его республики, однако Дудаев верит, заявляя о суверенитете, что он может рассчитывать на поддержку более широких кругов, чем только на чеченцев; в конце концов ислам переживает возрождение не только на своей земле, и интерес соответствующих сил за рубежом может быть ему обеспечен.

Весной 1992 года выводятся все советские войска, размещавшиеся в Чечне. И опять оставляют оружие и военное имущество. Оно попадает в руки не только мятежников, но и исламских террористов за пределами страны. Это дает толчок националистическим силам, которые поддерживают Дудаева.

В 1993 году российская делегация из представителей правительства и парламентариев предлагает Дудаеву разобраться в компетенции Чечни и Москвы. Дудаев отказывается. Москве удается помешать международному признанию Чечни.

Для Москвы отделение Чечни неприемлемо по нескольким причинам: с правовой точки зрения, потому что оно не могло произойти в результате одностороннего заявления без переговоров с центральной властью; с политической точки зрения, потому что его принятие означало бы для российского правительства потерю престижа и опасность прецедента; со стратегической точки зрения, потому, что Северный Кавказ является для Москвы ключевой зоной сферы влияния в Закавказье до турецкой и иранской границы. С марта 1993 года Россия пытается произвести ревизию соглашения по разоружению, так как его статья 5 категорически запрещает Москве усиливать военный потенциал на Северном Кавказе.

И в экономическом плане отделение Чечни — тяжелый удар для России. При этом речь идет меньше всего о чеченских запасах нефти, которые по оценкам ОБСЕ составляют 60 миллионов тонн. Доля Чечни в общей добыче нефти в России составляет менее 0,5 процента, а природного газа еще меньше. Намного большее значение имеет транзит через территорию Чечни грузов и особенно нефти. Это касается прежде всего нефти из Азербайджана, которую перекачивают через Чечню на север, и с побережья Каспийского моря, которая доставляется к побережью Черного моря.

Нападения на грузовые поезда, совершаемые чеченскими бандами и террористами, в 1994 году достигают кульминации. Это не случайно. В сентябре 1994 года международным консорциумом при участии США, Великобритании, Азербайджана, Норвегии и Саудовской Аравии был заключен договор о добыче нефти в Каспийском море, названный «Персидский залив XXI века». Полугосударственный российский концерн «Лукойл» участвует в нем. В этой связи произносится имя Черномырдина, участие которого во многих делах такого рода держится в секрете. Однако первоначальная версия опровергается российским министерством иностранных дел.

Теперь переговоры между Россией и Турцией продолжаются. Объем договора — около 8 миллиардов долларов. Трубопроводы, соответственно намерениям русских, должны идти по новой трассе через Чечню в Новороссийск, а не через Грузию в порт Средиземного моря Искендерун, как желают турки. Обе стороны используют аналогичные аргументы: Москва ссылается на курдские восстания в районе проектируемой трассы, Анкара — на напряженное положение в Чечне. По российскому варианту Москва сохраняет контроль над Азербайджаном — и надежду, что турецкое влияние в этой области не возьмет верх.

Под давлением обстоятельств события ускоряются. При этом Россия напрямую пока не вмешивается, а действует через силы в Чечне, враждебно относящиеся друг к другу. Уже с начала лета 1994 года Россия пыталась свергнуть Дудаева с помощью чеченской оппозиции, обосновывая это тем, что он превращает в надежное убежище для террористов республику, расположенную на российской территории. Дело доходит до взятия заложников и их освобождения российскими войсками.

В июне 1994 года оппозиция Дудаеву объединяется в Конгрессе чеченского народа, который учреждает Временный совет до проведения новых выборов. В начале августа он берет власть на себя и отстраняет Дудаева от должности. Однако Дудаеву удается снова завоевать парламент. Он дает распоряжение об общей мобилизации, и в октябре гражданская война идет полным ходом.

Нет сомнений: для спасения российского участия в договоре о добыче нефти необходимо свержение Дудаева. И не российские войска, а чеченские соединения оппозиции, поддерживаемые Москвой, нападают 26 ноября на Грозный. Тем временем русские войска скапливаются на чеченской границе.

Руководители соседних республик обращаются к президенту Ельцину, «как гаранту Конституции Российской Федерации и прав человека, с призывом прекратить кровавый конфликт в Чечне и принять все меры для того, чтобы восстановить конституционной порядок, защиту граждан и особенно их право на жизнь и безопасность». Президент Конфедерации кавказских народов Муса Харибов высказывает опасения соседних республик: «Российское вторжение заставит запылать Кавказ...».

Ельцин призывает враждующие партии сложить оружие. Три дня спустя он созывает Совет безопасности. Тот 29 ноября 1994 года принимает решение о применении военной силы, «имея в виду тот факт, что речь идет о республике Российской Федерации, и мы не можем при этом кровопролитии спокойно стоять в стороне...», объясняет президент.

Начало военных действий назначено на 6 часов утра 1 декабря 1994 года. Перед министром обороны Павлом Грачевым стоит задача создать группу, которая должна разоружить и ликвидировать вооруженные формирования. Однако план навести «порядок» решительным ударом и таким образом наконец уничтожить вооруженные силы сепаратистов не удался. Когда российские самолеты бомбят Грозный, большая часть оппозиции Дудаеву снова становится на сторону своего президента. Военная акция русских, кроме того, плохо подготовлена и она проваливается. Так называемый «уничтожающий удар» наносится лишь вполсилы, что дает повод для многочисленных слухов: хотели только проучить мятежников и проверить истинное отношение населения к вопросу об отделении. Далее поговаривают, якобы министерство обороны и представители военно-промышленного комплекса надеялись, что катастрофические результаты «удара» заставят увеличить ассигнования на оборону и оживить военную промышленность. Не менее «ободряюще» звучит спекуляция — тем более, что она опирается на факты, — что влиятельные круги как в Москве, так и в Чечне зарабатывают на войне. Следовательно, обе стороны не заинтересованы в том, чтобы закончить ее одним ударом.

Известно, что войска, введенные в бой, были недостаточно подготовлены. В течение нескольких лет боеготовность российской армии снижалась в качественном и количественном отношении. Солдаты не только плохо обучены, вооружены, но и деморализованы. Большинство из них еще меньше были настроены на это вторжение, чем их товарищи в Афганистане. Как и там, противника недооценивают. Противник самым лучшим образом вооружен из фондов бывшей Советской Армии и получает материальную поддержку из-за рубежа. В результате: дезертирство российских солдат, военное имущество продается мятежникам. Эта тенденция усиливается, когда все больше молодых неопытных солдат погибают. Они более подготовлены к боям на открытой местности, чем к уличным боям, во время которых противник может находиться среди населения и нападать неожиданно.

11 декабря президент Ельцин посылает еще одну армию в 20 000 человек. Но и она несет большие потери. Постепенно и исламские партизаны, члены правоэкстремистских группировок из Турции, и моджахеды из Афганистана примыкают к мятежникам.

Через несколько дней Лебедь, много раз предупреждавший о войне в этом регионе, заявил российскому агентству «Интерфакс», что он «категорически осуждает крестовый поход против исламского мира», любые военные действия и призывает к мирному разрешению конфликта. Кроме того, он, как и следовало ожидать, резко критикует военное руководство. Он предостерегает от «пирровой победы» в Чечне и пророчит новый Афганистан.

В 1995 году ответные удары, договоренности о прекращении огня и их нарушения сменяют друг друга. В феврале под давлением общественности Запада России отказывают в приеме в Европейский союз из-за войны в Чечне.

В том же месяце Лебедь заявляет в интервью «Пари-матч»: «Что касается чеченского фронта, стало ясно, что наши руководители сумасшедшие».

В марте организуется миссия ОБСЕ в Чечне. Однако конфликт уже больше нельзя контролировать — он вышел за пределы республики. В июне 100 боевиков нападают на российский город Буденновск и берут 1 500 заложников. Бандиты захватывают больницу и делают заложниками находящихся там людей. После телефонных переговоров с Москвой и прекращения боевых действий нападающие покидают город, убив 100 человек, и с триумфом возвращаются в Грозный.

Почему именно Буденновск? Он лежит на линии трубопровода за пределами Чечни. А нефтяная трасса вдоль главной автомагистрали Баку — Ростов находится под контролем российских вооруженных сил. Москва только что провела успешные переговоры о транспортировке нефти по российской территории, однако, очевидно, не приняла во внимание «невидимого третьего».

В августе 1995 года заключено мирное соглашение между Москвой и Грозным. Оно предусматривает разоружение чеченских вооруженных формирований и постепенный вывод российской армии, но оставляет открытым вопрос о статусе. Премьер-министр Черномырдин гордо заявляет: «Война практически закончилась».

На октябрь того же года назначено подписание договора о транспортировке нефти по российскому варианту. Однако осенью снова возрастает число случаев взятия заложников, покушений и нападений на гражданские и военные объекты, а также на политиков. Снова вспыхивает вражда. Октябрь 1995 г.: за день до окончательного утверждения

В октябре 2002 *тоже самое*

российского маршрута совершено покушение на генерала Романова. Нарушен не только мирный процесс в Чечне, но и подписание договора не состоялось. С июля Анатолий Куликов становится министром внутренних дел.

В Чечню вводятся войска министерства обороны России и министерства внутренних дел.

В ноябре 1995 г. возобновляются переговоры о транспортировке каспийской нефти. Теперь трубопровод решено проложить в обход Чечни и доставлять нефть из Баку через Кизляр (Дагестан) в Буденновск. Через два месяца Кизляр станет печально известен всему миру.

Москва пытается покончить с войной. К концу года верного Москве Доку Завгаева избирают Президентом Чечни. Естественно, выборы бойкотировались сепаратистами, которые в свое время свергли бывшего партийного главу Коммунистической партии в пользу вождя националистов Дудаева. В январе 1996 года президент Ельцин заменяет министра иностранных дел Андрея Козырева Евгением Примаковым, востоковедом, известным экспертом по Ближнему Востоку. Новым командующим российскими войсками в Чечне назначен генерал Вячеслав Тихомиров.

Однако чеченцы, очевидно, наилучшим образом информированные о планах Москвы в отношении договора о поставках нефти, активно вмешиваются в течение событий. 9 января чеченские боевики под руководством Салмана Радуева напали на г. Кизляр в соседнем Дагестане. Они захватывают больницу с 2 000 (в других сводках говорится о 3 000) человек. По предложению Москвы посредниками в этот раз выступают руководители Дагестана. Мятежники, угрожавшие расстреливать 15 заложников за каждого убитого террориста, наконец отходят со 150 заложниками в сторону Чечни. Однако вместо того чтобы, как было договорено, отпустить заложников на границе, они напали на село Первомайское. Четыре дня российские части осаждали село, обстреливая его ракетами, — все же большинство террористов ускользнуло.

25 января 1996 года Россию принимают в Совет Европы. В конце марта Ельцин оглашает план установления мира. При этом он объявляет о создании двух комиссий, прекращении боевых действий, поэтапном выводе войск и создании широкой зоны безопасности и мира. Ельцин соглашается на предоставление Чечне «особого статуса», который должен быть определен в ходе переговоров в последующие месяцы. Однако, несмотря на все обещания и уступки, бои продолжаются.

Между тем Лебедь, как конкурент Ельцина в предвыборной борьбе, просит слова. В апреле 1996 года он говорит в интервью «Независимой газете»: «Ельцин обманул солдат. Он форсировал бои, в которых погибли сотни солдат, лишь с намерением потом предложить мир. Его чередующаяся политика – stop-go – та же, что и прошлой весной...».

Лебедь требует, чтобы Ельцин одним решительным ударом добился победы в войне, так как победа «очень близка»: «Сомневаться нужно тогда, когда начинаешь войну... Мы здесь воюем не столько за определенную область, сколько за национальное достоинство России. Россия должна показать миру, что она никогда больше не отступит».

В конце апреля сообщают, что Дудаев погиб во время ракетного обстрела. Несмотря на подтверждение со стороны мятежников, в его смерти сомневаются. На его место приходит вице-президент

Чечни Зелимхан Яндарбиев. Он официально объявляет 25 апреля, что будет мстить за смерть Дудаева и продолжать борьбу за независимость. Это стоит больших потерь обеим сторонам.

Глава миссии ОБСЕ в Грозном Тим Гульдиман организует встречу Яндарбиева и Ельцина. После этого в течение шести недель бои не ведутся.

Как уже говорилось, незадолго до первого тура голосования на президентских выборах Лебедь выступает за проведение референдума в Чечне, отвод российских войск до административных границ, за прекращение денежной помощи и раздел республики на северную и южную зоны. В то же время он требует сломить военную мощь мятежников.

Когда в июне Лебедь становится секретарем Совета безопасности, напряженность в Чечне снова возрастает после нескольких недель перемирия. Чеченцы отказываются освободить русских военнопленных, не обращая внимания на ультиматум.

Лебедь занимает более жесткую позицию и оправдывает возобновление бомбардировок Тихомировым: «Он принимает адекватные меры» или «Россия будет воевать до победы». Кроме этого, Лебедь ссылается на географическое положение: «Если Чечня станет независимой, Дагестан будет отрезан от России; это не упростило бы ситуацию, так как война на Кавказе расширялась бы».

17 июля, в день назначения нового министра обороны Родионова, Лебедь впервые участвует в заседании правительственной комиссии по разрешению чеченского конфликта. Не только отставку Грачева и нескольких генералов, но и назначение нового министра обороны и нового командующего российскими войсками в Чечне связывают с влиянием Лебедя. Это вызывает недовольство

Черномырдина. Он даже пытается уменьшить роль Лебедя в отставке Грачева.

В начале августа 1996 года на первых страницах российских газет появляется фотография: голова русского солдата в урне для мусора. Мятежники снова взяли Грозный, который в ходе войны несколько раз переходил из рук в руки, и блокировали в городе тысячи российских солдат. При этом погибли 247 русских, 1 042 были ранены и 142 пропали без вести. Некоторые наблюдатели полагают, что назначенный срок, 6 августа, связан с инаугурацией президента 9 августа: этим чеченцы как бы брали реванш за перемирие, заключенное Ельциным ранней весной и унизительное, по их мнению. Позже обнаружились и другие обстоятельства. Так — «чисто случайно» — как раз перед этим штурмом Грозного чеченский отрезок трубопровода Баку — Ростов был отремонтирован, чтобы заключить договор о поставке нефти по российскому варианту. Уже с декабря 1996 года первые партии должны пойти из Баку — но куда? Времени для прокладки участка по Дагестану, чтобы обойти кризисный район, слишком мало. Следует сказать, что позже будет подписан как российский, так и турецкий вариант (через Грузию к Средиземному морю) транспортировки нефти.

10 августа Ельцин назначает Лебедя своим уполномоченным в Чечне. Прежде всего Лебедь поясняет: «Несмотря на кровь, которая пролилась по вине оппозиции в Грозном, Совет безопасности не предусматривает разрешения кризиса исключительно насильственными методами, даже если руководители нелегальных вооруженных формирований именно к этому стремятся». Дальше Лебедь объявляет конференцию всех представителей

чеченского народа — независимо от их политической ориентации, вероисповедания или нынешнего руководителя. «Конечно, — считает Лебедь, — положительный результат возможен только в том случае, если мятежники отступят от Грозного и перемирие будет строго соблюдаться. В противном случае армия предпримет свои меры, если переговоры будут отложены».

11 августа Лебедь встречается в Москве с главой объединения мусульман в России и секретарем Совета безопасности Дагестана. В тот же вечер он летит с первым из них, Надиром Хажилаевым, в Дагестан. В аэропорту он коротко говорит репортерам: «Военного разрешения конфликта не существует».

Его представитель повторяет в средствах массовой информации предварительные условия переговоров. Сразу после этого Лебедь в сопровождении Хажилаева встречается с начальником главного штаба Чечни Асланом Масхадовым, руководителем службы информации Удуговым и командиром мятежников Басаевым в маленьком селе южнее Грозного. После многочасовых ночных переговоров Лебедь и Масхадов заявили о готовности пойти на «реальные и крайние» меры для прекращения боевых действий. На следующее утро Лебедь возвращается в Москву.

В понедельник, 12 августа, Лебедь подводит итоги: «Мы (Масхадов и Лебедь) обсудили ситуацию и пришли к мнению, что Россия без Чечни может обойтись, а Чечня без России — нет. Мы говорили о возможном статусе и сделали вывод, что для определения любого статуса нужно сначала положить конец убийствам. Однако чтобы помешать этим убийствам с обеих сторон, обе воюющие стороны должны находиться друг от друга на расстоянии минимум одного километра, тогда они не смогут хотя бы попасть друг в друга из автоматического оружия; если их развести на двадцать километров, они не смогут обстреливать друг друга и артиллерией. Так как последнее в данный момент невозможно, в качестве первого шага мы условились развести войска на один километр».

Никаких требований, никаких условий со стороны Масхадова?

«Если мы решим главную задачу — прекратить кровопролитие, то мы это отметим обменом военнопленными с обеих сторон», — поясняет Лебедь. Сознавая, что чеченцы после своей атаки на Грозный 6 августа ведут переговоры с позиции силы, Лебедь предложил им заманчивый план: в течение двух недель начать вывод российских войск из Чечни. Только в Грозном, Ханкале и в аэропорту столицы должны пока остаться русские войска. На этой стадии политическое руководство должны осуществлять Масхадов и Яндарбиев. Лебедь, вероятно, имел в виду то, что отряды сепаратистов могут превратиться в регулярные вооруженные силы республики, которую они называют Ичкерия. Публично Лебедь, правда, не распространяется об этом. Откровенно он комментирует лишь свои впечатления. Его утверждение: «Государственная комиссия по урегулированию чеченского кризиса не выполнила своей задачи» звучит как объявление войны премьер-министру Черномырдину. Его план ввести в Грозном чрезвычайное положение был решительно отклонен.

Лебедь отвергает упреки в свой адрес: «Многие обвиняли меня в пассивности — несправедливо, так как я придерживался и придерживаюсь мнения, что я могу набросать план только тогда, когда у меня будет представление о ситуации и я проанализирую ее. До сих пор это было невозможно физически... Теперь уже разработан план действий. До сих пор, очевидно, по ряду причин не был разработан механизм разрешения кризиса... Даже нет ясности, кто может принимать решение и кто несет ответственность за его исполнение... Есть несколько причин политических и военных ошибок, совершенных до этого. Причина продолжения военных действий — это финансирование вооруженной оппозиции как через легальные, так и нелегальные источники. К сожалению, несовершенство финансовой и кредитной системы России делает возможным использовать государственные деньги через сеть коммерческих банков для потребностей мятежников...». В действительности, взгляд за кулисы оправдал бы более жесткие формулировки. Это круг поджигателей войны и спекулянтов, нажившихся на военных поставках, который не дает затихнуть конфликту. Указом Ельцина «О мерах по восстановлению экономики и социальной сферы в Чечне» выделяется 16 триллионов рублей из государственного бюджета России и 1 миллиард долларов из зарубежных кредитов. К этому еще 4 триллиона рублей для строительства квартир, 1 триллион для восстановления дорог и еще средства для запуска энергосетей. Только треть этих сумм прибыла в Чечню, а сколько из них фактически было использовано по назначению, никто не может сказать. Многие поручения розданы лишь на бумаге — а оплачены реально. Деньги оседают в Люксембурге и на Кипре.

Во всяком случае, известно, что восстановленный вокзал был первым снова разрушен во время боев в августе, но не только это. Непостижимо другое:

об атаке сепаратистов 6 августа, за три дня до ее начала, знали в Москве. Падение Грозного, таким образом, не было «неожиданным», и несколько человек как в Чечне, так и в Москве обогатились на этом. Российские журналисты обнаружили, что незадолго до нападения на Грозный туда прибыл транспорт с деньгами из Москвы. 700 миллиардов рублей исчезли.

Не удивительно, что Лебедь, не вдаваясь в подробности, констатирует: «Эта война самая грязная и позорная авантюра в истории нашей страны!». Лебедь видит свое назначение уполномоченным в Чечне как часть своего рода договора: «Очевидно, кто-то хочет этим назначением сломить мне шею... Посмотрим, я люблю трудные задачи — они стимулируют меня...». Яростно разоблачает Лебедь преступное пренебрежение служебными обязанностями в кризисной области: «Где мой заместитель в Грозном? В отпуске на Кипре! Где рабочая группа представителя президента, которая должна действовать и прояснять детали? Я пытался разыскать их, но никого не было в главном штабе, никого на своем рабочем месте — и это в критический момент!». Он ожидает, добавляет миролюбиво Лебедь, что с повторным назначением Черномырдина премьер-министром обстановка улучшится. Он сам сделает все для того, чтобы сделать Совет безопасности дееспособным и могущим постоянно решать актуальные вопросы. Он надеется получить полномочия от президента Ельцина не только на координацию необходимых шагов в Чечне, но и на принятие решений... Ситуация требует соответствующего указа. «Я начал свою ночную поездку по Чечне вчера вечером, а сегодня в 6.15 утра закончил. Я посетил несколько сел и несколько постов федеральных войск. Я не мог ожидать многого. Но я не представлял себе ситуацию такой плохой, какой она была. Срочно необходимо создать структуры, относящиеся к вооруженным силам, снаряжению и вооружению. Войска голодные и оборванные. Их состояние — позор для российской армии... Там нет никакого представительства министерств обороны и внутренних дел. Я уверен, что даже партизаны во второй мировой войне были лучше оснащены. Боеготовность не поддается никакому описанию. Наступило время выводить эти формирования, именно из гуманных соображений... Я не вдаюсь в детали безумия, которое я там встретил. Но я настаиваю на утверждении, что с ребятами там обращаются как с пушечным мясом... Нет никакого командования, никакой координации, мораль на нижней точке. Нужно срочно создать компетентные структуры... В беседе с Масхадовым я обсуждал современное положение: мы пришли к заключению, что Россия, если захочет, сможет, конечно, уничтожить Чечню. Но нужно ли это? Нужно ли жертвовать жизнью тысяч людей для пирровой победы? Перед дальнейшими шагами, которые мы наметим, нужно развести воюющие стороны. (Министр внутренних дел) Куликов установит контакт с Масхадовым, и оба согласуют ближайшие условия; предусмотрен и вывод отрядов Масхадова из Грозного. Процесс начался сорок минут назад — о состоянии на данный момент у меня нет информации. Если этот шаг пройдет успешно, может последовать второй. Полезно проследить историю наших отношений с Чечней. При этом можно установить, что никогда не находили военного решения, а всегда лишь дипломатическое. Дипломатия побеждала, и тема была исчерпана».

Относительного того, насколько новый — старый руководитель Доку Завгаев контролирует вооруженную оппозицию, Лебедь высказывается так: он себя переоценивает, Завгаев сидит в Ханкале, и его власть простирается «самое большое до аэропорта (отсюда прозвище «Аэропортович»)». В первую очередь речь идет о разведении противников в разные стороны. После этого нужно созвать съезд, в котором были бы представлены все группы населения от оппозиционных и близких к правительству лагерей. Там продолжится обсуждение, и из этой коалиции должен быть создан консультативный совет.

«К сожалению, различные стороны категорически отвергают друг друга» — говорит Лебедь. Это крайне осложняет «диалог на уровне деятелей высокого ранга». Таким образом, «можно было бы исключить в настоящее время их встречу. Но затем мы сведем вместе именно руководителей номер 2, а потом номер 3 и, может быть, они когда-нибудь возглавят руководство — кто знает?». Во всяком случае, это факт, что и Лебедь, и его чеченские партнеры по переговорам хотят исключить Завгаева из мирного процесса, так как он считается инструментом Москвы и может быть мало заинтересован в мире, который делает лишним его самого. Чтобы разорвать замкнутый круг коррупции, Лебедь хочет создать закон, на основании которого можно бороться с коррумпированными элементами.

Удержится ли перемирие, выторгованное у Масхадова? «На 90 процентов, — полагает Лебедь, — так как Масхадов и я вчера придерживались мнения, что на десять процентов есть фактор неуверенности: ожесточенные люди и преступные элементы. Если кто-то сразу лишается нескольких членов своей семьи, он становится волком. Его единственный мотив — месть. Для этого ему не нужен предводитель, он сам себе предводитель. Совсем другое — преступные элементы, которые живут за счет того, что занимаются в этой войне грабежами. Выполнение поставленных задач будет зависеть от организаторских способностей руководства и от воли населения. Но у генерала Масхадова и у генерал-лейтенанта Куликова есть шанс показать свои способности».

Лебедь с особым уважением говорит о военных способностях и боевом духе чеченских мятежников: «Чеченцы всегда были хорошими воинами. А здесь это еще усиливается их убежденностью, что они воюют за свою свободу. Значит, их нужно уважать». Временное прекращение огня и перемирие уже было и раньше. Поэтому следует еще больше прислушаться к заявлению Аслана Масхадова: «Чеченскую оппозицию удовлетворил бы статус Чечни внутри России, аналогичный статусу Татарстана». Татарстан «в соответствии с Конституцией республики суверенное государство, субъект международного права и ассоциируется с Российской Федерацией — Россией — на основе договора о взаимном разделении полномочий и прав». Лебедь допускает, что Масхадов выразил здесь «свое личное отношение»: «Масхадов не политик, а начальник штаба чеченских вооруженных сил. Он не обладает полномочиями политика — он лишь генерал». Поэтому и слова Лебедя, что Масхадов даже ходатайствовал за место Чечни в Федерации с широкими правами автономии, представляются неясными.

Однако первая, полная надежд миссия, кажется, не дает того, чего от нее ожидают. До полуночи по московскому времени между Масхадовым и командующим войсками министерства внутренних дел в Чечне генералом Константином Пуликовским не было контакта. Мятежники же вечером предпринимают неожиданную атаку на российский военный опорный пункт восточнее Грозного, который, правда, может обороняться.

Одновременно был нанесен бомбовый удар по российскому поезду под Волгоградом. Есть убитые и раненые. За полтора года войны еще не было случая, чтобы кто-либо из вражеского лагеря просил Москву о помощи: поскольку прекращение огня, о котором договорились Масхадов и Пуликовский после первых переговоров Лебедя, не везде соблюдается, министр информации Чечни Удугов звонит Лебедю в Москву.

Впоследствии Лебедю приходится разбираться с теми, кто мешал осуществлению его планов. Это прежде всего министр внутренних дел Анатолий Куликов, войсковые части которого контролируют Грозный. Внутри военной командной структуры город является практически сферой его ответственности. Куликов не хочет, чтобы потом на нем стояло клеймо «проигравший». Так же мало готов к сдаче Константин Пуликовский. В начале войны он потерял сына. Уступить в конфликте означало для него признать, что эта жертва — как и жизнь многих других солдат — была напрасной.

Президент Ельцин решает отреагировать на открыто высказанную критику Лебедя. Через два дня он распускает государственную комиссию под председательством Черномырдина, которую Лебедь критикует за бездействие. Центр тяжести руководства процессом переходит в Совет безопасности. Ельцин сразу же подписывает указ — Лебедь уполномочен руководить и координировать операции армии, войск министерства внутренних дел, Федеральной Службы безопасности и других органов власти в Чечне.

После этого Черномырдин отваживается все же объяснить, что он не отказывался от своей ответственности за Чечню. 15 августа Лебедь снова летит в Чечню. Американской телекомпании «Си-Эн-Эн» он дает пояснения по поводу повторяющихся боев: «Еще нет официального соглашения о перемирии. Но фактически временное прекращение огня соблюдается. Конфликт с мятежниками нужно закончить без видимых победителей и проигравших».

Бои в Грозном затихли, хотя мятежники не выходят из города. Генерал Пуликовский жалуется на то, что мятежники продолжают вести отдельные бои, но называет временное прекращение огня, согласованное им и Масхадовым, лишь «обязательством не открывать огонь без нужды».

Лебедь решительнее, чем раньше, борется за то, чтобы осторожно продолжить переговоры: «Все войны, даже если они продолжались сто лет, вели в конце концов к переговорам и миру. Итак, я спрашиваю себя, стоит ли воевать годами, если в конце усаживаются, чтобы заключить договор о мире... И президенту надоела эта война. Каждый день войны наносит вред международному авторитету России. Поэтому я получил достаточно прав, чтобы решить проблему. Можно было бы ее решить здравым человеческим умом, однако попытались сделать это силой. Но рано или поздно нужно вернуться к разуму. Что касается позиции мятежников — для них было бы самоубийством согласиться, чтобы Чечня осталась частью России; в то же время у них нет выбора. Итак, нужно найти решение, которое поможет обеим сторонам сохранить лицо. Никто не выиграл, и никто не проиграл...».

То, что права Лебедя по сравнению с его первой поездкой в качестве посредника стали шире, подтверждают сообщения в средствах массовой информации. Они говорят о «концентрации колоссальной реальной власти в его руках с правом контролировать военных и гражданских руководителей, которые играют роль в конфликте, смещать их или назначать. У него есть право давать указания, которые обязательны для всех исполнительных органов, и он может руководить вооруженными силами и другими властными структурами. К тому же он будет контролировать финансовые средства, которые выделены республике. Этим он контролирует приток триллионов рублей...».

Правда, что касается сил, которые дергают за ниточки из-за кулис, это определение власти оказалось преувеличенным. Когда Лебедь во второй раз в течение одной недели в четверг, 15.8, прибывает в кризисный район, его целью является российская военная база Ханкала. Там он хочет поговорить с российским главнокомандующим Пуликовским, прежде чем отправиться в Новые Атаги для продолжения переговоров с Масхадовым, руководителем сепаратистов Зелимханом Яндарбиевым и главой республики Доку Завгаевым.

Александр Минкин, сопровождавший Лебедя, пишет: «В семь часов утра наш самолет направляется в Моздок, где находится крупный военный опорный пункт на Кавказе. Там приготовлен вертолет, который доставляет нас в Ханкалу — штаб-квартиру размещенных в Чечне федеральных вооруженных сил... Его первые впечатления о состоянии войск были ужасающими. "Наши парни изнурены, истощены, обовшивели и не понимают, что они здесь делают", — сказал он. Как бы в подтверждение они ошибочно обстреляли его конвой, а на одном контрольном посту, расположенном несколько дальше, смотрели под ноги, как будто они его не знают. В генерале все это, очевидно, пробудило воспоминания о службе в Афганистане. "В эпоху СССР, — говорит он, — у нас была сила и деньги, только разума нам не хватало. Сейчас у нас больше нет даже силы".

Прибыв в Ханкалу, они увидели, что казарма сияет хирургической чистотой. Генерал хотел бы срочно увидеть сначала солдатскую столовую. Большая столовая на тысячу мест выглядит так, как будто бы разделена на две разные части. Первая половина блестит и сверкает, столы чистые, на них приборы. Вторая заполнена всяческим хламом, на полу лужи раствора хлорной извести, опрокинутые столы, брошенные метлы, а в проеме двери, на другом конце, генерал еще видит спину последнего солдата рабочей смены, который тотчас исчезает. По-видимому, вовремя не успел закончить.

Впоследствии генерал-полковник Чуранов, заместитель министра обороны и командующий резервными частями российской армии, может только присоединиться к критике Лебедя. По пути делегации встречаются между тем солдаты, которые, вероятно, надели штатскую одежду или обувь. За полтора года конфликта в Чечню было вывезено три миллиона комплектов полного снаряжения. "Но где это все?" — спрашивает Лебедь. "Без сомнения, украдено", — отвечают ему. Машины, оружие или деньги — эта война стала с самого начала фантастическим и прибыльным базаром, на котором обогащаются особенно могущественные.

Визит только начался. После еще одного перелета вертолет доставляет нас к месту встречи, о которой договорились с чеченским главным штабом. Разница поразительная. В районе, контролируемом российскими федеральными силами, царит только хаос и мошенничество, на чеченской стороне, напротив, прямо-таки немецкий порядок. И никогда нам не пришлось ждать ни минуты. Наши солдаты сломлены и запуганы. Почти все они в своей душе сейчас дезертиры. Чеченцы, напротив, поражают своей верой в то, что ни бомбардировки, ни спецчасти нацистского образца не смогут их победить. Наши солдаты же боятся каждого куста, каждого шума.

Как бы для того чтобы дополнить это впечатление, чеченцы предоставили в распоряжение несколько «мерседесов» и БМВ, чтобы отвезти Лебедя с его двадцатью телохранителями и сопровождающими к засекреченному месту переговоров. Обратный путь мы проделываем в танках. Контраст драматичен. В салоне «мерседеса» укутывают такой мягкой и удобной шалью, что чувствуешь себя почетным гостем Кавказа. Однако с наступлением ночи нужно проделать тот же маршрут в танке, в котором каждый ухаб отдается ударом, крепления громыхают и ледяной ветер обжигает лицо — не говоря уже о запахе дизельного топлива. Гул танка заполняет все пространство, так что охватывает страх. Здесь ощущаешь войну каждое мгновение и думаешь только о том, что противотанковая граната могла бы пробить старое железо или можно нарваться на мину. То, что мы сидим в танке, уже делает нас врагами — как в Будапеште, Праге или Кабуле.

Немного дальше, на открытой территории, нас ожидает вертолет. С притушенными огнями он долго кружит, чтобы отыскать наш самолет, на котором мы должны вернуться. У двери и раздвижных окон установлены тяжелые пулеметы, и доверенные люди Лебедя сразу же занимают там место. Однако во время этого последнего отрезка пути как генерал, так и простой журналист рядом с ним, пожалуй, сознают, что не было бы возможности защищаться, если бы нас обстреляли ракетой «стингер». Пожалуй, поэтому теперь — несмотря на шум мотора — наступил момент, когда можно говорить о политике, нет, кричать. И предсказывать будущее России, когда не будет Бориса Ельцина.

Президент начал войну. Он, наверное, закончит ее только победой. К рукам Александра Лебедя не прилипла кровь десяти тысяч жертв. Вместо политической победы для его успеха ему достаточно было бы только мира».

Официально потом будет объявлено: «В ночь на пятницу, 16 августа, генерал Лебедь встречался в селе Новые Атаги южнее Грозного с руководителем сепаратистов Яндарбиевым и провел многочасовую беседу. Обе стороны выразили удовлетворение переговорами». «Состоялся конструктивный разговор, который дает определенные надежды», — комментирует Лебедь. Яндарбиев заявляет: «Старания генерала Лебедя заслуживают высокой оценки, и чеченская сторона готова пройти к общей цели свою часть пути». Вопрос о статусе был отложен до тех пор, пока не будут урегулированы военные вопросы. По данным чеченской стороны, сошлись на формулировке «отложить решение вопроса о статусе».

Генерал Руслан Аушев, Президент соседней с Чечней Республики Ингушетии, тоже принимал участие в переговорах. Он сообщает: «Лебедь проложил правильное направление, теперь главное состоит в том, чтобы ему не помешали те силы, которые заинтересованы в продолжении войны в Чечне. Под этим подразумеваются сторонники насильственного урегулирования в московских коридорах власти и некоторые российские генералы, которые одержимы желанием победить и подчинить мятежную Чечню. Предложения по прекращению огня, разъединению воюющих сторон и предотвращению провокационных акций выполнимы. Лебедь и Масхадов профессиональные военные и очень хорошо поняли друг друга.

Чеченская сторона очень хорошо понимает, что статус Чечни сейчас не является главной проблемой. Чтобы заняться ею, необходим мирный переходный период, и Масхадов и Яндарбиев согласны с этим. Настало время в корне изменить федеральным органам власти и российским генералам свое отношение к чеченской оппозиции, вместо того чтобы упорно говорить о неокончательно разбитой кучке бандитов. Настало время признать, что ведется война не против отдельных представителей чеченского народа, а против всего народа, который полностью стоит на стороне оппозиции».

В этом случае Лебедь критикует ОБСЕ. Он хочет ограничить переговоры участием в них только тех, кого это касается, поскольку чувствует, что эта организация скорее мешает ему, чем поддерживает. «Ни в стране басков, ни в Северной Ирландии нет миссий ОБСЕ — только у нас!» Он сопротивляется любой форме «вмешательства во внутренние дела России».

Медленно, но верно вырисовывается возможность окончания войны. Имея в виду уважение, которым пользуется новый российский посредник у своих чеченских партнеров на переговорах, один из журналистов, который сопровождал его в прошлой поездке, говорит: «Все, что ему нужно для будущего, это заключение мира».

Преимущество Лебедя перед его предшественниками, которые пытались решить чеченскую проблему: у него руки не запятнаны кровью, как у тех, кто способствовал развязыванию войны. Лебедь, еще находясь в Молдавии, решительно высказывался против военного вторжения в Чечню. Он не принадлежит ни к «соколам», ни к «голубям», он солдат и при всем патриотизме и офицерской гордости подходит к решению проблемы с сознанием ответственности и реального положения вещей. Понимая ситуацию, Лебедь учитывает и симпатии, которыми пользуется противная сторона на Западе.

При этом Лебедь пытается помочь и другой стороне сохранить лицо, что было, правда, не слишком трудно. Все же Лебедь смог избежать до сих пор того, чтобы спор о статусе стал центральным в переговорах, поскольку он этот вопрос увязывал с предварительными условиями.

Лебедь знает по Афганистану, что означает партизанская война, знает мотивацию борцов за свободу и фанатизм мусульман, который подогрет верой в то, что они ведут «священную войну» во имя аллаха. Между прочим, Лебедь первый российский участник переговоров, который сам стремится в Чечню. К профессиональному уважению, которое оказывают ему Масхадов и Аушев, добавляется еще некая солидарность, связывающая ветеранов Афганистана. Лебедь подружился с Масхадовым и ингушским генералом Аушевым. Они оба позже стали президентами своих республик.

Лебедь не испытывает враждебности к чеченцам. «Хотя я и не обучался дипломатии, но то, что нельзя начинать переговоры с оскорбления другой стороны, мне и так ясно», — комментирует он процесс переговоров. Он обращается с представителями сепаратистов (часть которых числится в списке разыскиваемых лиц) как с руководителями народа, борющегося за свою свободу. Чеченцы понимают, что он хочет и должен оправдать доверие, оказанное ему одиннадцатью миллионами избирателей и Президентом России! И они сами желают ему успеха.

Лебедя подстегивает еще и личное честолюбие: именно он обязан как можно быстрее распутать чеченский узел. И плохое состояние здоровья президента играет роль. В глазах российского народа его миссия должна придать ему еще больший авторитет. 71 процент россиян в 1995 году высказались против войны. Катастрофический ход ее, бессмысленные жертвы и скандалы заставляют людей страстно желать мира. Примером для Лебедя является обожаемый им генерал де Голль. Он прекратил войну в Алжире благодаря тому, что относился к мятежникам с «уважением» и призвал заключить «мир смелых». Он позволил вести переговоры с только что выпущенным из тюрьмы лидером мятежников и сконцентрировал внимание на осуществлении перемирия, прежде чем организовать плебисцит о независимости.

Лебедь поддерживает прямой личный контакт с представителями другой стороны, всесторонне рассматривает проблемы, определяет военные шаги параллельно с политическими; при этом опирается уже на принципы решения будущих проблем.

Однако Лебедь чувствует серьезное сопротивление. Российские генералы, все еще верящие в победу, являются при этом самым незначительным препятствием. В том числе и Пуликовский, для которого невоенное решение равнозначно бесполезно пролитой крови.

Российские националисты расценивают вывод российских войск как унижение и политические уступки сепаратистам, предательство русских интересов. Мало радости испытал бы от соглашения между русскими и чеченцами глава марионеточного правительства в Грозном Завгаев, так как это был бы его конец. Но самые могущественные противники Лебедя находятся в Москве. Это люди, наживающиеся на войне, разрушении и восстановлении. Они объединяются с теми из политического руководства, для которых Лебедь стал соперником в борьбе за высшую власть в стране. Встречный ветер скоро уже подует в лицо Лебедю. Прежде всего он раздражает своими беспощадными высказываниями. После второй поездки в Чечню Лебедь заявил, что министр внутренних дел Куликов ответствен за продолжение войны и поражения. В качестве примера он называет штурм Грозного 6 августа, когда мятежники почти не встретили сопротивления. При этом он опирается на информацию, что о нападении было известно Куликову за три дня до него, а его первый заместитель накануне назначил маневры войск министерства внутренних дел за пределами города, хотя они должны были контролировать Грозный. 6 августа в 4 часа 1 500 солдат покинули Грозный. В 5 ч 30 мин мятежники беспрепятственно вошли в город и продвинулись к центру, так как российские войска контролировали только треть подъездных дорог к столице.

Лебедю стало известно о провокации, которая была запланирована для вовлечения южных районов Ингушетии и Дагестана в большую кавказскую войну. Министр внутренних дел якобы в этом замешан. Лебедь требует отставки Куликова. Министр в ответ заявляет: «Лебедь одержим маниакальным стремлением к власти, о чем свидетельствуют его противозаконные требования неограниченных полномочий. Он недостаточно знает трудности в Чечне. Мне тоже стыдно за многое, не только Лебедю. Ввиду оскорбительных обвинений я предложил президенту мою отставку и попросил его принять решение о моем пребывании в должности. Вначале Лебедь подавал надежды — остается пожелать, чтобы он их и оправдал...».

«У Лебедя хорошие шансы принести мир в Чечню», – утверждает главарь сепаратистов Зелимхан Яндарбиев через прессу как бы в поддержку Лебедя.

Через два дня Лебедю приходится публично опровергать сообщение, что он требует от президента сделать выбор между ним и Куликовым. В некоторых средствах массовой информации высказывается мнение, что Лебедь выдвигает чрезмерные требования и сам провоцирует свою отставку. «На это я могу только ответить, что те, которые хотят понять мои высказывания как ультиматум президенту, забывают, что у меня за спиной хорошая армейская школа, и поэтому, пожалуй, я знаю, кто в нашей стране Верховный Главнокомандующий. Если президент решит, что мы оба, Куликов и я, должны остаться, то мы соберемся — но в присутствии президента — и попытаемся решить, как мы будем вместе работать дальше.

Окончание кровавой бойни выше личных амбиций... Мирный процесс в Чечне продолжится независимо от этого. Все же нужно принять к сведению, кто ответствен за вторжение в Грозный и за то, что там проходили активные боевые действия, причем погибли 265 российских солдат и больше тысячи были ранены... Я настаиваю на том, что Куликов в этом виноват и не выполнил распоряжения президента об урегулировании чеченского кризиса. Может быть, я не имею права констатировать — это должен решать президент...»

Однако слова Лебедя не услышали те, кому они предназначались. Ельцина в это время все реже можно увидеть — «простудился» или нет, потом сообщают о сердечных приступах. Он, очевидно, выжидает и заставляет обоих открыться. Если окажется, что Лебедь победит, остается возможность его потом поддержать. Отсутствие связи с президентом неблагоприятно для Лебедя, так как окружение Ельцина может использовать это в своих интересах.

Через день премьер-министр Черномырдин без комментариев утверждает Куликова в должности. Президент Ельцин, должно быть, порицает Лебедя за его критику Куликова — как говорится в заявлениях его пресс-секретаря. До 26 августа Ельцин хочет видеть предложения по разрешению кризиса и о подоплеке последних боев вокруг Грозного.

Лебедь подготавливает это сообщение с фактами и именами и передает его главе президентской администрации Чубайсу. Однако, как он устанавливает позже, Ельцин никогда не увидит отчет. Он разделит судьбу других документов, составленных Лебедем. Они пылятся в ящике стола Чубайса.

Между тем Лебедь оказывается под двойным давлением. В понедельник, 19 августа, средства массовой информации публикуют предписание президента Ельцина секретарю Совета безопасности Лебедю. Ему поручено «восстановить покой и порядок в Грозном». Это означало «зачистку» города русскими войсками, что несовместимо с «покоем и порядком».

В тот же день в Грозном переговоры о перемирии прервались. В этих переговорах должны были быть разработаны детали осуществления временного прекращения огня, уже в основном согласованные Лебедем. Опять начинается артиллерийская стрельба с обеих сторон. Русские обстреливают ракетами предполагаемые гнезда мятежников в городе. При этом попадают в гражданские здания — среди них медицинское учреждение. Вечером становится известен ультиматум российского военного командования. «Если Грозный не будет очищен в течение 48 часов от мятежников, российские войска в четверг предпримут крупномасштабное наступление».

И то, и другое означает для Лебедя неудачу. Президент Ельцин предпочитает отсутствовать. Он в тот же день уезжает из Москвы и отправляется на Валдай «отдыхать». Очевидно, он хочет спокойно на расстоянии выждать, кто победит — военные или Лебедь.

Во вторник, 20 августа, Лебедь через своего пресс-секретаря Бархатова выражает сомнение в подлинности поручения Ельцина: «Предпринятые шаги однозначно преследуют цель сорвать начатые Лебедем переговоры о мирном урегулировании чеченского кризиса. Секретарь Совета безопасности не имеет ничего общего с подготовкой распоряжения, которое было опубликовано в понедельник, он увидел документ за двадцать минут до опубликования...».

На следующий день на пресс-конференции Лебедь высказывается более четко: «Я сомневаюсь, что речь идет о подлинном распоряжении президента. Его выполнение, а именно освобождение Грозного, означало бы крупные военные действия и этим противоречило бы предыдущим акциям. Конечно, мы можем взять город. Мы взяли и Берлин. Но скольких жертв это стоило! Действительно ли это нам нужно?

Задача — в течение десяти дней, как здесь изложено, начать и закончить войну — невыполнима. Восстановить первоначальное состояние, вывести войска и продолжить переговоры — это противоречиво и запутанно. Так как на месте подписи президента стоит факсимиле, и я некоторое время не видел президента, я не верю, что документ исходит от президента. Между прочим, его отличает спешка и некомпетентность...».

Сразу после этого Лебедь отправляется в Чечню, «чтобы остановить это безумие», как он сам говорит. Официально сообщается: «...чтобы принять срочные меры для ослабления крайне напряженной ситуации последних дней». «Нужно торопиться! Нужно помешать артиллерийскому обстрелу, ультиматум отменить и продолжить переговоры». Массовый исход жителей, предупрежденных листовками, уже начался. В первые часы ночных артиллерийских атак убито или ранено уже много людей. Масхадов призвал Лебедя «предотвратить крупномасштабное наступление и остановить безумие, используя свое влияние...». Премьер-министр Черномырдин уверяет, что Лебедю «будет оказана любая возможная поддержка при выполнении распоряжений президента». Настоящего или фиктивного — премьер оставил вопрос открытым.

Ничего не понимающим выглядит Лебедь на пресс-конференции в Чечне не только из-за ультиматума, который свел на нет все его усилия: «Бомбардировки с воздуха как военный путь решения проблемы при эвакуации гражданского населения ведут к расширению зоны конфликта»... Единственный коридор для беженцев был уже закрыт российской армией после того, как она за пределами Грозного разрушила мост, при этом было убито больше ста человек. От генерала Тихомирова, который снова взял на себя командование, приходит из Москвы подтверждение приказа о штурме.

На кого опирается Пуликовский, принимая решение об ультиматуме, не ясно. Министр обороны не давал на это согласия. Между прочим, Грозный является зоной контроля войск министерства внутренних дел. Родионов говорит об этом: «Пуликовский не имел права ставить такой ультиматум. Кто-то (?) его на это спровоцировал».

В тот же день сообщается, что министр финансов соседней республики Дагестан погиб при взрыве бомбы, подложенной в машину. Виновником считается чеченская мафия. Погибают еще четыре человека, восемь ранены.

Иностранные журналисты сообщают о положении войск министерства внутренних дел: «Несколько солдат охраняют контрольный пост на северо-западном въезде в Грозный. Их пост защищен колючей проволокой от захватчиков. Каждую ночь их обстреливают с вражеских позиций. Два-три раза в неделю они отражают атаки чеченцев на их лагерь. В конце последней недели солдаты одолжили у проезжающих журналистов спутниковый телефон, чтобы позвонить в свой главный штаб и сообщить о ситуации. "Вода здесь на вес золота", — сказал командир. Чеченцы контролируют все... Этим солдатам относительно легче, чем едва обученным и невооруженным новобранцам, которые попали в западню в Грозном. Даже сепаратисты жалели их. "Мы воюем не с ними, это бедные нищие", — говорит чеченский командир. — Они голодны. Когда мы их хватаем, мы снова их отпускаем — мы расправляемся только с профессиональными солдатами и офицерами"...». Другие сообщают, что российские солдаты берут в долг даже бензин или другие предметы первой необходимости, которые им срочно нужны.

Между прочим, как установил сам Лебедь, на стороне сепаратистов воюют наемники из Объединенных Арабских Эмиратов, Палестины, Иордании, Турции, Украины, Литвы и Латвии...

Радио России анализирует положение Лебедя: «...речь идет практически о том, чтобы блокировать влияние Лебедя на ситуацию в Чечне. Что он делал до сих пор? Он пытался построить вертикаль тех, кто владеет ситуацией в Чечне. Этим он всех напугал, так как выявятся и ответственные, между прочим, за пропажу колоссальных средств, которые мы достаем с большими жертвами. В скором времени, без сомнения, поднимется волна нападок на секретаря Совета безопасности, так как он затрагивает интересы кланов, которые ничего не боятся. Эта волна нападок может исходить из канцелярии президента, из министерства обороны или от группы президента Завгаева...».

И в далекой Америке внимательно следят за игрой. Президент Клинтон после известия о предстоящем штурме Грозного в послании призывает президента Ельцина «покончить с насилием». «В Кремле некоторые круги заинтересованы в том, чтобы Лебедь затерялся в этом Бермудском треугольнике», — считает один из участников дискуссии, организованной «Си-Эн-Эн».

В Чечне Лебедь встречается с генералом Тихомировым, прежде чем продолжить переговоры с чеченскими руководителями. «До утра 22 августа мы должны решить эту проблему. Мы хотим следовать разуму и вести себя гуманно, поэтому мы не будет говорить языком ультиматума. Не будет никакого ультиматума... Я думаю о выводе войск из предгорья и из Грозного и о переходе к демилитаризации». Пуликовского переводят на другую должность.

Лебедь отправляется на переговоры с Масхадовым, оттуда снова в российский главный штаб. Несколько раз он летает туда и обратно, пока 22 августа не подписывает с чеченским начальником штаба Масхадовым решение о перемирии, которое вступает в силу 23 августа. После он скажет: «Ультиматум был плохой шуткой. Разница между войной шестидесятых годов во Вьетнаме и нынешней войной в Чечне состоит в том, что США извлекли урок из нее, в то время как Россия не научилась на своем опыте».

Командующий войсками министерства внутренних дел генерал Анатолий Шкирко скептически отнесся к соглашению: «Я здесь больше года, и это уже третьи крупные переговоры. Но ни одни из них до сих пор не дали положительных результатов — наоборот, они только привели к еще большему кровопролитию с обеих сторон». В это время Масхадов публично выражает «осторожный оптимизм» по поводу договоренности.

Соглашение в глазах большинства наблюдателей — первый многообещающий шаг на пути к окончанию войны, длившейся двадцать месяцев. Оно предусматривает прекращение огня начиная с 23 августа, вывод российских войск из Грозного.

В качестве следующего шага — возвращение захваченного сепаратистами оружия и вывод российских войск из региона.

Этот документ разработан более детально, чем предыдущие. Пропускные пункты на всей территории должны быть заняты солдатами обеих сторон, российские войска отходят от позиций мятежников на южных горных участках линии фронта в нейтральную зону в центре республики. Как только федеральные войска выполнят свою часть соглашения, мятежники без оружия уйдут из Грозного. Смешанная комиссия будет следить за соблюдением перемирия и фиксировать нарушения.

Впервые за несколько недель не было видно самолетов и вертолетов и не слышно артиллерийского огня. Хотя в отдельных частях города дело доходит до боев, однако сепаратисты позволяют окруженным российским солдатам пополнить запасы воды и продовольствия. В пятницу российские войска отступают к своим главным опорным пунктам у аэропортов Ханкала и Северный. Общие группы контроля в составе 200 человек начинают патрулирование.

«Я заключил это соглашение от имени российских матерей, сыновья которых погибли в Чечне и еще погибают, — заявляет Лебедь. — Я знаю, что появятся критики этого соглашения — среди демократов и национал-патриотов. Им я могу только сказать: если они хотят, пусть приходят и штурмуют бригадой Грозный».

Когда Лебедь возвращается в Москву, ему становится ясно, что предстоит убедить Москву в своей правоте. Однако у него нет возможности встретиться с президентом. Наконец, в пятницу вечером, около 22 часов, ему звонит Ельцин. Он недвусмысленно выражает одобрение действиям Лебедя и говорит о своей поддержке политического разрешения конфликта. При этом он настаивает, что соглашение должно содержать пункт о том, что Чечня является субъектом Российской Федерации. Это означает поворот в неоднозначной позиции Ельцина, потому что накануне в телевизионном интервью он заявил, что «не совсем доволен работой Лебедя в Чечне».

Прекращение огня соблюдается обеими сторонами, и в Грозном тоже спокойно. Военные представители обеих сторон встречаются теперь в столице, чтобы обсудить вывод войск с юга, а также из окрестностей Грозного до 26 и 29 августа. Лебедь хочет за два дня — до 25 августа — вернуться к проекту политического разрешения конфликта. Ответственный за информацию у сепаратистов Удугов считает возможным компромисс в вопросе о будущем статусе Чечни; этот компромисс «не нарушал бы территориальной целостности России», — указывает он, не вдаваясь в подробности.

Прежде чем снова лететь в Чечню в субботу, 24 августа, Лебедь обсуждает с премьер-министром Черномырдиным проект соглашения. Они еще не пришли к единому мнению.

У Лебедя перед вылетом вечером 24 августа плохое настроение. На встрече с журналистами он показывает бумагу, которая, вероятно, была подписана президентом неделю назад, но вручена ему только сейчас. Это указ о приостановлении всех выплат на социальные нужды и субвенций на восстановление и развитие всех регионов Российской Федерации, среди них подчеркнута специально Чечня. Своим басом, воинственность которого как бы усиливалась окружавшими его телохранителями «спецназа», Лебедь произносит: «Чечня разрушена войной. Если мы ничего не сделаем для ее восстановления — какого мира я могу там ожидать?». После этого он швыряет бумагу в направлении репортеров. Никто не сомневается в том, что инициатор этого документа не Борис Ельцин, а Анатолий Чубайс.

Сразу после своего прибытия Лебедь на вертолете облетает Грозный, чтобы иметь представление о ситуации, сложившейся после его соглашения с Масхадовым. Впечатление, которое он получил от этого, было вполне воодушевляющее. Здесь собираются совместные патрули для контроля за перемирием; там несколько групп намереваются, очевидно, выступить из города: многочисленные военнопленные уже были освобождены. Царит полное спокойствие. Лебедь может с удовлетворением констатировать: «Бои прекратились. Теперь может начаться настоящая работа».

Лебедь хочет в конце недели вернуться в Москву с политическим соглашением. Все же, прибыв в Ханкалу, он скептически заявляет: «Так как у меня нет денег, чтобы пообещать помощь районам, разрушенным бомбардировками в течение двух лет, мне тяжело: что я могу предложить Масхадову и его коллегам? Осмотритесь и сообщите об этом!» — обращается Лебедь к присутствующим тележурналистам.

Этих и других корреспондентов Лебедь настойчиво приглашает сопровождать его в поездке по Чечне, так как их репортажи обоснуют его позицию по отношению не только к сепаратистам, но и к руководству в Кремле и окажут ему поддержку в работе. В беседе Лебедь признается, что он видит «так называемую третью силу с реальным влиянием в Чечне; она могла бы сорвать полностью претворение в жизнь соглашения, заключенного в Новых Атагах. С этой третьей силой нужно бороться». Назвать имена, однако, Лебедь отказывается.

Следующий раунд переговоров с Масхадовым обещает быть успешным. Лебедь прощается с хозяином дома Резваном Лорзановым, который часто предоставлял для переговоров свой дом южнее Грозного, словами: «Резван, приготовь на завтра праздничный обед!».

«Сегодня я впервые поверил, что мир близок», — говорит Лорзанов. Оптимизм оказывается преждевременным. Лебедь неожиданно прерывает запланированное на воскресенье продолжение переговоров и вечером снова прибывает в Москву. Он должен согласовать предложения мятежников по заключительному политическому документу с президентом, главой правительства, министром иностранных дел, министром по делам национальностей и юристами — так объясняет Лебедь причину торопливого возвращения в Москву. «Я не хотел бы подписывать пустой документ — над ним нужно серьезно поработать еще в Москве».

Газета «Известия» делает вывод, что чеченцы стремятся к статусу протектората подобному статусу бывших колоний Франции или Англии. Сепаратисты еще в субботу дали понять, что «можно определенно найти для Чечни решение, отвечающее интересам обеих сторон». Спорным пунктом, однако, является их желание создать собственную армию.

В ночь на воскресенье мятежники нарушают соглашение, российских солдат в Грозном разоружают. После этого их дальнейший вывод временно приостановлен и отменена встреча генералов Масхадова и Тихомирова. Той же ночью чеченский министр культуры Ильяс Сигаури был похищен за пределами Грозного. По возвращении Лебедя в Москву становится известным, что на него планировалось покушение. Это подтверждает и российская Федеральная служба безопасности (ФСБ). Лебедь между тем излагает свой план установления мира, который потребовал президент, прежде чем начнется его обсуждение.

Ельцина нет в Москве, и Лебедь докладывает Черномырдину о политических требованиях мятежников, специально включивших в документ пункт о создании собственной армии. Российское же руководство хочет разместить в Чечне части российских вооруженных сил. Остальные проблемы — это политические фракции в самой Чечне, не желающие подчиняться партии мира. Лебедь предлагает создать пирамиду власти, которая объединит представителей всех фракций. Нынешний глава чеченского марионеточного правительства Доку Завгаев должен быть смещен. Проект Лебедя содержит в принципе отказ от применения военной силы, пребывание Чечни в составе Российской Федерации с особым статусом и плебисцит в 2001 году.

Финансовые затруднения, которые испытывают обе стороны, работают, однако, на Лебедя. Московскому правительству нужно освободиться от нагрузки на государственный бюджет из-за войны (и постоянных восстановительных работ); наиболее разумные из чеченских руководителей осознают, что им нужна помощь Москвы для восстановления инфраструктуры в республике.

28 августа Лебедь после встречи с Масхадовым ведет переговоры еще в российском главном штабе под Ханкалой до пяти часов утра. Один свидетель

рассказывает о впечатлении, которое произвел на него Лебедь в этот день: «Лебедь сидит в селе Новые Атаги с главой чеченского главного штаба Масхадовым. Не в его штаб-квартире, а в помещении верхнего этажа виллы, которую предоставил для переговоров, как и кортеж комфортабельных машин, один коммерсант. Лебедь ведет себя свободно, он сидит в белой рубашке с короткими рукавами как в компании друзей и курит сигарету. Перед обоими мужчинами лежит большая карта Чечни. "Я еду в Грозный и вижу, что там все тоже спокойно, — говорит Лебедь. И добавляет, обращаясь с улыбкой к Масхадову: — Мы только что обменялись воспоминаниями о нашей службе в одной и той же армии...". Масхадов продолжает: "Мы же верили в мирные переговоры. Теперь я хочу услышать слово офицера, что да — означает да, а нет — означает нет". Верит ли Масхадов, что Лебедь обладает властью принести мир? Масхадов кивает: "Он дал слово"».

В то время как Масхадов с Тихомировым продолжают обсуждать военные аспекты, Лебедь встречается с руководителем миссии ОБСЕ в Чечне Тимом Гульдиманом. Потом он ждет в Москве Ельцина. «Если политическое решение откладывается, то возникает угроза подвести мину под достигнутые соглашения в военной области», — предостерегает Лебедь. Однако когда его спросили, не смущает ли его молчание Ельцина, Лебедь не проявляет признаков нервозности. «Молчание — знак согласия», — комментирует он. У Ельцина, очевидно, так плохо со здоровьем, что он не в состоянии приехать в Москву. Он предлагает премьер-министру устроить совещание по мирному плану с участием министра обороны, министра внутренних дел, министра юстиции и спикеров обеих палат парламента. Собравшиеся приходят к выводу, что план нуждается в «серьезной доработке».

Когда 30 августа Лебедь снова летит в Грозный, он подтверждает, что получил поддержку премьер-министра Черномырдина и право подписать мирное соглашение. Первоначальный план предложить республике референдум по вопросу ее будущего заменяется на пункт, в котором выяснение вопроса о статуе откладывается на пять лет (Лебедь вначале даже предлагал десять лет) — ко времени вступления в должность нового президента.

Между тем во время интервью с Масхадовым и представителями чеченских правительственных кругов стало известно, что уже после первых мирных переговоров в середине 1995 года (которыми нужно было спасти подписание договора о нефти) они подвергались попыткам шантажа со стороны московских правительственных кругов. Масхадов подтверждает это, но не называет имена, а только говорит, что это были те, которые «лично и материально заинтересованы в продолжении войны».

Когда 30 августа Лебедь прибывает в Грозный, еще 2 000 человек выведены из города, 1 900 сепаратистов тоже покинули его. Лебедь встречается с Масхадовым и Яндарбиевым на этот раз в засекреченном месте в Дагестане. Через девять часов переговоров Лебедь появляется перед домом в Хасавюрте с Асланом Масхадовым и объявляет ожидающей толпе: «Мы достаточно воевали. Война кончилась». Обе стороны через уступки пришли к компромиссному документу. Масхадов говорит об этом: «Война окончилась бы значительно раньше, но только сегодня нашлись политики и военные, которые действительно решили заключить мир».

Лебедь комментирует соглашение словами, что оно стало возможным в результате огромной технической предварительной работы, связанной с выводом войск, причем все стороны точно выполнили договоренности.

«Сегодня неоспоримый факт, что самые лучшие политики — это военные», — заключает Лебедь.

Когда соглашение подписывается при всех, люди, стоящие вокруг, радостно кричат: «Аллах велик! Да здравствует Лебедь! Лебедь — сильный человек! Лебедь — президент!».

Известие распространяется как огонь по Чечне, России, по всему миру: «Война окончена!».

Глава XVI

Мавр
может уйти...

«**И**змена!», «Россию продали!». Это о Лебеде. Государственная Дума волнуется. Когда секретарь Совета безопасности представляет соглашение о мирном урегулировании чеченского конфликта в парламенте, оно вызывает бурную реакцию. Из зала он следит за гневными тирадами ораторов, как будто сидит на скамье подсудимых.

Однако выражение лица у него спокойное. Вряд ли он ожидал чего-то другого. Быть против — в натуре оппозиционных партий, а они представлены в Думе шире, чем правительственная партия; коммунисты и националисты составляют большинство. «Народно-патриотический союз» Зюганова видит в соглашении «прямую угрозу национальной безопасности, территориальной целостности и суверенитету Российской Федерации» и нападает, пользуясь случаем, на политику Ельцина в отношении Чечни. Поддержка приходит только от оппозиционных экономистов-демократов, «Яблока», с лидерами которого Явлинским и Лукиным Лебедь советовался перед заключением соглашения.

Сразу же в понедельник после богатого событиями конца недели министр обороны торопится констатировать, что «только» федеральные войска, которые «временно» были введены в Чечню, были выведены, в то время как несколько воинских частей Северо-Кавказского военного округа остались в Чечне. Генерал-лейтенант Анатолий Шкирко, командующий войсками министерства внутренних дел, выражает свое «сильное сомнение» в конце войны. Кроме того, еще не все мятежники выведены из Грозного.

Министр внутренних дел Анатолий Куликов проявляет свое отрицательное отношение к Лебедю словами «Измена Родине!».

Вице-спикер парламента Сергей Бабурин опасается, что это явится прецедентом для других республик. Лебедь говорит об этом: «Я стою за целостность России, однако к этой проблеме нельзя подходить ранее использованными средствами. У нас есть теперь пять лет, чтобы рассмотреть все нюансы целостности».

2001 год для прояснения вопроса о статусе, как известно, был выбран с оглядкой на конец пребывания на посту нынешнего президента; Ельцину нужно было облегчить принятие соглашения. Только его преемнику при возможно более стабильных условиях пришлось бы окончательно решать чеченский вопрос.

С нетерпением ждут профессионального суждения министра юстиции Ковалева. Однако он не хочет заниматься только профессиональной казуистикой: документ в правовом отношении не обязательный и должен быть дополнен еще двумя соглашениями: одно о межгосударственных отношениях, другое — о регулировании и разграничении полномочий. Министерство иностранных дел молчит, значит, одобряет. Лебедь позже ссылается на то, что его сотрудники видят в подписанном соглашении «явно более благоприятную предпосылку для урегулирования чеченского конфликта», чем в ранее оспариваемом проекте.

Глава республики Завгаев называет соглашение «широко задуманной провокацией» и отказывается от любого участия в предусмотренной Лебедем деятельности по созданию коалиционного правительства.

Подписанное Лебедем и Масхадовым в ночь на 31 августа соглашение состоит из «Заявления» со ссылкой на права человека и с признанием отказа от применения силы и изложения принципов взаимоотношений между Москвой и Грозным.

ЗАЯВЛЕНИЕ

Мы, нижеподписавшиеся, учитывая достигнутый прогресс в реализации соглашения о прекращении военных действий, стремясь создать взаимоприемлемые предпосылки для политического урегулирования вооруженного конфликта, признавая недопустимость применения вооруженной силы или угрозы ее применения при решении спорных вопросов, исходя из общепризнанного права народов на самоопределение, принципов равноправия, добровольности, свободы волеизъявления, укрепления межнационального согласия и безопасности народов, изъявляя волю к безусловной защите прав и свобод человека и гражданина, независимо от национальной принадлежности, вероисповедания, места жительства и иных различий, к пресечению актов насилия в отношении политических оппонентов, исходя при этом из Всеобщей декларации прав человека 1949 года и Международного пакта о гражданских и политических правах

1966 года, совместно разработали принципы определения основ взаимоотношений между Российской Федерацией и Чеченской республикой, на основе которых будет строиться дальнейший переговорный процесс.

А. Лебедь   А. Масхадов

С. Харламов   С. Абумуслимов

Подписано в 1 час 10 минут 30 августа 1996 года.

Место подписания г. Хасавюрт

В присутствии главы группы содействия ОБСЕ в Чеченской республике   Т. Гульдиман.

Принципы определения основ взаимоотношений между Российской Федерацией и Чеченской республикой

1. Соглашение об основах взаимоотношений между Российской Федерацией и Чеченской республикой, определяемых в соответствии с общепринятыми нормами международного права, должно быть достигнуто до 31 декабря 2001 года.

2. Не позднее 1 октября 1996 года формируется Объединенная комиссия из представителей органов государственной власти Российской Федерации и Чеченской республики, задачами которой являются:

осуществление контроля за выполнением Указа Президента Российской Федерации от 25 июня 1996 года № 985 и подготовка предложений по завершению вывода войск;

подготовка согласованных мероприятий по борьбе с преступностью, терроризмом и проявлениями национальной и религиозной вражды и контроль за их исполнением;

подготовка предложений по восстановлению валютно-финансовых и бюджетных взаимоотношений;

*подготовка и внесение в правительство Россий-
ской Федерации программ восстановления социально-экономического комплекса Чеченской республики;*

*контроль за согласованным взаимодействием
органов государственной власти и иных заинтере-
сованных организаций при обеспечении населения
продовольствием и медикаментами.*

*3. Законодательство Чеченской республики ос-
новывается на соблюдении прав человека и гражданина, праве народов на самоопределение, принципах
равноправия народов, обеспечении гражданского мира,
межнационального согласия и безопасности прожи-
вающих на территории Чеченской республики граждан, независимо от национальной принадлежности,
вероисповедания и иных различий.*

*4. Объединенные комиссии завершают свою ра-
боту по взаимной договоренности.*

Российские средства информации реагируют по-
разному соответственно своей политической направ-
ленности. «Независимая газета», почти единственное
издание, аплодирует Лебедю: «Лебедь блестяще выполнил свое поручение и добился максимально возможного». Пункт о статусе Чечни расценивается ею
как путь от войны к миру, как переход к независимости.

«Коммерсант дейли» считает, что Москва за-
платила «высокую цену» за мир предоставлени-
ем прав человека и права Чечни на самоопределение. Газета, правда, ставит вопрос, была ли воз-
можна победа. Она считает заключение соглашения
Лебедя с чеченцами менее трудным делом, чем получение согласия Ельцина.

В этом пункте комментатор газеты, конечно,
был прав. Создалось впечатление, что президент

принимает во внимание мнение тех, кто считает соглашение «капитуляцией» и «возвращением к положению осенью 1994 года». В то же время очевидно, что ввиду угрозы его здоровью безграничной похвалой он поднимает Лебедя как потенциального претендента на президентский пост, на высоты, не оставляющие шансов другим кандидатам в случае падения. Именно так потом и произошло, когда Ельцин сделал Лебедя жертвой, с которой обошлись несправедливо, однако здесь, кажется, это не важно.

Совсем отклонить соглашение Ельцин не может, так как оно возникло на основе проекта, одобренного им и премьер-министром. Однако президент подвергает Лебедя пытке. Весь понедельник — в первый рабочий день после возвращения — Лебедь безуспешно пытается связаться с президентом, находящимся на даче.

Через секретаря Ельцин сообщает, что сначала он должен отдать документ на экспертизу, так как в нем обнаружены «некоторые значительные отклонения от одобренного проекта». «Экспертизу» президент поручает главе правительства.

Одновременно с этим происходит двухчасовой разговор между Лебедем и Чубайсом. Чубайс после заявил, что Лебедь «начал уже свою предвыборную кампанию за президентское кресло».

Соперничество оставляет мало места для миролюбия или взаимодействия: Чубайс чувствует, очевидно, для себя угрозу в стремительном взлете Лебедя. Ему приходилось уже однажды покидать Кремль, после того как Ельцин уволил его с высокого и прибыльного поста заместителя премьер-министра по управлению приватизацией, председателя комитета по управлению государственным имуществом. Он должен был уйти как один из виновников ухудшения жизни широких слоев населения. Однако ему удалось реабилитироваться в качестве организатора предвыборной кампании Ельцина; и президент вернул его назад.

В спектре зарубежных откликов о соглашении в Хасавюрте от скепсиса по поводу его долговечности до осторожного оптимизма венская газета «Стандард» смогла передать соответствующую картину: «То, что войну нельзя выиграть, было ясно уже вскоре после вторжения... Однако некоторые политики и генералы не хотят отказаться от надежды... Потребовалось переизбрание Бориса Ельцина на второй срок, мирная инициатива Александра Лебедя... и операция на сердце президента, чтобы завершить кровавую главу. Вывод российских войск и договоренность о восстановлении экономики подтверждают военную победу чеченцев, но также и являются успехом новой российской реальной политики. Сохранены стратегические интересы Москвы: безопасность трубопровода и теоретическая целостность российской территории...».

Лебедь отдает соглашение на проверку двум независимым друг от друга юристам-экспертам. В то время как один, сотрудник министерства иностранных дел, выражает свое одобрение дипломатично завуалированно: «...Мы удовлетворены ходом событий, связанных с урегулированием конфликта в Чечне...», Олег Хлестов, профессор международного права дипломатической академии министерства иностранных дел России, высказывается более конкретно: «Совместное заявление о принципах, которые... были подписаны, содержат некоторые модификации в сравнении с первоначальным проектом, что естественно, так как речь идет в результате о компромиссе. Некоторые положения существенно улучшили позицию российской стороны... Подписанный текст полностью соответствует целям и принципам основ предыдущего проекта...»

Хлестов далее говорит: «Подписанные документы составлены в рамках Конституции Российской Федерации и конституционной практики». Затем приводит пример Татарстана: «Татарстан провозглашен суверенным государством, субъектом международного права и входит в состав Российской Федерации в соответствии со статьей 61...». Далее идет ссылка на правовую практику Татарстана, которая позволяет заключать международные договоры, а также содержать дипломатические представительства и т. д. Наконец, юрист делает вывод: «Подписанные (с Татарстаном) договоры создают юридическую основу для удачного урегулирования, которое можно было бы применить и в Чечне, конечно, это зависит от российских властей...».

Во многих случаях прямое или косвенное отмежевание от мирного урегулирования, осуществленного Лебедем, в частности, его бывшего сторонника мэра Москвы Лужкова, нужно рассматривать в свете болезни российского президента как политику возможных преемников.

Между тем Лебедь заявляет: «Глава правительства Черномырдин и я несем основную ответственность за продолжение нестабильного, но многообещающего мирного процесса в Чечне». Этим он, хотя демонстративно и разделяет свою заслугу с Черномырдиным, но одновременно передает ему эстафету для дальнейшего претворения в жизнь условий соглашения. О будущем Чечни Лебедь говорит, что «при помощи подписанных документов в страну придет мир и порядок; комиссия в составе семнадцати человек занимается обменом военнопленными; Масхадов контролирует 60 процентов боевых формирований, 30 процентов — частично и только 10 процентов остаются неконтролируемыми; в качестве следующего шага по урегулированию конфликта вводятся совместные временные законодательные и исполнительные органы на базе фактического политического распределения сил, которые должны возродить экономику, обсудить социально-экономические проблемы и восстановить правопорядок в северокавказской республике... Мелкими шагами можно добиться мира; мы будем продвигаться зигзагообразно и от одной позиции добираться до другой...».

В качестве примера решения вопроса о статусе Лебедь напоминает о Татарстане и полагает, что если будет функционировать совместная комендатура, соблюдаться спокойствие и будет работать временное коалиционное правительство до проведения свободных выборов, то сердца с обеих сторон успокоятся самое позднее через полгода, и можно будет начать решение других вопросов. Число погибших в войне, по расчетам Лебедя, достигает 80 000, число раненых в три раза больше. От критики подписанных документов Лебедь отбивается: «Главное, боевые действия прекращены и документы подписаны»...

Чеченские руководители помогают Лебедю в защите хасавюртского соглашения тем, что тщательно избегают проявления эйфории от победы, которое указывало бы на большие уступки с российской стороны. Как Лебедь и обещал, в пятую годовщину независимости, чеченцы отказываются от проведения военного парада — этот день становится днем памяти погибших. Глава мятежников Яндарбиев призывает население к «прощению и примирению».

Между тем Лебедь снова отправляется в Чечню, чтобы договориться с Масхадовым об организации совместного патрулирования и подготовке коалиционного правительства. Завгаев отказывается принять участие и обвиняет Лебедя в попытке государственного переворота против него. Во время этих переговоров Лебедь, как и раньше, настаивает на том, чтобы российский кодекс служил основой, а не законы ислама, шариат, действующий в Чечне. Яндарбиев гарантирует это указом.

Через несколько дней Масхадов на съезде всех партий и движений Чечни — на котором план Лебедя объединить сторонников Яндарбива со сторонниками Завгаева (и чеченцами за пределами Чечни), как и следовало ожидать, бойкотируется Завгаевым — демонстративно занижает успехи чеченской стороны. Сначала он расхваливает работу Лебедя на пути к миру и сразу же заявляет: «Никому не может прийти в голову говорить о каких-то победах над Россией — великой державой с боеспособной армией и атомным оружием. В этой войне никто не может стать победителем». В остальном конгресс мало что дал для подготовки коалиционного правительства — не только из-за бойкота Завгаева, но и из-за эмоциональной атмосферы, что приводит к хаотическому концу мероприятия, задуманного с благими намерениями.

В течение сентября 1996 года успехи и неудачи в делах Чечни сменяют друг друга. Лебедь сначала сам, а затем вместе с Черномырдиным принимает участие в мирном процессе, наконец, только премьер. В середине месяца вывод русских войск из республики приостановлен, так как мятежники не выполняют условия; они снова ссылаются на то, что освобождены не все пленные; хотя это и правда, но речь идет и об обычных преступниках, которых сепаратисты хотят вызволить из тюрем, пользуясь случаем.

Потом лениво тянутся переговоры о коалиционном правительстве. Черномырдин не хочет утвердить коалиционное правительство, предложенное Лебедем и Масхадовым; без него не текут деньги из России на восстановление, которое, в свою очередь, необходимо для соблюдения мира. Москва хочет оказывать влияние на те министерства будущего чеченского правительства, деятельность которых затрагивает интересы экономики России в регионе (это касается транспорта, энергетики и восстановления).

В конце месяца в Назрани (Ингушетия) Лебедь организует конференцию руководителей республик Северного Кавказа (Завгаев бойкотирует и ее); этим он хочет нейтрализовать потенциально конфликтные очаги. Медленно, но верно осуществляется план Лебедя.

Однозначное признание усилий Лебедя приходит из-за границы. Непосредственно перед подписанием соглашения швейцарский дипломат Эрнст Мюлеман* во время визита в Москву приглашает от имени Совета Европы Лебедя и Масхадова рассказать на открытии осенней сессии Европейского парламента о мирном процессе в Чечне. Россия была принята в Совет Европы только осенью 1996 года, после того как ей было отказано в приеме год назад из-за войны в Чечне.

---

* Мюлеман – председатель комиссии по Чечне в Совете Европы.

Почетный председатель и депутат бундестага Федеративной Республики Германии доктор Отто фон Габсбург публично называет Лебедя «российским де Голлем».

Лебедь принимает приглашение Мюлемана, Масхадов тоже. Но Масхадов хочет ехать в сопровождении других руководителей мятежников. Российское правительство выражает протест: оно боится, что выступление может вылиться в признание Чечни. Официально опровергая факты «вмешательства во внутренние дела России», представитель правительства принижает ожидания, связанные с этим приглашением. В действительности, вряд ли мог бы быть в этот период кто-нибудь в Российском правительстве (и в оппозиционном парламенте), который хотел бы видеть, как оценивают за границей действия Лебедя и его самого.

Однако это только вступление к богатой событиями осени, которая начинается 1 сентября возвращением Лебедя после успешной чеченской миссии в московские будни. Из-за отсутствия больного президента освобождается арена для разгорающейся борьбы преемников, в которой Лебедь становится мишенью.

В официальных заявлениях Лебедь демонстрирует уважение и лояльность к Черномырдину, например, он публично не только разделяет с ним свой успех в переговорах, но и выступает за то, чтобы президент во время своей болезни и долгого отсутствия передал (и письменно подтвердил) все полномочия главе правительства Черномырдину, как это предусмотрено Конституцией. На самом деле Ельцин передает премьеру роли всех заместителей: Черномырдин временно председательствует теперь и в Совете безопасности, в Совете обороны, в министерстве иностранных дел, силовых ведомствах. Главное командование армией и контроль за атомным арсеналом президент, правда, не передал и власть Черномырдина немного уравновесил дополнительными полномочиями Чубайса.

Однако Черномырдин соблюдает дистанцию между собой и Лебедем. Наблюдатели объясняют это ревностью к харизматической личности Лебедя и к его высокому авторитету среди избирателей, несмотря на возраст Черномырдина и его административную и финансовую власть (на Западе знают, в каких странах у него есть банковский счет). Как бы там ни было, премьер умаляет значение хасавюртовского соглашения, не признавая за ним, как и министр юстиции, «обязательной законной силы» и не видя «повода для эйфории».

Демонстративное отмежевывание Черномырдина от соглашения Лебедя 5 сентября, через пять дней после подписания документа, уравновешивается тем, что Солженицын, вернувшийся в Россию, публично хвалит мирное соглашение Лебедя как «правильное решение, которое подтверждает и полное поражение федеральных войск. Россия проиграла войну, длившуюся двадцать месяцев, и была не в состоянии навести порядок в маленькой республике, так как она продажна, глупа и безучастна». Писатель говорит о том, что в случае независимости Чечни север республики, учитывая его преимущественно русское население и казаков, должен остаться в России.

Что поддерживает Солженицын, с точки зрения российского национализма, принимает в расчет и Черномырдин, хотя и по другим причинам. При разделе Чечни на северную и южную прорусский север позволил бы русским контролировать месторождения нефти и трассу трубопровода для ее транзита из Азербайджана. Так как все руководящие места будут заняты русскими, больше не будет проблем с защитой русских интересов.

Между тем генеральный прокурор Юрий Скуратов публикует экспертизу соглашения. В ней констатируется, что оно отличается от обсуждавшегося до того в Совете безопасности проекта, где шла речь об определении статуса, — об этом теперь нет речи, а только об отношениях между Россией и Чечней. Лебедь возражает: «Статус республики определен Российской Конституцией, поэтому мы его не обсуждали». Но каждый «приглашается от всего сердца приехать в солнечную Ханкалу и самому посмотреть, что выбрано...».

Молчание Ельцина по поводу соглашения не расстраивает его. В интервью немецкому журналу «Шпигель» (№ 37. «Победа была невозможна») Лебедь даже защищает выжидательную позицию Ельцина — это его «право — хорошо и долго размышлять». При этом он, правда, добавляет, что этому договору на двух страницах «много палок вставляли в колеса. Итак, мы (Лебедь и его чеченские партнеры по переговорам) достаточно запаслись волей и доверием друг к другу, чтобы не разбиться об эти препятствия». Говоря о возмещении Россией ущерба, нанесенного войной, Лебедь вспоминает о том, что поскольку Россия настаивает на принадлежности Чечни к Федерации, речь идет о «восстановлении в собственной стране». «Россия вела войну на собственной территории, причем плохое слово "война" избегалось и заменялось менее страшным "конфликт" и "кризис"».

Расходы на войну Лебедь оценивает в 12 миллиардов американских долларов. На восстановление было предоставлено Москвой 1,5 миллиарда долларов в 1995 и 2,5 триллиона рублей в 1996 году – цитирует Лебедь преданного Москве главу правительства Завгаева, однако ничего не было сделано, и 90 процентов денег исчезли.

В появившейся позже статье в гамбургской «Цайт» Лебедь жалуется на «недостаток конструктивизма и сотрудничества в собственных рядах при доведении до конца и претворении в жизнь достигнутого». Вначале все призывали к миру, однако теперь он не слышит ничего, кроме мелочных придирок. «Очевидно, никто не хотел мира, кроме солдатских матерей», — говорит в заключение Лебедь.

6 сентября, через день после скептических заявлений Черномырдина, сообщают об «одобрении» Ельциным мирного соглашения Лебедя. План быстрого вывода российских войск, правда, из него исключается. Президент «вдохновляет» Лебедя «на дальнейшие усилия», но подчеркивает, что Чечня должна остаться составной частью России. Прикрываясь этим давно и с нетерпением ожидаемым одобрением президента, Лебедь может отмахнуться от громогласного требования Жириновского передать на него дело в Конституционный суд.

После публичного высказывания президента в процесс снова включается премьер-министр. Черномырдин, исключенный из деятельности чеченской миссии роспуском комиссии по Чечне в пользу Лебедя (что он, однако, постоянно опровергает), пытается теперь быстро снова вскочить в движущийся поезд.

В тот же день глава правительства с помощью Совета Федерации образует специальную комиссию по Чечне, в которую он приглашает конституционных экспертов, экспертов по региональной политике, обороне и международным делам, а также мэров Москвы, Петербурга и всех руководителей регионов Северного Кавказа. Руководство комиссией Черномырдин берет на себя, как и руководство дальнейшими мирными переговорами.

Этим премьер-министр оттесняет в сторону Лебедя, несмотря на его компетенцию как советника по национальной безопасности, секретаря Совета безопасности, представителя президента в Чечне и председателя военной комиссии. Отвечая на вопросы журналистов, Черномырдин объясняет этот шаг тем, что хочет «разгрузить секретаря Совета безопасности и освободить для других задач».

В качестве примера премьер-министр называет переговоры о военных аспектах отношений России с Украиной (раздел Черноморского флота) и Беларусью (вывоз российских ядерных ракет), а также военную реформу. Подрыв позиции Лебедя комментаторами в России и за границей рассматривается как попытка вытеснить Лебедя с его главного поста ради возможности стать преемником президента.

Лебедь незамедлительно отправляется на Украину и в Беларусь, чтобы урегулировать очередные вопросы и после этого заявляет журналистам: «Граница между Беларусью и Польшей — государственная граница России с НАТО».

Однако когда Лебедь, обратившись к военной реформе, требует ревизии планируемого на 1997 год бюджета, так как в нем очень мало средств выделяется для военной сферы, сферы высоких технологий, науки и т. д., а это подрывает основы национальной безопасности, глава правительства публично ставит его на место. Экономика должна быть его, Черномырдина, областью, передает он Лебедю через средства информации.

Лебедь выдвинул предложения по увеличению государственных доходов для финансирования названных областей: повышение цен на природное сырье, налогов на экспорт газа и нефти, отмена налоговых льгот и многое другое. Беспокойство Лебедя по поводу недостаточного финансирования армии, состояния объектов ядерного арсенала, плохого снабжения и питания военнослужащих, а также актов насилия и даже убийств в армии, не принимается к сведению.

Лебедь приступает к решению задачи борьбы с преступностью в армии. При этом он берет первым Московский округ, где сконцентрированы 75 процентов российского банковского капитала и наиболее активна организованная преступность.

Российская мафия считается самой страшной преступной организацией в мире. Она создала собственные коммерческие структуры и контролирует примерно 50 процентов российской экономики, прежде всего валютную сферу, добычу нефти и благородных металлов. 3 000 группировок, включающих примерно 600 тысяч организованных преступников: русских, чеченцев, азербайджанцев, грузин, ингушей, дагестанцев и т.д. поделили сферы влияния.

Сфера интересов чеченской мафии — нелегальная перевозка нефти и продуктов ее переработки, торговля кралеными машинами и проституция. Азербайджанцы контролируют казино, торговлю наркотиками и продовольственные рынки. Грузины специализируются на квартирных кражах, грабежах и рэкете, дагестанцы — на воровстве и взломах, в то время как ингуши предпочитают заниматься золотом и благородными металлами.

Москва, до сих пор контролируемая кавказской мафией, все больше переходит в руки русской мафии, которая осуществляет убийства банкиров, журналистов и владельцев магазинов, отказывающихся платить деньги за защиту, подкупает политиков. Кроме того, представители мафии становятся депутатами, так как это обеспечивает неприкосновенность. Деньги за «защиту» предприятий, которые, как правило, составляют четверть оборота, – это всего лишь разменная монета (мелочь) для мафии. Большую часть доходов приносит оборот нефти, наркотиков и оружия между Азией и Западной Европой. Деньги мафия вкладывает, в основном, в недвижимость на Западе. Сращивание преступных и государственных структур в России (и где-то еще) — это мина замедленного действия. Мафия активна, прежде всего, в столицах и областях, богатых сырьем, таких как Якутия и Татарстан с запасами нефти, природного газа, золота и алмазов. Армейские фонды, оставшиеся неиспользованными и без контроля, привели к созданию русской военной мафии, которая берет свое в кризисных районах. Доход мафии оседает на западных счетах, хотя при случае деньги отмываются в российских учреждениях социальной сферы.

Лебедь пытается начать там, где находятся слабые места этих роковых механизмов: экономически обусловленный развал юридической системы работает на руку мафии, делает ее представителей жертвами попыток взяточничества; в некоторых областях не могут даже состояться процессы, так как нет средств на поездки судей.

Лебедь объединяется с московским мэром Юрием Лужковым, так как начинать нужно с московского региона. Уже 7 июля оба подготовили распоряжение относительно принятия решительных мер к местной милиции за связи с подозрительными личностями и лицами без документов. Лебедь составляет план по координации деятельности органов общественной безопасности с исполнительными органами, которые включают следователей и судей ускоренного судопроизводства.

План содержит и реорганизацию российской юридической системы: расширение компетенции и ответственности судей, их защиту от возможного давления со стороны преступников; лучшее дотирование, чтобы избежать взяточничества (от которого должны отпугнуть и строгие наказания); реальные властные полномочия для инстанций, непосредственно занимающихся преступниками (суды быстрого судопроизводства и право применения оружия в отношении наркодельцов); введение электронной сети информации при спецслужбах и федеральных и местных органах юстиции. Что касается необходимых для этого средств, то предполагается строже, чем до сих пор, наказывать за уклонение от уплаты налогов. Лебедь хочет усовершенствовать систему наказаний. Нужно воспрепятствовать выезду из страны лиц, совершивших преступление, требует он. Он хочет добиться, чтобы коррупция квалифицировалась как преступление против государства, чтобы наказывались как явные, так и скрытые взятки.

Однако парламент отказывается утвердить его поправки к законам, разработанные юридическими экспертами, относительно организованной преступности и коррупции, а организации по правам человека возражают против этого, потому что в них предусмотрены и выселение людей, и арест домовладельцев.

На реформу армии Лебедь смотрит как на составную часть концепции национальной безопасности. Он формулирует новую военную доктрину. При этом бывший командующий армией исходит из 73 кризисных очагов в мире, примерно в трети из них уже начались вооруженные конфликты. Лебедь указывает на рост напряженности в потенциально конфликтных областях. Большинство их находится на территории бывшего Советского Союза.

Главной причиной кризисных ситуаций являются «правовой нигилизм», «агрессивный национализм» и притязания на территории или нерешенные вопросы статуса социально-экономического развития в регионах СНГ и Российской Федерации. К этому относились и дискриминация меньшинств, и споры из-за собственности между субъектами и Федерацией.

В то время как министр обороны Родионов видит опасность в ближайшем будущем «внутри» из-за слабости и недостаточной ударной силы современной армии, Лебедь полагает, что угроза идет от границ России: на юге и на востоке. На юге — в Закавказье, Центральной Азии, так как в этих регионах политические конфликты подогреваются этническими и религиозными разногласиями. Лебедь опасается, что Таджикистан с Ираном и Пакистаном будут втянуты в конфликт с Афганистаном, и на Узбекистан и исламскую часть Казахстана может перекинуться то, что угрожает безопасности России.

Для России, считает Лебедь, представляет опасность угроза турецкого влияния на Северном

Кавказе и в Закавказье с тех пор, как к власти в Турции пришла исламская партия, рассматривающая названные области как сферы своего влияния. Все это может привести не к глобальным, а к местным конфликтам, которые нужно пресечь в зародыше. В военном отношении целесообразно было бы использовать в этих областях только мобильные отряды для устрашения организаторов, ограничения или нейтрализации конфликтов. Лебедь и Родионов сходятся во мнении относительно того, что на юге России реальной угрозой может стать ислам, на Востоке из-за неплотного заселения больших территорий — Китайская Народная Республика. На западе действующие пограничные войска должны бы быть противопоставлены приближающемуся к границам России НАТО. В настоящее время ни одна российская дивизия не может быть приведена в боевую готовность в течение двух-трех часов. Поэтому армия должна стать меньше, но боеспособнее.

Говоря о политике, Лебедь и Родионов высказались против того, «что — как уже практиковалось много лет — для видимости сохранения российского престижа или иллюзии величия повсюду в мире мы вмешиваемся в решение проблем». Что касается НАТО, оба говорят о партнерстве с ним, в которое входит и обмен, так как это углубляет доверие и снижает напряженность.

Однако когда Лебедь хочет приступить к осуществлению реформы армии, он наталкивается на ограничение свободы действий. То, что премьер-министр не собирается увеличивать ассигнования на армию, уже давно стало ясно. Но на пути Лебедя стоят и административные препятствия. Как секретарь Совета безопасности и советник президента по вопросам национальной безопасности, а также председатель комиссии по вопросам назначения на высшие должности в армии летом он был поставлен Ельциным чуть ли не выше министерства обороны, генерального штаба, министерства внутренних дел, федеральной службы безопасности, пограничных войск и других силовых ведомств.

Однако через месяц президент противопоставил Лебедю Совет обороны, состоящий из нескольких человек. Лебедю придется не только делить с ним функции и власть, но и оказывать уважение верхушке Совета обороны — президенту Ельцину, премьер-министру Черномырдину и тому самому Батурину, предшественнику Лебедя на посту советника по вопросам национальной безопасности. Таким образом, с конца июля Батурин — начальник Лебедя, а не подчиненный.

Наконец Лебедю наносит удар в спину и его бывший союзник, министр обороны Родионов: он объявляет о сокращении Военно-воздушных сил на четверть.

Осенью, через месяц после успешной чеченской миссии, сфера деятельности Лебедя становится еще уже. Когда генерал Рохлин предлагает создать под руководством Лебедя военный совет внутри Совета безопасности (в качестве контрольной инстанции), президент вместо этого создает новую комиссию по военным назначениям и ставит во главе ее Юрия Батурина. Чубайс признается, что приложил к этому руку. Однако его объяснение заставляет прислушаться: Лебедь начал требовать, чтобы генералы приносили ему присягу верности. Это наводит на мысль о подготовке военного путча.

Лебедь поражен переводом Батурина в сферу его ведомства. А слухи о подготовке путча он называет «игрой воображения» и добавляет, что считает военный переворот «ложным путем... для прихода к власти в этой стране». Лебедь подчеркивает, что он не хочет добиваться власти никаким другим путем, кроме законного. Хотя армия находится на грани мятежа, «Россия не имеет традиций попыток военного переворота — мы, слава Богу, не в Аргентине!»*.

Этим Лебедь поставил себя в неловкое положение. Замечание вызывает волну протестов. В Буэнос-Айресе русского атташе вызывают в министерство иностранных дел, и он должен выслушать заявление о недовольстве правительства высказыванием Лебедя. Лебедю пришлось извиниться.

Однако его противники не дают ему отдышаться. Сценарий — невозможность прямого контакта с Ельциным, неясность, дошли бумаги Лебедя до президента или нет, официальное одобрение и в то же время критика соглашения Лебедя, выхолащивание Черномырдиным и Чубайсом переданных ему функций — от деятельности в Чечне до национальной безопасности и армии. Средства массовой информации являются инструментами этого: российское телевидение, ОРТ и НТВ, принадлежащие правительству и близким к нему банкирам Березовскому и братьям Гусинским. Поэтому выступление Черномырдина, в котором он критикует соглашение Лебедя, полностью показывают по телевидению, в то время как Лебедю предоставляется лишь короткое время, чтобы сказать о происходящем и о документе. В своих попытках связаться с президентом и конструктивно поработать с

---

* В Аргентине в 1930 году совершился военный переворот, до 1983 года там правили различные военные режимы.

премьер-министром Лебедь наталкивается на невидимую стену, за которой фронт становится все шире и уже давно состоит не только из Черномырдина и Чубайса. Любая попытка работать дальше, конкретно в какой-нибудь области, а не только с бумагами, заканчивается ничем.

Следующим шагом Черномырдин изолирует Лебедя публично, провозглашая, что он настаивает на том, что пока президент находится на отдыхе или в больнице, «советник по вопросам безопасности (Лебедь) может общаться только через премьер-министра».

Ельцин до середины сентября находится на даче в Подмосковье, затем в больнице для подготовки к запланированной на середину ноября операции.

2 октября терпение Лебедя лопается. Лебедь узнал, что Батурин будет председателем комиссии по назначению военных. Несмотря на угрозы Чубайса, который единолично контролирует доступ к президенту, Лебедь добивается встречи, разыскивает его в больнице. Это первая встреча Лебедя с Борисом Ельциным за два месяца. При этом речь заходит и о только что объявленном назначении в комиссию Батурина, которую президент еще в июле передал Лебедю. Однако Ельцин успокаивает Лебедя, порекомендовав ему (как он неожиданно сформулировал в выступлении по телевидению) «ладить в Кремле с другими», что выглядит немного как муштра упрямого сына.

Лебедь немедленно узнает, что заставило президента занять такую позицию. В этот же день Чубайс устраивает пресс-конференцию. На ней он объявляет, что Лебедь предложил президенту уволить его из-за назначения Батурина в его ведомство. Сразу же об этом сообщается во всех газетах в России и за рубежом. Лебедь ошеломлен и энергично опровергает это. Потом выясняется, что Чубайс и президенту доложил, что Лебедь хочет заявить о своей отставке из-за Батурина.

Но Лебедь не показывает никаких признаков усталости. В эти дни состоится заседание Думы по поводу хасавюртского соглашения. В хор его критиков теперь вступают и члены правительственной партии («Наш дом — Россия» Черномырдина) и члены правительства. Министр внутренних дел Куликов, который уже прежде кричал «Позор», «Предатель!», пользуется теперь теми же аргументами, что и коммунисты: «Соглашение — это коронация агрессоров (сепаратистов) и льготная грамота для неограниченных односторонних уступок с целью отделить Чечню от России в самой деструктивной и самой унизительной для нас форме. Это приведет еще к многим конфликтам и государственной катастрофе!».

Не раз Лебедь требует отставки Куликова (из-за его роли в чеченской войне, упоминавшейся прежде на страницах книги). И тем не менее противники Лебедя и сам премьер-министр помогают оставаться Куликову в седле. В это время политически президенту было бы трудно уволить своего министра внутренних дел и подтвердить этим косвенно веские упреки в собственный адрес.

На массированные нападки в Думе Лебедь отвечает несколькими фразами: «Я выполнил порученную мне президентом миссию и договорился о мире в Чечне. Теперь зависит от других решение военных и политических проблем и восстановление страны. 80 — 100 тысяч человек погибли в боях...

Россия не отступает и не может отступить; однако Россия набралась ума и положила конец тому, что принесло ей позор и могло бы приносить еще многие годы... В девятнадцати субъектах Российской Федерации своя конституция имеет преимущество перед федеральной — эти и несколько других республик, субъектов Федерации, добились спокойно и без войны много большего, чем требуют чеченцы».

Однако и оттуда в лицо Лебедю дует резкий ветер, едва успокоились волны после замечания Яндарбиева в середине сентября, что он считает «референдум о нашей независимости излишним», так как «она уже свершившийся факт». Теперь после бурного парламентского заседания Масхадов в интервью ОРТ 6 октября заявляет, что Чечня «никогда не согласилась бы быть в составе России по конституции». В тот же день Сергей Шахрай, выступая на НТВ, говорит, что министр иностранных дел Примаков предостерег несколько стран от дипломатического признания Чечни.

Как бы спокойно ни рассматривал Лебедь перебранку, как ходы в шахматной игре, он чувствует изоляцию со всех сторон, как и то, что в качестве претендента на пост президента он не имеет базы в виде партии.

В тот же день, когда Черномырдин объявляет о новой комиссии по Чечне под собственным руководством и этим дезавуирует Лебедя, он представляет новое движение. Оно носит название «За правду и порядок» и объединяет КРО, «Демократическую партию России» (ее председатель Галина Старовойтова, как и Явлинский, одна из немногих выступает в защиту политики Лебедя) и союз «Честь и Родина». Лебедь возглавляет новое движение вместе с Дмитрием Рогозиным и экономистом Сергеем Глазьевым.

Между тем средства информации подводят итог ста дням Лебедя. Большая часть одобряет окончание войны в Чечне, некоторые газеты, вероятно, под влиянием мнимых слухов о путче, носившихся в последнее время, выражают «озабоченность в связи с амбициями Лебедя». «Появился новый, более меткий игрок в политической футбольной игре России, единственной целью которого является попасть в ворота, — пишет «Московский комсомолец». — И его нельзя удалить с поля — кроме как сломать ему ногу». «Я пришел служить стране, не Вам», — цитирует «Независимая газета» слова Лебедя президенту при вступлении в Кремль. В дальнейшем газета подчеркивает, что Лебедю нужно было побыть лишь несколько недель в этой должности, чтобы закончить войну в Чечне, продолжавшуюся 21 месяц. Изоляция Лебедя от президента не скрывается, как и то, что его оппоненты в Кремле при осуществлении его планов вставляли палки в колеса. Газета завершает резюме о 100 днях констатацией, что именно отличие от «новых» старых политиков нравится народу в Лебеде.

«Известия» предоставляют слово самому Лебедю. После того как он высказался за «российские, вместо западных, решения проблем России», Лебедь говорит о себе: «Против меня образовался альянс. Президент общается только с ограниченным кругом лиц, к которым я не принадлежу».

В радиоинтервью Лебедь критически оценивает свои первые 100 дней. Он недоволен, говорит он, так как он максималист. Но он сожалеет, что ему не удалось разобраться в самых важных сферах, потому что он «до сих пор не понял механизма принятия решений на самом высшем посту».

Во второй неделе октября Лебедь готовится к своей первой поездке за границу. НАТО пригласил его посетить штаб-квартиру союза в Брюсселе. Это считается признаком значимости (соответственно перспективы), которую приобретает Лебедь на Западе, и попыткой изменить его агрессивные взгляды по поводу расширения НАТО на Восток.

Вопрос о расширении на Восток может считаться одной из немногих тем, по которой в России царит единодушие, что можно назвать национальным консенсусом. Отношение Лебедя к этому придает ему лишь его индивидуальную грань. Хотя считается выдуманным, что реакцией Лебедя однажды была угроза «третьей мировой войны», но в обезоруживающих подлинных цитатах недостатка нет (например: «Мы вспомним о том, что у нас есть ракеты; хотя они и заржавели, но для устрашения они всегда хороши!»).

Первый этап расширения НАТО, форсированный в 1996 году и принятый в 1997 году на заседании совета НАТО в Мадриде, предусматривает прием в альянс Польши, Чехии и Венгрии. Словения и Румыния, тоже предложенные для приема Францией и Италией, занесены в список очередников; это действительно прежде всего для балтийских государств, так как ясно одно: российское терпение нельзя испытывать бесконечно. Через Польшу НАТО и без того уже столкнется с российской границей — под Калининградом, где еще размещены 100 тысяч российских солдат. Поэтому умышленно пропускают мимо ушей и желание Украины, исполнение которого согласно реакции русских означало бы одно: причина для войны.

Стремление ФРГ к укреплению русско-германских отношений доверия и предложения по будущим отношениям НАТО — Россия уже смягчили официальную российскую позицию. Обе стороны знают: у России нет возможностей наложить вето на расширение НАТО на Восток; с другой стороны, ее голос в Совете безопасности может заблокировать соответствующие намерения НАТО.

При встрече со своими коллегами из 16 стран — членов НАТО 4 июня 1996 года в Берлине министр иностранных дел Примаков пришел (поневоле) к выводу, что Россия может принимать политическое расширение на Восток, но не военное (создание военной инфраструктуры, размещение войск, оружия, система обороны, противовоздушная оборона, создание командных структур и проведение маневров). Примаков уезжает «удовлетворенный».

Это не помешало министру обороны Игорю Родионову в конце июля в газете «Красная звезда» назвать возможность расширения НАТО на Восток «главной проблемой России на Западе» и предупредить, что это «опасно изменило бы стратегически военное равновесие в Европе, так как тактические летательные аппараты могли бы достичь западных городов России, таких как Смоленск, Курск и Брянск».

Примерно в то же время в интервью «Файнэншл Таймс» Лебедь сообщает англоязычным читателям, что Россия не намеревается наживать себе врагов, и не без иронии добавляет: «Если страны НАТО имеют достаточно денег для кандидатов — тогда пожалуйста, желаем всего хорошего!».

В октябре 1996 года Лебедь едет в Брюссель, как раз за полгода до подписания «Основополагающего акта» между НАТО и Россией. Россия уже взаимодействует с НАТО на территориях, не входящих в альянс стран, как, например, в бывшей Югославии. Лебедь, однако, во всем этом не видит причины относиться положительно к расширению на Восток.

«Против кого направлен НАТО, если не против нас?» — так звучит риторический вопрос Лебедя. Его ответы на этот вопрос повторяются в различных случаях: Россия не представляет никакой угрозы для кого-либо, так как ее армия не готова к серьезной обороне и должна реорганизовываться; расширение НАТО привело бы к образованию нового блока и заставило бы Россию заключить альянс с Беларусью и Украиной, а также с каким-нибудь партнером на Востоке; Россия может использовать санкции (экономические, например); расходы на создание новых военных инфраструктур в странах, вступивших в НАТО, были бы для них довольно высоки.

Потом Лебедь снова спокойно (как можно узнать из одной российской газеты) примиряется с расширением НАТО на Восток, «так как западные налогоплательщики и избиратели скоро поймут, что расширение им будет стоить 250 миллиардов долларов».

В интервью «Дейли телеграф» от 24 сентября Лебедь угрожал экономическими санкциями немецким и американским фирмам, работающим в России, в качестве наказания за расширение на Восток. «Всегда найдется кто-нибудь, кому можно причинить боль», – заключает Лебедь. Он говорит также о попытке Германии создать «четвертый рейх». Затем, правда, пресс-секретарь Лебедя Александр Бархатов отрицает, что Лебедь когда-либо давал интервью британской газете.

«Почему я не должен ехать в Брюссель и послушать, что там планируют», — оправдывается Лебедь перед отъездом и добавляет, что он намеревается предостеречь представителей НАТО от расширения на Восток — хотя он осознает, что Россия слишком слаба, чтобы противостоять подобным процессам.

Эберхард Шнайдер, эксперт по Востоку в федеральном институте восточных и международных исследований в Кельне, встречался с Лебедем незадолго до его отъезда и попытался предрасположить генерала к аргументам другой стороны и настроить его более мирно. Шнайдер говорит о Лебеде как о «вполне разумном и любознательном человеке». Наконец Лебедь садится в самолет, который доставляет его поближе к «вражеской организации». По прибытии в Брюссель 6 октября Лебедь заявляет журналистам, что он ожидает «трудного, но цивилизованного диалога» и «закончит спор между Москвой и союзом 16 государств из-за планов по расширению» тем, что «опишет ситуацию с точки зрения России и представит при этом некоторые идеи».

Вскоре он отправляется в штаб-квартиру НАТО. В течение двух дней длятся встречи и беседы в политическом и военном центре организации. Сотрудники НАТО постарались создать неформальную атмосферу. «Это не заседание для переговоров, а лишь завязывание контакта, — пытается уменьшить значение визита (учитывая реакцию в Москве на визит Лебедя) один из представителей союза. — НАТО — открытая организация, и наш гость может посмотреть все, что хочет».

Хозяева подчеркивают, что приглашение последовало «в продолжение прошлых переговоров с министром иностранных дел Примаковым и министром обороны Родионовым для углубления партнерства». Подозрение, что с Лебедем хотят познакомиться как с возможным будущим президентом, чтобы сделать его союзником, вызывать было нельзя.

7 октября в течение нескольких часов состоится встреча и ужин с генеральным секретарем НАТО Соланой и послами 16 стран — участниц. Уже в первые минуты встречи с Соланой резкий тон Лебедя меняется. После того как русский несколько раз говорил о НАТО как о «сжатом кулаке», Солана несколько раз поправляет его: «Нет, открытая рука». К удивлению присутствующих, Лебедь реагирует на это явно благоразумно, проворчав: «Тогда, пожалуй, мне нужно использовать другую терминологию».

Солана сказал перед визитом: «Я не жду переворота во мнении за 24 часа, но я надеюсь, что могу помочь убедить русских в том, что альянс и его расширение не представляют никакой угрозы для Москвы тем, что я покажу им, что мы можем делать вместе». Например, продолжение совместной миссии мира НАТО в Боснии... Мандат ее истекает в декабре 1996 года и, очевидно, будет продлен еще на один год.

Впоследствии Лебедь тщательно избегает прежних выпадов против альянса. В ходе совместного ужина он намекает на то, что хочет взять на себя контроль за отношениями между Россией и альянсом у министерства иностранных дел. В НАТО положительно реагируют на это: «Если это произойдет, мы могли бы иметь на длительное время настоящего партнера по переговорам», — заявляет представитель альянса.

В застольной речи Лебедь призывает к более тесному военному сотрудничеству между Россией и НАТО в рамках «партнерства во имя мира» и продолжает: «Я пришел к заключению, что страна, которую я имею честь здесь представлять, никоим образом не исчерпала возможности. Я уверен, что в ближайшем будущем мы осуществим более тесное взаимодействие...».

8 октября Лебедь посещает военную штаб-квартиру в южной части Бельгии, где встречается с высшими военными чинами и главнокомандующим сил Европы, награжденным высокими орденами, американским генералом Джорджем Джулваном. Там находится и российский офицер связи по координации с 2 000 российских солдат миротворческих сил в Боснии. Американский генерал показывает Лебедю не только территорию, но и помещение в центральном пункте управления, откуда координируется миротворческая миссия альянса в Боснии (и откуда в свое время скрыто планировались акции НАТО против Советского Союза). Во время экскурсии Лебедь говорит, что видит угрозу для России не на Западе, а на нестабильном юге России.

К концу, кажется, жесткая позиция Лебедя становится мягче, как он сам признается. На пресс-конференции он появляется в хорошем настроении и хвалит эффективность НАТО. Но он осознает, что за каждым его высказыванием в России следит недреманное око. Так «Шпигелю» он говорит, что «состояние холодной войны» НАТО не изменилось и что «безумие заставить сверхдержаву Россию поверить в то, что расширение НАТО на Восток неизбежно и не имеет ничего общего с Россией...».

Хотя Россия продолжает выступать против расширения на Восток, но признает «законное право восточноевропейских стран вступить в НАТО», — продолжает Лебедь. «Перед этим, — добавляет он, — следовало бы, однако, подписать соглашение между Россией и НАТО по предложению Ельцина, которое регулировало бы отношения между ними. Лучше всего было бы «передать» расширение НАТО следующему поколению, которое будет свободно от менталитета конфронтации холодной войны».

С генеральным секретарем НАТО Соланой Лебедь разработал рамочный проект по совместной разработке решений в рамках кооперирования между НАТО и Россией. О деталях проекта они не сообщают.

Когда 9 октября Лебедь покидает Брюссель, он кратко делает выводы, что «собственная пассивность России в отношении НАТО» потеснила ее к краю при создании новой структуры безопасности и лишила ее своего влияния. Он призывает к более активному общению России с НАТО, который не является «монолитным блоком».

Члены НАТО находятся на грани эйфории, сообщает «Рейтер». «Лебедь был благоразумен и ни в коем случае не относится к тем, кто стучит кулаком по столу, как мы ожидали», — говорит один из хозяев. Кажется, НАТО видит в Лебеде «способного действовать руководителя». Больше всего нравится то, что «Лебедь прояснил необходимость переосмысления с обеих сторон», как выразился один из чинов НАТО. Он видит положительное и в «трезвом стиле Лебедя, в его стойкости и в его готовности к обмену мнениями. Таким образом, Лебедь несравнимо лучший кандидат, чем другие российские руководители, включая Ельцина и Примакова, от которых слышишь только сердитые тирады против расширения НАТО».

«Он несет с собой свежий ветер, но есть большое *если*», — говорит один представитель альянса. Под этим «если» подразумеваются сомнения, выживет ли Лебедь в политическом смысле, чтобы взять на себя решение запланированных задач. Именно распространяемые средствами информации сведения об успехе Лебедя, которому на Западе отводится роль «президента в состоянии ожидания», могут стать при драматическом ухудшении состояния здоровья Ельцина причиной политической гибели Лебедя. Кроме того, один дипломат говорит: «Если же еще попытаться лишить влияния министерство иностранных дел, его оппоненты будут бороться как тигры, и я не уверен, что Лебедь выиграет эту борьбу». Действительно, прохладный восточный ветер дует навстречу Лебедю, когда он приземляется в Москве. Недавно заключенный им союз с вышвырнутым летом начальником охраны президента Коржаковым выставляет Лебедя в ложном свете, так как бывший охранник Ельцина будто бы замешан в вымогательстве денег. Иначе говоря, генерал из круга Лебедя будто бы обогатился. И еще Лебедю требуется срочно явиться в парламент и объяснить свою позицию по отношению к НАТО. Об этом он узнает из газет.

Министр иностранных дел Примаков давно ответил на распространившиеся в России слухи об инициативе Лебедя начать более тесное сотрудничество и поскорее подписать соглашение между НАТО и Россией: «Такой документ был бы бессмысленным и имел бы чисто декларативный характер». Кроме того, мало смысла в том, чтобы вести переговоры с Соланой, «так как у него нет собственной точки зрения, и он только передает точку зрения 16 стран». Лебедь сейчас же меняет тон и в своем первом публичном выступлении после возвращения из Брюсселя (в связи с празднованием 300-летия российского флота) снова становится на сторону тех, кто критически относится к расширению НАТО на Восток: «Кто знает, не произойдет ли с нами то же, что недавно было с Ираком?» — спрашивает он, намекая на американскую ракетную атаку на Ирак после введения в бой армии Саддамом Хусейном против курдов.

Однако и на родине есть для Лебедя просвет: хотя он больше, чем когда-либо подвергается нападкам из-за отношения к расширению НАТО на Восток, результат опроса показывает широкую поддержку его политике со стороны избирателей. 10 октября становится известно, что из 3 000 человек на вопрос, какому политику они больше всего доверяют, 40 процентов назвали Лебедя (по сравнению с 13 процентами год назад), 16 процентов — Зюганова (прежде 11 процентов), 14 процентов — Черномырдина (как и раньше), 12 процентов — Явлинского (осталось неизменным). Президент Ельцин занимает пятое место с 11 процентами (по сравнению с 5 процентами раньше), мэр Лужков 7 процентов (прежде 5 процентов). На седьмом и последнем месте стоит Жириновский с 5 процентами.

10 октября в одной российской газете появляется статья Лебедя. Это призыв к накапливанию общих сил и к лояльности при преодолении кризиса, в котором находится Россия (подобно речи генерала Алексеева восемьдесят лет назад). Кому направлен этот призыв, нетрудно отгадать. Если

читать между строк, то создается впечатление, что речь идет о помощи не только стране, но и тому, кто стоит здесь на краю пропасти и сам готов свалиться в нее: «Россия стоит на краю пропасти, и наша первоочередная цель вытащить ее оттуда. Война в Чечне окончена волей президента Ельцина как часть его плана мирного урегулирования конфликта.

Я рассматриваю это мирное урегулирование как свою главную миссию. Далеко не все проблемы решены при урегулировании этой национальной трагедии. Остаются, например, вопросы обмена военнопленными и образование коалиционного правительства. Главная задача для России — это развязывание чеченского узла без кровопролития. Наши потомки будут решать, кто был прав, а кто нет. Если болен весь организм России, Чечня не может рассматриваться как общая проблема, а лишь как раненый мизинец. Чеченский кризис — это самая неотложная проблема России, но, к сожалению, не единственная.

Вот несколько других жгучих вопросов, которые в ближайшем будущем могут создать настоящую угрозу для национальной безопасности. Один из них — критическое положение в армии. Одно лишь министерство внутренних дел должно ей 4,8 триллиона рублей. Забастовки коллективов энергетиков и шахтеров в рудниках могут привести к массовому взрыву, если армию охватит общее настроение.

К другим болезненным проблемам относятся наука, экологическая нестабильность наших атомных электростанций, распространение и хранение ядерных отходов и кризисная ситуация в северных регионах. Наши социально-политические проблемы обостряются из-за отсутствия государственной программы решения вопроса о беженцах; у многих нет крыши над головой, не говоря уже о работе, и их толкают на преступления. В настоящее время в России четыре — шесть миллионов не имеют подданства, из них более 200 тысяч только в Московской области. В какой другой стране есть подобные проблемы?

Не в моей власти решить все эти вопросы, но никто не может мне помешать обратить на это внимание руководства страны и общественности.

Я полагаю, в данной ситуации может помочь Совет безопасности, подсказывая направления для принятия важнейших решений государства. Я больше ста дней нахожусь на посту секретаря Совета безопасности и все же до сих пор не могу понять, как в этой стране принимаются решения на руководящем уровне. Однако я теперь убежден, что мы не можем решить свои проблемы без настоящего сотрудничества всех органов власти, особенно в правительстве, в президентском штабе и в Совете безопасности.

Не нужно пытаться меня контролировать, как это делают некоторые высокопоставленные лица. Я уважаю только принцип сотрудничества и открыт для всех контактов. Как гражданин России я смогу найти общий язык с каждым, у кого добрые намерения. Я полагаю, самое лучшее доказательство чьих-либо намерений — его действия.

Теперь не время определять, кто стоит справа, кто слева. Главное теперь — выполнение практических задач, от которых зависят многие национальные интересы. Совет безопасности призывает все властные структуры и представителей всех партий и движений скоординировать и объединить свои усилия. Что нам нужно, так это не демонстрация лояльности, а сконцентрированные, действенные акции, которые помогут стране преодолеть кризис».

Спустя день главный редактор «Моей газеты» Андроник Мигранян ставит диагноз ситуации вокруг Лебедя. Он может считаться редким свидетельством свободного выражения своего мнения, стремящегося к объективности (чего нельзя сказать о большинстве российских средств информации):

«Анализы его [Лебедя] активности теле- и радиокомментаторами делаются в интересах их господ (близких к правительственным кругам), обеспокоенных посещением Лебедя заграницы и его возможным альянсом с генералом Коржаковым, которые, очевидно, дали приказы своему «войску» дискредитировать Лебедя. Не удивительно, что комментарии некоторых журналистов были на уровне контролируемых коммунистами средств эпохи застоя [при Брежневе]...».

Комментатор пытается анализировать то, чего достиг Лебедь, и то, что ему не удалось. «Вопреки истеричным обвинениям псевдопатриотов и коммунистов, Лебедь не предавал российские интересы. Окончание вражды в Чечне скорее его большая заслуга, которой он оправдал доверие избирателей». Дальнейшая судьба лежит в руках российского руководства.

Передачу ведущих постов внутри структур в Совете обороны Батурину и в других сферах, близких к Совету безопасности, Черномырдину публицист расценивает менее драматично, чем сам Лебедь. Логично, что сила Лебедя представляет угрозу для президента, так как генерал ставит к стенке своих соперников в борьбе за президентство, а те попытались поэтому отрезать его от административных, финансовых и информационных источников. Однако для Лебедя важно сохранить свой пост для своего политического имиджа.

Достоин внимания совет Миграняна Лебедю: он должен продолжить свою работу, насколько он может выполнять ее в данных обстоятельствах, и не думать об отставке: «Предложение уйти в отставку не поможет ему в его предвыборной кампании. Наша история последних лет демонстрирует, что только скандальное отстранение от властного поста станет серьезным аргументом для русских голосовать за униженного генерала...».

Ограничение власти Лебедя, чтобы помешать претворению в жизнь его решений другими политиками и властными структурами, делает, правда, невозможным его связь с правительством, «но именно этим близорукие конкуренты Лебедя и их послушные слуги толкают его на открытый конфликт с правительством. Что теперь выглядит негативным для него на его посту чиновника, может, однако, превратиться в положительный фактор, если Лебедь сам станет публично действующим политиком».

В итоге автор видит, что при размежевании с правительством остался положительный фактор мира с Чечней, в то время как отрицательные факторы, неосуществление реформ в армии и борьбы с коррупцией и преступлениями из-за препятствий со стороны других министров и членов правительства относятся к ним самим и к отказу президента уволить министра внутренних дел Куликова. Учреждение, с помощью которого Лебедь мог бы создать порядок, было разрушено самим правительством, может сказать по праву Лебедь.

В итоге остался, как считает Мигранян, «категорический успех национального значения и несколько тактических неудач, которые когда-нибудь могли бы принести большое стратегическое преимущество».

Объединение Лебедя с Коржаковым, очевидно, беспокоит прежде всего Чубайса и министра внутренних дел Куликова. Оба раздумывают над ответными действиями. «Я хочу только подать ему руку», — объяснил Лебедь свое решение публично поддержать его, чтобы тот мог получить мандат депутата парламента. «Насколько я знаю, он ничего себе не позволял; то, что упреки в его адрес не доказаны, показывает, между прочим, тот факт, что он продолжает получать свою зарплату».

Особенно острую реакцию со стороны Анатолия Чубайса на партнерство Лебедь — Коржаков (он даже раздул кампанию в прессе, обвиняя Коржакова в попытке шантажа) публицист Лилия Шевцова объясняет тем, что это означает расширение влияния Лебедя. Благодаря этому он получает доступ к финансовым кругам, которые поддерживают средства информации, управляемые правительством. Кроме того, эта связь дает Лебедю больше власти, так как из-за многолетнего близкого сотрудничества Ельцина и бывшего работника КГБ Коржакова ему стал доступен компрометирующий материал о членах правительства за последние годы и, таким образом, ему попало в руки эффективное оружие в борьбе за власть.

Атмосфера в Кремле становится ледяной для Лебедя. Середина октября, однако здесь уже наступила зима. Внутри Кремля идет холодная война. Недалеко от канцелярии Лебедя готовится видеофильм. В нем смонтированы критические высказывания Лебедя о России, правительстве и президенте. Где-то фабрикуются документы и целенаправленно распространяются слухи. Журналисты узнают, что готовится военный переворот. Доказательства — заметки без названий и подписей — имеются. Слухи постепенно передаются от одного к другому как фактический материал. В последний момент из канцелярии Чубайса сообщается, что смогли предотвратить самое худшее.

Наступает злополучное 16 октября. Премьер-министр Черномырдин созывает срочное совещание. На нем министр внутренних дел Куликов сообщает, что Лебедь мнит себя Наполеоном и хочет создать личную армию для свержения правительства. В тот же день Куликов на пресс-конференции между прочим говорит: «Премьер-министр Виктор Черномырдин получил документы о подготовке переворота секретарем Совета безопасности Лебедем». Далее Куликов утверждает, что у него есть «оперативная информация» о том, что Лебедю обещана поддержка 1 500 чеченских мятежников, чтобы захватить власть в России. Кроме того, перед ним лежит статья из одной иностранной газеты, в которой Лебедь называется следующим президентом. «Так как это должно быть до срока, определенного Конституцией, из этого четко вытекает, что это может быть достигнуто только противозаконным путем, путем мятежа», — заключает Куликов.

Кроме того, Куликов ссылается на заседание, на котором Лебедь поставил задачу до 27 августа (!) разработать предложения о создании легиона в 50 000 человек. Он должен быть создан по образцу французского иностранного легиона и вводиться в кризисные регионы. «Ясно, — делает Куликов из этого вывод, — что Лебедь здесь задумал что-то противоречащее конституции».

Уже в тот же вечер Лебедь передал «Интерфаксу» свое мнение об этом: «Я действительно посылал документы с требованиями создания региональной базы для бригады в 3 000—3 500 человек из внутренних войск министрам внутренних и иностранных дел, чтобы иметь в государстве минимальную группу быстрого реагирования. И начальник генерального штаба Российской Федерации генерал армии Михаил Колесников, и начальник штаба войск министерства внутренних дел генерал-лейтенант Маслов на это ответили подписью на документе, что они в состоянии и готовы к концу 1999 года (!) выделить такие бригады».

Позже Лебедь спрашивает: «Почему он не кричал 28 августа — и если моя программа по созданию легиона была шагом к подготовке путча, что же тогда делал министр внутренних дел с 28 августа?!».

Личные примечания Лебедя: «Я об этом вчера сообщил и Думе. Между прочим, я бы с удовольствием подал жалобу впервые в своей жизни на Анатолия Куликова. Мне не нужны его продажные деньги, я накажу его на рубль, и этот рубль сохраню на память...».

Между прочим, он, Лебедь, хотел бы напомнить президенту старую мудрость: «Не принято менять лошадей на переправе».

В тот же день Лебедя и его телохранителей преследуют и задерживают, когда они покидают Кремль. Именно люди из министерства внутренних дел нападают на него, и потом Лебедь узнает о соответствующем указании. Телохранители Лебедя обезоруживают нападавших и находят у них видеокамеры. Загнанные в угол, они выдают своих заказчиков: начальник 9-го отдела оперативной группы министерства внутренних дел. По собственным словам, Лебедь проводит с ними «короткую воспитательную беседу, после которой их отпустили».

На следующий день, 17 октября, больной президент неожиданно появляется на экранах телевизоров. Недовольно поднятые брови и ворчливый тон не предвещают ничего хорошего. Ельцин читает следующий текст: «Уважаемые россиянки и россияне! Сегодня я хочу сказать несколько слов о ситуации вокруг генерала Лебедя. К сожалению, она не выглядит хорошей. Некоторое время назад он просил меня об отставке. Я сказал ему, что нужно учиться работать в контакте со всеми государственными организациями и руководителями — этому нужно учиться. Тогда Вам будет легче решать проблемы. Но если Вы постоянно конфликтуете со всеми, Вы не решите ни одной проблемы. Ну, мы расстались, я не принял отставку, так как я считал, что он, несмотря ни на что, сделает из этого выводы. Однако он этого не сделал. Нужно сказать, что он совершил за это время ряд шибок, которые просто неприемлемы и нанесли вред стране. Затем инсценировалось что-то вроде предвыборной борьбы. Выборы состоятся только в 2000 году, но уже теперь создается атмосфера, будто все были заинтересованы в выборах. Конечно, такое положение нельзя дольше терпеть. Здесь, наоборот, должна быть единая команда товарищей, все должны быть в одной упряжке. А теперь все происходит как в басне про лебедя, рака и щуку, и лебедь всех их сбивает с толку. Он предпринимает ряд шагов, которые не согласованы с президентом. Это вообще недопустимо. Коржакова, который на пенсии, он привез в Тулу, чтобы как бы представить его там своим преемникам [в качестве депутата парламента]. Неплохой преемник — вот объявились два генерала.

Я принципиально не могу терпеть такое положение и вынужден освободить генерала Лебедя от занимаемого им поста секретаря Совета безопасности, о чем сегодняшним числом подписывается указ: «Считать А.И. Лебедя освобожденным от должности секретаря Совета безопасности Российской Федерации и советника президента Российской Федерации по вопросам безопасности».

Отставка Лебедя вызывает маленькое землетрясение. По крайней мере, на бирже. 18 октября жирный заголовок на обложке «Уолл-стрит Джорнал» гласит: «Доллар повышается по сравнению с маркой из-за отставки Лебедя Ельциным». В США биржа оживает, в то время как стоимость марки падает — валюта государства, которое считается гарантом стабильности отношений Западной и Восточной Европы.

Примечательно, что «Нью-Йорк Таймс» комментирует отставку Лебедя его собственными словами: «В России не существует традиции военных путчей».

Многие люди в Москве удивлены происшедшим. «Неужели это правда? Я не могу себе это представить — в конце концов, президент снова избран благодаря ему», — говорит один молодой человек.

«Его нельзя выбросить из российской политики, — считает Галина Старовойтова. — Он пользуется широкой поддержкой, а русские любят обиженных...»

«С самого начала было ясно, что Лебедь принесет Ельцину голоса, а потом должен будет уйти», — говорит журналист Санобар Шерматова, а с нею согласны многие из ее коллег. «Его отставка дает в руки оппозиции ценный подарок», — комментирует другая коллега.

«За пределами Кремля он лучше сохранится», — говорит механик. «Если бы он остался, может быть, был бы инфицирован», — добавляет его друг.

«Ему не надо было соглашаться помогать президенту. Было ясно, что его клика только использует его, а потом выбросит», — подчеркивает один телевизионный журналист.

«Российская газета» пишет: «Мы не имеет права забывать, что наш народ любит мятежников, разбойников и тех, которые страдают, больше тех, кто всегда послушен».

«Лебедь наказан несправедливо, но он мог бы уже вскоре из этого извлечь пользу и выполнить свое обещание — предложить своим соотечественникам лучшую жизнь», — слышишь в метро.

Вскоре после отставки Лебедя на телевидении выступает Черномырдин — как бы для того, чтобы снять немного блеска с имиджа героя у Лебедя: «Один человек не может быть ответствен за мир в Чечне. То, что сделал Лебедь, было маленьким шагом в выполнении плана президента...».

А Лебедь? Через три часа после телевизионного обращения президента он дает импровизированную пресс-конференцию. Он ведет себя спокойно, говорит кратко — его бас звучит, может быть, немного глубже, чем обычно: «Волю президента нужно уважать. Я выполнил свою миссию. Я надеюсь, что моя отставка не приведет к возобновлению войны. Я пытался бороться с различными непорядками. Но это невозможно, когда их виновники занимают высокие посты. Теперь я могу создать базу для своего будущего президентства — но я не начну кампанию, пока президент еще жив».

Позже Лебедь дает понять, что, по его мнению, обстоятельствами его отставки было подведение итогов расследования группой лиц, которые ответственны за войну в Чечне и связанные с нею беспорядки. «Я был белой вороной в стае. Это было только вопросом времени, когда меня вышвырнут. Я не являюсь частью этой стаи».

Что он сделает сначала? «Высплюсь. Но нам предстоит жаркая осень».

На вопрос о том, как реагирует его семья на отставку, Лебедь отвечает: «Моя жена занята тем, что выслушивает по телефону выражения симпатии. Она всегда при этом записывает для меня: "Это не конец света", "Это не конец света..." А моей собаке было все равно».

По сообщениям близкого друга, отставка Лебедя была для него совершенно неожиданной. «Он никогда этого не предполагал» — говорит знакомый. — Прошло несколько дней, пока он отошел от первого шока — он был совершенно разбит и почти не разговаривал».

Лебедь, конечно, делает вид, что ничего не случилось. Уже на следующий день он появляется со своей женой в театре. Дают драму Алексея Толстого «Иван Грозный».

Более соответствующего случаю выбора Лебедь не мог бы сделать. В этой драме царь Иван IV показан старым, больным и сломленным человеком. Его мучают кошмарные видения, связанные с его сыном и престолонаследником, которого он когда-то убил. Преследуемый предчувствием смерти, царь Иван сходит с ума. На его стороне стоит молодой Борис Годунов, его советник, который позже станет царем...

Лебедь и Инна входят в полный зрительный зал незадолго до того, как поднимется занавес. Однако при его появлении все встают со своих мест, раздаются крики «Браво!» и громкие аплодисменты.

Эпилог

После отставки будни идут своим чередом — как после окончания спектакля, когда занавес упал и артисты разошлись. Лебедя, которому отводилась главная роль в драме, атакуют репортеры. Его ответы коротки и окончательны.

«Ожидали ли Вы такого конца?» — «Да, всегда». — «Почему?» — «Я был там белой вороной и стоял слишком многим поперек дороги». — «Останетесь ли Вы представителем президента в Чечне?» — «Как я могу им быть после того, как у меня забрали все официальные ранги и посты?».

«Будет ли продолжаться война без Лебедя?» — «Не думаю. Хребет этой войны сломан. Соглашение подписано премьером. И у меня никогда не было намерения сделаться незаменимым». — «Резюме: нет победителей, нет побежденных?» — «Побежденных нет». — «Кто Вас столкнул?» — «Руководитель штаба президента Чубайс — он уже сейчас осуществляет власть президента». — «Что было причиной Вашей отставки?» — «Мое сообщение о подлинных подстрекателях чеченской войны

— оно не попало к президенту, как и отчет о моем посещении в НАТО в Брюсселе».

«А Ваш союз с экс-генералом КГБ Коржаковым?» — «Это вызвало истерию. Его будто бы попытка переворота явилась предлогом, чтобы выбросить его, дискредитировать подобно тому, как дискредитировали меня».

«Не чувствуете ли Вы себя как Ельцин, когда Горбачев его вышвырнул?» — «Ельцин — это номенклатура. У нас нет ничего общего».

«Может ли состояться для Вас возвращение как для Чубайса?» — «Никогда». — «Считаете ли Вы возможным мятеж военных, который приведет Вас к власти?» — «Я бы не поддержал стихийные волнения. Я хочу прийти к власти только легальным путем».

«Значит, только через четыре года?» — «Конечно. Преждевременные роды вряд ли жизнеспособны».

«Где Вы находите своих избирателей?» — «Во всех слоях. Люди здесь сыты жизнью в стране с самым богатым потенциалом в мире».

В Кремле сделано все, чтобы быстро заполнить вакуум после ухода Лебедя. Президент назначает Ивана Рыбкина, до того Председателя Государственной Думы, своим уполномоченным в Чечне. Он считается успокаивающим фактором во времена беспорядков. После столкновения между президентом и парламентом в 1993 году он выступил за амнистию мятежных депутатов; подобного он пытается добиться теперь и для чеченских мятежников.

В Чеченской республике нормализуется политическая ситуация. В январе 1997 года Аслан Масхадов избирается президентом.

А Россия? Президенту Ельцину в ноябре 1996 года делают давно ожидаемую операцию на сердце, и после нее он обретает хорошую форму, что является ошеломляющим для всего мира. В политической сфере он демонстрирует свою жизненную силу обилием указов, предписаний и решений. В быстрой последовательности появляются признаки борьбы с коррупцией и преступностью и начала военной реформы (в связи с которой уволен министр обороны Родионов), предотвращаются социальные волнения, вводятся улучшения налоговой и финансовой системы и др. Это как раз те области, которые Лебедь наметил как первоочередные для восстановления национальной безопасности.

До подписания мирного договора с Чечней на правительственном уровне проходят, правда, еще девять месяцев перетягивания каната. В июле 1997 года президент Ельцин ставит свою подпись рядом с подписью Масхадова под документом, состоящим из пятнадцати строк. В нем дается торжественное обещание «навсегда отказаться от применения силы», «строить двусторонние отношения соответственно принципам международного права...» и сделать договор «основой для заключения дальнейших соглашений по всему комплексу двусторонних отношений». Вопрос о статусе при этом не поднимается. Это уже само по себе прогресс, комментируют дипломаты. Все же говорилось об «одинаковом» с Федерацией «уровне».

Теперь может начаться финансирование восстановления, обещанное Москвой, — и для Москвы, наконец, путь для подписания «нефтяной сделки века» с Баку и западными компаниями свободен. Урегулирование чеченского платежного оборота Москва оставила за собой — только через российские банки. Однако при реализации ожидаются еще препятствия. Бомбовая атака 1 августа 1997 года и дальнейшие покушения снова ставят под сомнение надежность проекта с трубопроводом; незадолго до этого Ельцин отменил приглашение Масхадова в Москву для продолжения дальнейших переговоров после того, как тот потребовал обмена дипломатическими миссиями — в знак признания независимости Чечни.

Отношения России с НАТО развиваются, об этом заботятся те силы, которые хотят поддерживать хороший настрой Москвы, несмотря на расширение НАТО на Восток. 27 мая 1997 года в Париже подписан Основополагающий документ о партнерских отношениях России с НАТО. 18 июля в Брюсселе состоится первое заседание совета послов «16+1» (послы стран, входящих в НАТО, плюс российский). Вряд ли нужно говорить о большем, чем о признаках возникновения доверия, о совместных операциях, например, в Боснии. В декабре планируется продолжение контакта на уровне генерального секретаря НАТО и заместителя министра обороны России.

Лебедь занял выжидательную позицию, правда, активную. При этом его поддерживает его семья — жена Инна и трое детей: Александр, Екатерина и Иван (между прочим, у 46-летнего Лебедя уже трое внуков). Александр — выпускник политехнического института в Туле. Помогает отцу и в политических кампаниях. Екатерина, получив то же образование, что Александр, вышла замуж и живет в Москве, у нее двое детей. Только семнадцатилетний Иван, студент Бауманского института, живет с родителями (и собакой Лебедя) в квартире, площадью 80 кв. м на окраине Москвы.

Никакой резиденции в городе? Никакой дачи, положенной функционерам? «Я никому не хочу быть что-то должен», — отказывается Лебедь от привилегий. «Эту квартиру мне дали, как командующему воздушно-десантными войсками в 1991 году. Все же есть место для большой библиотеки». Лебедь оказывается начитанным человеком, знающим русскую и западную литературу. К предпочитаемым им авторам относятся Николай Гоголь, Михаил Салтыков-Щедрин — сатирики дореволюционного времени — и Ильф и Петров, мастера советской сатиры. Лебедь заявляет, что он живет на 300 американских долларов в месяц — зарплата его последней должности военного.

Для дальнейшей политической карьеры этого вряд ли достаточно. Но есть еще брат Алексей, избранный губернатором Хакасии. Он помогает финансами. В металлообрабатывающей и нефтяной отрасли своего избирательного округа Алексей Лебедь может найти спонсоров для своего брата. Известные банкиры и региональные банки участвуют в политическом финансировании Лебедя.

Однако никто не хочет афишировать это: слишком многим из них уже угрожали, и политический бойкот со стороны правительства им обеспечен, так же как и российским средствам информации финансовый бойкот, если они сообщат о Лебеде что-либо положительное. Однако финансовые круги за границей тоже поддерживают контакт с Лебедем — «на всякий случай», — чтобы прозондировать его позиции относительно будущего инвестиционного климата.

В ноябре 1996 года Лебедь принял приглашение бывшего президента Буша приехать в Техас; перед этим он посещает Нью-Йорк и Вашингтон, где он, кроме бизнесмена Фреда Буша, устроителя приемов, встречается с заместителем госсекретаря Штроубом Талботом и сенатором Ричардом Лугаром. Лебедь делает доклад в совете российско-американской коммерческой фирмы. При этом он, между прочим, сообщает о поддержке со стороны Явлинского и добивается умеренного тона в отношении альянса с НАТО: ведь он дружит с председателем американского комитета в НАТО, американским сенатором из Делавара, Вильямом Роузом, который приглашает его в январе 1997 года на инаугурацию президента Клинтона. Пользуясь случаем, Дональд Трамп просит Лебедя обменяться мнениями в его «Трамп Тауэр».

«С НАТО Россия должна быть равноправным партнером, тогда мы сможем сообща заняться вызывающими явлениями в Европе», — заявляет Лебедь в США, как и в других поездках за границу. Он имеет в виду борьбу с терроризмом, который в России может переродиться в ядерный терроризм, а также с торговлей наркотиками и организованной преступностью, которая действует во всем мире. Хорошо принимается также предупреждение Лебедя о новом режиме Талибана в Афганистане, который поддерживается Ираном, являющимся до сих пор врагом Америки; Лебедь видит в этом опасность для центрально-азиатских республик на юге России и призывает поддержать оппозицию Талибану в Афганистане, с которым он в свое время боролся, служа в армии.

Отклики на визит Лебедя в США преимущественно положительные: «Не Пиночет или грубый служака, как мы ожидали, — признается один депутат конгресса, — скорее, своего рода русский де Голль…». Только «Нью-Йорк таймс» выражает озабоченность: Лебедь показал себя антисемитом, считает комментатор. Имеется в виду замечание Лебедя, по которому традиционными религиями в России являются православие и ислам, а также буддизм. Кроме того, летом 1996 года Лебедь, будучи советником по безопасности, во время совещания с работниками российских секретных служб высказался за участие России на Ближнем Востоке на стороне арабов; их противники могли обидеться. Было также отмечено, что Лебедь проигнорировал американский стол с холодными закусками, попросив хлеб, соль и лук. А во время десерта он сказал: «Это только для слабаков...».

Обижаются на Лебедя в Нью-Йорке многие русские за то, что он во время посещения синода православной церкви за границей не нанес даже символического визита в церковь Манхэттена. Это было первое приглашение российского политика после 1917 года от синода. Оно стало возможным только благодаря интенсивным усилиям Юрия Милославского, сотрудника российско-американского отдела телевидения в Нью-Йорке. В переполненном зале, где Лебедь впервые встречает соотечественников, которые эмигрировали в ходе коммунистической революции, его приветствует русский священник словами: «В Вас мы приветствуем русского офицера, который возвеличил свою страну...». И когда заканчивается эмоциональная дискуссия, встает пожилой мужчина и задает риторический вопрос: «Если не Вы, то кто же тогда?».

В феврале 1997 года Лебедь с женой едет в Париж. Они останавливаются в отеле, в котором сто лет назад жил царь Александр III, подаривший Парижу Александровский мост. Французская торговая и промышленная палата — это организация, принимающая Лебедя. Лебедя принимает председатель сената и генеральный секретарь французского министерства иностранных дел, который до этого был послом в Москве. Выступление Лебедя выслушивают благосклонно и комментируют следующими словами: «В экономической области ему нужно еще кое в чем подтянуться».

Самым главным желанием Лебедя при визите во Францию было посещение дома де Голля и его могилы. Не только как генерала, подчеркивает Лебедь, уважает он его — «он, в конце концов, основал пятую республику»!

Перед возвращением в Москву Лебедь едет по приглашению Общества за безопасную политику в Женеву, где он призывает проводить на этой нейтральной территории больше международных встреч, чем до сих пор.

Вопросы к Лебедю всегда одинаковы. «Как бы вы вели войну в Чечне?» — «Сначала информировал бы подробно президента о последствиях и риске; если бы он все же пришел к военному решению, оптимально подготовился и провел блиц-криг максимум за десять дней с целенаправленными ударами, а не бомбардировками и нападениями на мирное население; потом предпринял бы срочные гуманитарные меры»...

Между прочим, говорит Лебедь, хотя цари и вели в этой области несколько столетий войны, но в общем на Кавказе скорее предпринимались попытки решать все дипломатическим путем. «Русские привыкли мирно сосуществовать с мусульманами. И последний царь Николай II велел построить в Москве мечеть на 10 000 человек...» — «Кто правит в настоящее время в России?» — «Финансовые олигархии во главе с Чубайсом в качестве регента».

«Никогда больше с Ельциным?» — «Никогда больше. Я предложил ему свою руку, когда он был в июне в трудном положении. И я вытащил его из пропасти чеченской войны...»

«Разве не новая команда президента — Ельцин тем временем противопоставил Чубайсу удачливого и более популярного Бориса Немцова — лишила Лебедя надежды на завоевание власти?» — «Нет. Ситуация не улучшилась, и люди однажды взбунтуются. Что касается Немцова, я считаю его хорошим, он мог бы стать моим премьер-министром...»

И Лондон приглашает Лебедя. Там он произносит речь перед финансовыми кругами и объявляет об учреждении экономического форума Восток—Запад, а местом встречи инвесторов называет Россию.

Лебедь всюду ведет себя уверенно. «Он достигает всего, чего хочет», — говорит его жена Инна.

В январе и марте Лебедь принимает приглашение посетить ФРГ, которое он получил во время визита в штаб-квартиру НАТО в Брюсселе. До сих пор Лебедь не считался большим другом Германии. Хотя учреждение Квандта совместно с заводами БМВ и было спонсором визитов Лебедя в Бонн, Дюссельдорф и Мюнхен, договорился о них немецкий эксперт по России Александр Рар. Молодой немец, родившийся в России, предназначен для посредничества между обоими государствами из-за знания менталитета обеих сторон. В ежемесячном издании «СНГ-Барометр» научно-исследовательского института Немецкого общества внешней политики в Бонне Рар выступает с кратким и точным анализом положения в СНГ.

Рар сопровождает Лебедя также и во время этого визита в Германию. После официальных докладов в Бонне и Дюссельдорфе доклад в Мюнхенском университете генерал перевел в рассказ о своей миссии в Чечне. Рар видит в Лебеде прямолинейного человека, кавалера по отношению к своей жене и очень восприимчивого к знаниям. Доброжелательному приему в Федеративной Республике, который он заслужил своими усилиями установить мир в Чечне, Лебедь, кажется, удивляется сам. Так, когда его кортеж останавливается перед Кельнским собором, мгновенно собирается толпа, и люди стараются обменяться с ним рукопожатием.

Позже Лебедь едет в Амстердам, куда он приглашен выступить на конференции главных редакторов газет всего мира наряду с принимающим гостей нидерландским премьер-министром. Здесь он подчеркивает влияние средств информации на формирование политики и политической карьеры, что он ощутил на себе: это оружие, которое может быть не менее опасным, чем пуля в ружье. Он только что стал его жертвой — не только из-за замалчивания его дел, но и из-за публикации в одной российской газете статьи о НАТО, приписанной ему. Он подчеркивает политическое значение оси Россия — Китай.

С конца марта Лебедь — председатель новой, основанной им Российской республиканской народной партии. Позиция и программа соответствуют его предвыборной программе 1996 года и направлены на порядок и безопасность России во всех сферах. Позже, как он надеется, может произойти объединение с мэром Москвы Юрием Лужковым.

Когда видишь Лебедя в его маленьком офисе в Москве, вспоминаешь скорее тигра в клетке, чем завтрашнего президента. Однако и в клетке тигр может готовиться к прыжку. В данный момент актуально звучит девиз Лебедя: «Я никогда не служил ни царям, ни функционерам, ни президентам. Я служу только русскому народу, и это вечно». Если до этого дойдет, его поймают на слове.

Нет лебедя, он погиб в авиакатастрофе. в 2002 году.

Серия «След в истории»

Элизабет Хереш

Генерал Лебедь

Редактор:	*Пономарева С.*
Корректоры:	*Подгорный Н.,*
	Лазарева Т.
Художник:	*Федосеева А.*
Компьютерный	
дизайн:	*Кувалдин Н.*

Лицензия ЛР № 062308 от 24 февраля 1993 г.

Сдано в набор 23.11.97 г. Подписано в печать 18.02.98 г.
Формат 84x108^1/$_{32}$. Бумага офсетная.
Гарнитура Петербург.

Тираж 5000. Заказ 168.

**Издательство «ФЕНИКС»
344007, г. Ростов н/Д,
пер. Соборный, 17**

Отпечатано с готовых диапозитивов
на полиграфическом предприятии «Офсет»

400001, Волгоград, ул. КИМ, 6.

Торгово-издательская фирма

Книги издательства «Феникс» можно приобрести в крупнейших магазинах г. Москвы

ТД «Библио-Глобус»
ул. Мясницкая, 6 (тел. 925-24-57)

ТД «Москва»
ул. Тверская, 8 (тел. 229-66-43)

«Московский Дом книги»
Новый Арбат, 8 (тел. 290-45-07)

«Молодая гвардия»
ул. Большая Полянка, 28 (тел. 238-50-01)

«Дом педагогической книги»
ул. Пушкинская, 7/5 (тел. 229-50-04)

«Медицинская книга»
Комсомольский проспект, 25 (тел. 245-39-27)

и других

По вопросам оптовых и мелкооптовых поставок книг издательства «Феникс» обращайтесь в г. Москве в фирму *«Ридас»*

Новоданиловская набережная, 9 (тел 954-30-44).